장애와 삶의 질

지역사회 실무자를 위한 접근법

Quality of Life and Disability: An Approach for Community Practitioners
by Ivan Brown and Roy I. Brown

이 책은 보건복지부 국립재활원 재활연구소 내부연구사업(12-B-03*, 13-B-03**)의 일환으로 장애인 삶의 질 연구팀에서 수행하였습니다.
* 한국 척수장애인의 삶의 질 연구
** 한국 뇌졸중 장애인 가족들의 삶의 질 연구

장애와 삶의 질

지역사회 실무자를 위한 접근법

Ivan Brown · Roy I. Brown 공저 | 최 현 · 이금주 · 이지은 공역

Quality of Life
and Disability

학지사

역자 서문

먼저 이 책은 국립재활원 장애인의 삶의 질 연구모임의 회원 대부분이 참여하여 일궈낸 성과임을 밝힌다. 이범석 병원 부장님을 비롯하여 재활병원 의사, 간호사, 치료사 선생님들과 재활연구소 연구원에 이르기까지 연구진 모두가 참여하여 한 개 장씩 초벌 번역해 주신 수고에 감사를 드린다.

수년 전 '장애인 삶의 질 연구회'를 시작하면서 우리에게 가장 필요한 것은 먼저 장애인의 삶의 질에 대해서 배우는 것이었다. 그러나 매주마다 세미나를 개최하고 자문도 받고 논문도 읽었지만, 장애인의 삶의 질 분야에 대한 전체적인 개념과 맥락을 잡아 줄 수 있는 국내 출간 서적이 마땅치 않았다. 이에 참여 연구진 모두가 잘 쓰여진 외국 서적을 번역하게 되었다. 전 세계적으로도 장애인의 삶의 질에 대하여 쓰여진 책이 그리 많지는 않았지만, 영문으로 된 거의 모든 관련 서적을 리뷰하였고 그중 몇 권을 직접 구입하여 읽어 본 후 가장 잘 쓰여지고 우리에게 가장 도움이 될 만한 책 한 권을 선택하였다. 이러한 선택 과정을 통하여 번역된 책이기에 이 책이 국내의 장애 관련 업무에 종사하는 실무자들에게 많은 도움을 줄 수 있으리라고 확신한다. 일선에서 장애인들과 직접 접촉하여 일하는 의사, 간호사, 치료사, 간병인, 사회복지사, 특수교사뿐만 아니라, 장애인 본인, 가족, 친척, 친구, 장애인 단체, 조직, 시설 경영자 및 실무자, 장애에 관한 정책, 연구에 종사하는 사람들도 꼭 읽어 보아야 할 필독서가 될 것이다. 또한 이 분야의 연구자 또는 종사자들에게 더 많은 지식과 자극을 주고 새로운 연구 주제들을 개발하여 그 결과물들로 이 분야가 국내에서 좋은 탐구 주제로 자리 잡기를 바란다.

이 책의 원저자들은 오랫동안 실무에서 쌓아왔던 경험들을 바탕으로 장애와 장애인을 보는 관점과 그들에게 있어서 삶의 질을 높인다는 것이 어떤 것인지를 잘 보여 주고 있다. 그러나 저자 자신들의 개인적 관점을 강요하는 것이 아니라 수많은 연구 결과들, 역사적 사실과 실례들을 통하여 사회 전체가 동의할 수 있는 관점을 제시하고 있다. 이에 더하여 매우 딱딱하고 건조할 수 있는 내용이지만 중간중간에 삽입된 실화들은 독자의 이해를 돕고, 때로는 잔잔한 감동을 주기도 한다. 누구나 부담 없이 읽을 수 있는 책이면서도 대학의 교과서로서도 손색없는 학문적인 기반과 체계가 있는 아주 잘 써진 책이라고 생각한다. 장애와 관련된 종사자들 이외에도, 노인, 어린이, 병자 등과 같은 사회적 약자들과 관련된 사람들이라면 누구나 한번쯤은 읽어 보아야 할 내용들이 이 책에 가득 담겨 있다. 아무쪼록 많은 사람이 이 책을 읽고 역자들이 느꼈던 장애와 장애인의 삶의 질에 대한 새로운 시각과 이 책에 담긴 장애인들의 소소한 이야기들을 통해 감동을 경험하기 바란다.

2014년 5월
역자 일동

저자 서문

　우리는 삶의 질에 대한 이 책을 출판하게 된 것을 무척 기쁘게 생각한다. 이 책을 계획하고 저술하는 모든 과정에서 무엇보다도 이 책을 가장 잘 적용할 수 있는 사람들, 즉 실무자들에게 삶의 질에 관한 아이디어를 줄 수 있는 책을 편찬하는 것이 우리의 목표라는 사실을 계속 염두에 두려고 노력했다. 우리는 이 책이 아주 넓은 의미의 장애 영역에서 유용하게 사용되기를 바란다. 또한 우리는 이 책이 실무자가 아닌 사람들과 장애 영역이 아닌 다른 분야의 사람들도 관심을 갖고 사용할 수 있기를 원한다. 우리는 지역사회, 장애인 가정, 그룹홈, 직장, 학교, 병원, 요양원, 그 밖의 여러 곳에서 일하는 환자돌봄이를 포함하는 실무자들에게 특별히 도움이 되기를 바란다. 또한 작업치료사, 사회복지사, 상담가, 교사, 심리학자, 법조계 인사, 담당의사, 간호사, 병원직원, 정신과 전문의 등과 같이 장애인, 비장애인을 지원하는 일에 종사하는 전문인들에게도 유용하기를 원한다.

　이에 더하여, 우리는 장애 분야에서 공식적인 훈련을 받지 못한 실무자들이 있다는 것을 염두에 두었고, 이 책이 실무에서 필요한 어느 정도의 지식을 제공해 주기를 원했다. 또한 수많은 장애인을 위해 일하는 매우 소중한 자원봉사자들이 이 책을 통하여 더 쉽게 일을 수행하는 데 도움을 얻기를 희망한다. 우리가 이 책을 특별히 연구자들을 겨냥하여 쓴 것은 아니지만, 우리의 자료들은 삶의 질 연구에 대한 폭넓은 지식과 지난 20여 년간의 이에 대한 공헌의 산물이다. 그러므로 이 책 가운데 간접적으로 연구에 적용할 만한 것이 상당히 많을 것으로 기대한다. 이 책을 편찬함에 있어서 처음에 우리가 목표한 바를 달성했기를 바란다. 특별히 우리가 생각하는 그 목표란 책이 충분히 명료하게 기술되어 독자들이 읽고 난 후 "아하! 삶의 질이란 이런 것이었구나!"라고 말하는 것이다.

우리는 이 목표를 달성하기 위해서 쉬운 말로 이 책을 썼다. 이는 독자들, 특히 삶의 질에 대해서 처음 읽어 보는 사람들이 쉽게 접할 수 있기를 바랐기 때문이었다. 이런 형태를 유지하기 위하여 고의적으로 본문에는 소수의 인용문만을 사용하였다. 그렇지만 대부분의 장에 참고문헌들을 포함시켰다. 참고문헌을 제공한 우리의 의도는 발표된 연구를 근거로 책의 내용을 정당화하려는 것이 아니라, 실무자들에게 이 분야에 많은 자료가 있음을 알려 주려는 것이었다. 우리가 참고문헌에 제공한 자료들을 통하여 독자들은 자신이 특별하게 관심을 갖게 된 주요 주제를 더 자세히 찾아볼 수 있을 것이다.

독자들은 우리가 몇 가지 용어를 같은 뜻으로 사용하였다는 것을 알게 될 것이다. 예를 들어, 우리는 실무자라는 말을 자주 사용하였지만 때로는 전문가나 어떤 특별한 직업에 관련된 구체적인 용어, 즉 교사나 간호사 같은 단어를 사용하기도 했다. 장애인과 관련된 일은 다르게 표현했다. 재활, 장애 서비스, 특수교육 등과 같이 장애인을 돕는 넓은 분야를 나타내는 용어를 사용함으로써 장애 관련 분야의 다양성을 표현하려고 노력했다. 이렇게 한 이유는 포괄적이라는 것을 나타내기 위한 의도 때문이었다. 또 하나의 이유는 이 책이 국제적인 독자를 염두에 두고 쓴 책이었고, 국가마다 각기 다른 용어를 사용하고 있다는 것이다. 그러므로 다양한 용어는 다양한 독자층에게 도움이 될 수 있을 것이다.

🖱 이 책이 나오게 된 배경

이 책은 장애인의 삶의 경험에 대한 관심으로부터 발전하였다. 우리 두 사람(저자 이반 브라운과 로이 브라운)은 매우 다양한 장애와 생활 방식을 가진 사람들의 삶의 질 분야에서 많은 일을 수행해 왔다. 다른 사람들처럼 우리도 삶의 질 분야에서 이론, 모델, 연구에 대해 저술했다. 우리는 또한 장애인들과 직접 대면하여 일해 왔다.

그러나 우리가 그와 같은 일들에 공헌하고 있었음에도 불구하고 대부분의 삶의 질에 관한 글들이 말 뿐이며 직접 실행되지 않는다는 사실을 깨닫게 되었다. 적어도 장애인의 삶을 크게 향상시키기 위하여 우리가 필수적이라고 생각하는 방식으로는 수행되고 있지 않았다. 질 높은 서비스, 질 높은 삶의 경험에 대한 말은 많지만 실제 매일의 삶에서는 많은 사람이 좌절하고 무시되며 질 높은 삶을 실행하고 경험할 수 없게 만드는 법과 규율의 통제에 자주 갇혀 있는 듯하다.

우리는 이 책에서 이런 문제들 중 일부를 해결할 수 있는 방법을 제시했다. 우리는 이 문제들에 대한 많은 답들이 보편적이라고 믿는다. 즉, 여러 장애를 초월하여 보편적으로 적용되고, 개인적 삶의 경험에 본질적이라는 것이다. 우리의 구연 발표 후 많은 사람들이 그랬던 것처럼 이 책을 끝까지 다 읽은 많은 사람이 '정말로 당신은 모든 사람에게 해당되는 이야기를 하고 있는가?'라는 반응을 보일 것으로 예상한다. 우리의 대답은 '사실 그렇다'는 것이다.

그렇지만 아마도 이것이 많은 삶의 질 문제들이 해결되지 않는 이유일 것이다. 삶의 질은 때로는 정상적인 범위를 벗어난 사건들로 구성되기도 하지만 대체적으로 정상적이고 평범한 사건들이 무척 중요하다. 재활이 요구되는 상황에서는 이러한 평범한 일들이 무시되는 경향이 있다. 왜냐하면 그보다 더 위급한 상황에서의 필요가 의료, 보건, 사회복지, 교육, 서비스 실무자들이 수행하는 업무이기 때문이다. 전통적으로 재활체계는 우리가 말하는 개인의 일상적인 필요와는 구분하여 다루어지는 경향이 있다. 개인은 재활, 특수교육, 전문적 상담과 같은 서비스를 받을 수 있을 것이다. 그래서 이러한 재활체계는 중요하다. 그러나 빈번히 그와 같은 중재들이 개인의 삶의 질에 기여하는 다른 많은 문제를 압도하기도 한다. 더욱이 일반적으로 삶의 질 문제가 많이 발생하는 가정이나 지역사회 환경에서는 이와 같은 특수한 중재들이 자리하지 않는 경향이 있다. 일상적 필요, 희망, 요구가 전체적 재활 속에 섞일 필요가 있다. 재활체계는 이러한 요구사항을 융통성 있게 수용하고, 적어도 그 틀 내에 자연스럽게 포함시켜야 한다. 우리는 전체를 포괄할 수 있는 방법을 모색한다. 실례를 제시하고 독자들이 생각하고, 숙고하고, 질문할 수 있도록 문제를 제기함으로써 이를 달성하려는 시도를 했다. 우리가 희망하는 것은 이 책이 장애 분야에서 일하고 살아가는 사람들에게 도움이 되는 것이지만, 우리는 또한 이 아이디어들이 실무에 적용될 때에만 효과적이 될 수 있으리라는 것을 알고 있다.

🔥 실화들을 예로 사용함

이 책을 쓰는 데 있어서 한 가지 도전적인 문제는 독자들이 새로운 가치와 태도에 대해 숙고하도록 돕는 것이다. 우리는 그러기가 어렵다는 것을 인정한다. 그래서 우리는 독자들에게 실례들을 소개하고 사고와 논의를 위한 질문을 던졌다. 우리는 모든 독자, 특히 학생들이 이것들을 깊이 생각해 보기를 원한다. 그렇게 할 때 우리는 독자들이 자신들의 가치관과 태도를 심사숙고하고 더욱 효과적인 전문적 실무를 발전시키기 위하여 어떤 바람직한 변화를 줄 수 있을 것인가를 고려해 보라고 요청한다.

우리는 우리가 제시한 모든 질문에 답하지는 않았다. 그중 얼마는 대중적 수준뿐만 아니라 다양한 정책과 전문적인 실무 수준에서 활발하게 고려되고 있다. 예를 들어, 장애인의 산아 제한 문제가 이에 해당된다. 오늘날 효과적이고 용납할 만한 것으로 여기는 것이 미래에는 불법이거나 바람직하지 못한 것이 될 수도 있고 그 반대의 경우가 될 수도 있다. 우리는 우리가 중요하다고 여기는 문제들, 즉 삶의 질 원칙 중 딜레마와 논쟁을 해소하는 데 유용하게 사용될 문제들을 제기하려고 시도했다.

이 책의 전체를 통틀어 우리는 실화를 예로 이용했고, 그 예화를 삽화처럼 제시했다. 그중에는 우리가 보기에는 평범하지 않은 것도 있다. 이는 그런 경험들 중 일부는 절대로 발생하기를 원하지 않는 것이기 때문이다. 그 외 다른 예화는 지지하고 돌보는 삶의 질 원칙들에 대한 평상적인 적용을 나타내기를 우리는 희망한다. 우리는 이 예화들을 우리의 실무 경험에서 수집했다. 그리고 다른 것들은 우리 학생들이나 동료의 허가를 얻어 기록했다. 가능

11

한 이 사람들에게 감사하는 글을 써 왔지만 항상 그렇듯이 그중 일부는 누락되기도 했을 것이다. 우리는 그들의 관심과 논평에도 감사한다.

우리는 이 예화들이 각각의 구체적인 관점들에 생명력을 불어 넣어 주었으면 한다. 우리는 우리가 기술해 온 방식으로 기술함으로써 사람들의 전체 삶의 일부분만을 묘사하였고, 우리가 묘사한 실제 인물들에게는 많은 다른 면들도 있다는 것을 깨닫는다.

👇 다른 가치 있는 요소

책의 내용을 마무리하면서, 우리는 학문적, 실무적 분야의 여러 동료들로부터 의견을 들으려고 노력했다. 몇 명의 사람들이 우리 자료를 검토했는데, 그들 각각이 시간을 들여 제공해 준 유용한 의견에 감사한다. 특별하게 몇 분에게 더 구체적으로 치하와 감사를 전하기를 원한다. 받은 의견, 질문, 제안을 꼼꼼하게 편집해 주신 메리 브라운, 중재, 윤리, 전문적 실무에 관한 장들에 의견을 주신 빅토리아 대학교, 어린이와 청소년학과의 로이 퍼거슨, 가족의 삶의 질 장을 준비하는 데 도움을 주고, 격려의 말씀을 해 주시고 추천의 글을 쓰기로 동의해 주신 앤과 러드턴불의 열정에 감사드린다. 민감한 재활과 슬픔에 대해서 이야기해 주신 바바라 매튜스와 리처드 게이츠에 감사하며, 이에 더하여 바바라에게는 실무자로서 중재에 대한 유용한 의견을 주신 것에 대해 감사드린다.

우리는 또한 세계 각처에 사는 '삶의 질 가족'에 관여하는 수많은 사람들의 공헌을 인식한다. 우리는 이들 중 많은 사람을 만나고 같이 일할 수 있는 기회를 얻었다. 특별히 지적장애 분야에서

는 모든 사람에게 적용할 수 있는 수많은 가치 있는 업적이 수행되었다. 삶의 질은 지난 약 15년간 역동적인 사고와 연구 분야였다. 그리고 삶의 질 아이디어를 발전시킨 사람들은 놀랄 만한 협력과 우호의 정신을 보여 왔다. 이러한 협력의식은 어느 정도의 아이디어의 통합을 이루는 결과를 낳았다. 그래서 이 책에 기술된 내용에 대한 책임이 우리에게 있을지라도 많은 중심적인 아이디어들이 삶의 질에 관한 더 광범위한 업적에서 도래했다. 이에 대해 우리 두 사람은 많은 다른 사람들과 함께 적극적인 역할을 수행했다.

출판사의 제시카 킨슬리와 특히 격려하고 지원해 준 애미 랭카스터-오원과 레오니 슬로만에게 감사의 말을 전한다. 우리가 받은 조언과 지지는 이 책의 내용을 구성하고 다듬는 데 도움이 되었다.

이반의 개인적인 글 삶의 질에 대한 나의 생각들을 형성하는 데 도움을 주었던 여러 나라의 수많은 사람 이외에도, 나는 지난 수년 간 삶의 질에 대한 많은 논의를 통해서 도움을 준 토론토 대학 다양한 분야의 동료들에게 감사하기를 원한다. 특별히 레베카 렌위크와 데니스 라파엘에게 신세를 졌다. 그들과 나는 공공보건학과 건강증진센터에서 1990년대 내내 삶의 질 접근법을 발전시켜 왔다. 많은 서비스 단체들과 온타리오 주정부, 그리고 수십 명의 직원과 자원봉사자들이 없었더라면 우리는 이 책을 완성하지 못했을 것이다. 테드 마이어스코프는 처음 우리가 시작할 때부터 거의 함께 했었고, 우리 성과에 특별히 소중한 역할을 해 왔다.

또한 건강증진센터와 사회사업학과의 교수님들께 이 책을 완성할 수 있는 협조적인 환경을 제공하여 주심을 감사드린다. 여기 캐나다에 있는 여러 국가에서 온 수많은 사람과 그들 가족과 친구들이 친절하게도 자신들의 특별한 삶의 질 예를 우리에게 들려주었다. 나는 4장에서 사용된 예들을 모두 포함하여 이들 중 몇 가지를 본문에 삽입하였다. 사용된 예들이 그들의 실제 삶이었으므로 이를 통한 참여가 책에 생생한 느낌을 준다. 마지막으로, 내가 담당한 부분의 저술을 마칠 때까지 수개월간 일요일마다 글을 쓸 수 있도록 조용한 환경을 조성해 준 내 가족들에게 감사한다.

로이의 개인적인 글   나는 린 밀러와 조 쉬어러에게 중재를 다룬 장과 남호주에 살고 있는 장애인들을 위한 '선택들'을 함께 평가하고 사례를 제안해 준 것에 대해 감사한다. 이와 같은 배경에서, 남호주 주정부 장애 서비스 부장 데이비드 코드레이 박사님의 관심과 조언이 기여했음을 인정한다. 나는 또한 수많은 학생들이 기여했음을 인정한다. 그들 중 많은 이들은 캐나다와 호주를 가로질러 실무에서 일하고 있는 전문가들이었으며, 이에 더하여 싱가폴과 일본의 학생들과 전문가들도 있었는데 이들은 삶의 질 접근법을 발전시키고 수행하는 것과 관련된 예들과 관련 문제들을 제공했다. 내 수업을 수강한 캘거리 대학교, 남호주 플린더스 대학교, 프린스 에드워드 아일랜드 대학교 학생들에게 감사한다. 나는 비안느 티몬스의 박사 논문에 있는 평가에 대한 특별한 예를 빌려 썼다. 나는 또한 내가 직업 재활연구소 연구소장으로 있었던 동안에 발생했던 장애와 실무에 관한 현장의 실례에 대하여 감사한다. 그리고 특별한 감사의 말을 크리스틴 맥파레인에게 전한다. 그녀는 초기 우리의 재활 프로그램 연구의 연구보조원으로서 일찍이

내 관심을 일반 대중의 삶의 질 논문들과 이들의 장애 분야에 적용 가능성으로 이끌어 주었다. 또한 내가 트레보 파맨터와 많은 논의를 하였는데 친구이자 동료로서 그는 내 사고에 많은 자극을 주었다.

이 책은 삶의 질 아이디어들을 그들의 실무에 실행하기를 원한다고 지난 수년에 걸쳐 우리에게 표현한 수많은 실무자들의 관심과 열정으로부터 나온 것이다. 우리의 희망은 이 책이 그들이 지원하고 봉사하는 사람들의 이익을 위하여 그들이 하는 일을 도울 수 있도록 하는 것이다. 최종적인 책임은 우리에게 있다. 즉, 그 내용과 관점과 실수들까지도 우리의 책임이다. 내용이 고려되고 논의를 일으켜서 다시 더 나은 지식과 정책과 실무를 창출하는 것이 우리의 가장 큰 희망이다.

2002년 10월
이반 브라운과 로이 브라운

15

  우리는 이반 브라운과 로이 브라운의 『Quality of Life and Disability』를 읽고 고찰해 본 후 보편적 설계의 개념을 삶의 질에 수용한 것에 대해 특별히 감사를 표한다. '보편적 설계'란 무엇인가? 보편적 설계는 건축 분야의 한 개념으로부터 시작되었는데, 처음에는 모든 사람들 특히 이동성장애가 있는 사람들이 건축물을 이용할 수 있도록 보장하기 위한 접근법으로 사용되었다. 이는 건축물이 설계부터 모든 사용자의 필요를 충족시켜서 나중에 다시 고쳐 지을 필요가 없도록 건축 방법에 대한 개념을 바꾸는 데 많은 노력을 기울였다. 건축을 위한 보편적 설계가 1990년 이전에 시작되었지만, 교육을 위한 보편적 설계 개념이 여러 서적과 다른 영역의 교육 자료에 활용되기 시작한 것은 지난 2년 남짓 밖에는 되지 않았다. 건축 영역에서의 성공적인 활용으로부터 도출된 교육을 위한 보편적 설계는, 첫째, 다양한 분야의 학생들의 필요를 배움의 계획 단계에서부터 고려하고, 둘째, 각각의 학생이 도움을 받을 수 있을 만큼 충분히 융통성 있는 교과목과 지도내용을 설계하는 과정을 말한다.

  이반 브라운과 로이 브라운은 장애가 있는 사람들과 그들 가족들의 삶의 질과 관련된 이론과 연구, 최선의 실무적용에 보편적 설계 개념을 아주 잘 활용하는 전문가들이다. 아직 소수 전문인들의 영역으로 남아있는 다른 많은 주제와 마찬가지로 삶의 질에 대

한 이론과 연구 기록물들이 학자들에게는 흥미로울 수 있으나 실무자들이나 가족들은 내용의 '포장된' 방식으로 인해 비효율적이고 심지어 부적절하다고 느끼기도 한다. 그렇다고 해서 삶의 질 자체가 부적절하다는 의미는 아니다. 단지 삶의 질의 이론과 연구 기록물들이 빽빽하게 개념 위주로 제시되기 때문에 이러한 자료 읽기를 좋아하지 않는 사람들이 그것을 적용하는 것을 제한하기도 한다. 이반과 로이는 이러한 한계를 극복하고 평범하게 사용되는 언어를 통해서 '최소한의 제한된 환경'에서 놀라울 정도로 유익한 정보를 우리에게 제공한다. 그들은 복잡하고 어려운 개념들을 우아하다고 할 만큼 분명하고 명확하게 제시함으로써 독자들이 관심을 잃고 정보의 홍수에 압도되기보다는 더 많은 것을 갈망하게 한다. 이반과 로이는 폭넓은 범위의 삶의 질 주제들을 포괄적으로 다루고 있다.

- 과거와 현재 그리고 미래의 관점들
- 필요의 발굴과 지지/서비스의 제공
- 개인과 가족의 관점
- 정책과 경영적 측면

이 모든 주제 사이에 저자들은 실화, 사고를 위한 질문, 참고 글이나 웹사이트 같은 정보를 엮어 놓았다. 그들이 제시한 내용은 손상된 기능 중심적인 의학적 모델로부터 당사자 기호 중심적인 삶의 질 모델로의 패러다임 전환을 분명하게 보여 주고 있다. 이 책의 저자들은 실무자들, 가족들, 옹호자들이 '삶의 질을 높이기 위해서 무엇을 할 수 있을 것인가'를 제안할 뿐만 아니라 그들의 제안을 성취할 수 있는 방법에 대한 기본 요소도 다룬다. 우리는 이 책을 자신이 돌보는 장애인의 삶의 질뿐만 아니라, 독자 자신의 삶의 질과 독자가 소중히 여기는 사람들 전부의 삶의 질 향상을 위해서 읽기를 권한다. 이 책의 원칙들이 장애인과 비장애인 모두에게 동일하게 널리 적용될 수 있지만, 장애인이나 그 가족들이 삶의 질과 관련해 더 많은 어려움을 경험할 수 있으므로, 이 책은 특별히 그들을 위한 것이다.

앤과 러드 턴불
가족과 장애 연구 센터, 캔자스 대학교

제12장 삶의 질, 장애와 미래 … 369

제1장

삶의 질을 소개하며

💧 들어가며: 오리엔테이션

이 책은 무엇에 관한 책인가

이 책은 삶의 질을 개념화하여 실제 상황에서 어떻게 사용할 수 있을지 그 방법을 기술한 책이다. 이를 위해 최근 15년간 발전되어 온 모형과 원칙, 그리고 사례들을 이용하게 될 것이다. 또한 일반적으로 사람들이 인식하는 삶의 질의 의미가 무엇인지를 이해하고, 각 개인에게 그것이 어떤 의미가 있는지, 그리고 개인들이 삶의 질을 높이기 위해 어떻게 도움을 받을 수 있을지에 대해서도 기술하였다. 이 책은 특별히 장애인들에게 초점이 맞추어져 있는데 이는 우리가 장애를 강조하기 위한 것이기는 하나 독자들은 삶의 질에 담긴 개념들과 삶의 질을 높이기 위한 전략들이 모든 사람들에게도 적용이 된다는 것을 곧 알게 될 것이다. 그러므로 이책이 특히 장애인과 그 가족의 삶의 질에 관한 것이기는 하지만 중요한 것은 또한 모든 사람의 삶의 질에 관한 것이기도 하다는 것이다.

이 책은 누구를 위한 것인가

이 책은 다양한 분야에서 사람들의 삶의 질을 높일 수 있도록 도와줄 책임이 있는 실무자들과 실습생들을 위한 책이다. 당신은 이들이 누구라고 생각하는가? 나열하면 상당히 긴 목록이겠지만 사회복지, 보건 및 교육 분야를 포함한다는 것은 분명하다. 이들은 작업치료사, 간호사, 재활관련 종사자와 상담가 등 모든 종류의 실무를 담당하는 사람들을 포함한다. 사회복지사, 보건사회 정책입안자, 교사 및 교육계 인사들도 이에 해당한다. 삶의 질은 소

아과, 가정의학과, 정신과 등 의료계 종사자들도 고려해야 한다. 또한 심리학자들의 영역에도 관련성이 있고 장애인의 삶에 영향을 미치는 업무와 연관된 실무자, 즉 법 제도, 정부, 도시계획, 공공 서비스, 국가 혹은 민간 사업에 종사하는 사람들도 이 책에 기술된 원칙들을 유용하게 사용할 수 있을 것이다. 하지만 삶의 질은 지역사회에서 일하면서 장애인들과 그 가족들에게 자주 조언하고 그들의 복지와 관계되는 다양한 상황 가운데서 중재를 제공하는 사람들에게 특히 중요하다.

그러나 이 책은 전문가들만을 위한 것은 아니다. 교육을 받지 못한 많은 장애인들이 자신의 삶의 질을 높이기 위한 더 큰 행동을 취할 수 있도록 도와줄 내용을 이 책 안에서 발견할 수 있을 것이다. 장애인의 가족과 친구들도 장애를 가진 가족 구성원이나 친구들, 그들 자신과 다른 가족들의 삶을 개선시킬 수 있도록 돕는 삶의 질 개념을 이해하고 적용할 수 있을 것이다. 이 책은 삶의 질 접근방법을 일상생활과 전문가들의 매일 반복되는 업무에 활용하는 것과 관계가 있다. 이와 같은 이유에서 매일의 삶에서 평범하게 사용되는 언어를 의도적으로 사용하였다.

과거의 삶의 질

삶의 질이란 용어는 지난 수십 년간 사용되어온 것이지만 최근 15년 동안 독립적으로 그 자체의 의미를 갖추었다. 그에 대한 수많은 글들이 나왔고 삶의 질과 연관된 삶의 영역들과 환경들에 대한 상당한 연구들도 수행되었다. 삶의 질에 대한 이슈들을 폭넓게 다룬 책 두 권은 렌위크, 브라운과 내글러(Renwick, Brown &

Nagler, 1996)와 람니, 브라운과 프라이(Romney, Brown, & Fry, 1994)다.

삶의 질은 사회학, 심리학, 의학 등 다양한 분야에서 연구되고 저술되어 왔다. 장애인들을 위해서는 재활, 간호, 의료, 보건 분야와 그보다는 덜하지만 교육 분야에서 더욱 구체적인 업무들이 수행되었다. 그러나 우리가 오늘날 알고 있는 장애인의 삶의 질은 대부분 지적장애 분야에서 발전되어 온 것이다. 이 분야에서의 산물은 다른 장애를 가진 사람들뿐만 아니라 장애 유무와 관계없이 모든 사람들에게 잘 적용될 수 있는 매우 풍부한 정보다. 사실 이 분야에서의 결과물들은 모든 장애 분야를 초월하고 그 너머 더 큰 사회 모든 사람에게 적용될 수 있다고 믿는다.

더욱이 우리는 삶의 질을 사용하면 사람들에게 꼬리표를 붙여 차별할 필요가 줄어든다고 주장한다. 왜냐하면 삶의 질은 사람들이 자신의 집과 지역사회에서 살아가면서 하는 일들과 관계되어 있기 때문이다. 그러므로 삶의 질은 어디서든지 누구에게나 해당하는 것이다. 우리가 어디서 이러한 정보를 얻을 수 있을까? 삶의 질을 주제로 하여 수많은 책들이 우리가 이 용어를 더 잘 이해하도록 특별히 저술되어 왔고, 점차 더 많은 논문이 다양한 학문 영역에 산재되고 있다. 이와 같은 문헌들을 전체로 살펴보면 혼란스럽게 보일 수 있다. 이는 진화하고 있는 새로운 개념이 그러하듯이 혼동과 변화를 분명하게 드러낸다. 그러나 최근에 삶의 질 문헌에서 모두가 동의할 수 있는 원칙과 사상을 모아 정리하려는 상당한 노력이 있었다. 이와 같은 과정에 박차를 가한 것은 몇 가지 비평이었다. 또한 점점 더 많은 웹 사이트들이 삶의 질 사업에 대한 많은 정보를 제공하기 때문에, 삶의 질을 향상시킬 수 있도록

도움을 줄 수 있는 또 다른 방법들을 찾는 전문가들은 큰 도움을 받는다. 인터넷에서 '삶의 질' 혹은 '장애와 삶의 질'을 찾아보면 수많은 관련 자료들을 얻을 수 있다.

하지만 삶의 질에 관한 자료들에 내포되어 있는 개념과 전략들은 실무자들이 원하는 만큼 그렇게 간단하고 쉽지만은 않다. 이 때문에 이 책에서 우리의 목표는 실무자들이 쉽게 이해하도록 설명하여 현존하는 삶의 질 문헌을 더 잘 이해할 수 있도록 하는 것이다. 그러나 장애 관련 분야의 연구자들과 실무자들 중에는 이러한 개념들에 대한 의구심을 갖는 사람들도 있다는 것을 인지해야만 한다(의구심을 표현한 예로서 해튼(Hatten, 1998), 테일러(Taylor, 1994), 볼펜스버거(Wolfensberger, 1994)를 참조하라).

삶의 질 의미 이해하기

삶의 질이라는 용어는 아주 다양한 방법으로 인지되고 사용된다. 우리가 생각하는 긍정적인 삶의 질이란 사람들이 의미있고 필요한 자원을 공급하는 삶을 영위하는 것이다. 많은 사람들이 이에 대하여 언뜻 생각할 때 살고 있는 집, 수준에 맞는 차, 세계 곳곳을 여행하는 것 등을 의미한다고 가정한다. 그러나 다시 한번 생각해 보면 그보다는 훨씬 더 많은 의미가 있다는 것을 알게 된다. 흥미있고 즐겁게 일할 수 있는 직장에 다니는 것, 안전함, 자신에 대한 자신감과 만족감, 삶을 함께 나눌 수 있는 사람들과의 친밀함, 재미있는 일, 중요하다고 생각하는 믿음과 가치에 따라 살아가는 것 등을 의미할 수도 있고 또한 원하는 일을 선택해서 할 수 있는 자유와 풍부한 기회를 갖는 것 등을 의미하기도 한다. 이러

31

한 것들은 전세계의 거의 모든 사람들에게 중요하다. 이런 이유에서 위에서 나열한 것들은 일반적인 인간 집단의 삶의 질을 묘사할 수 있는 효과적인 방법이다.

그러므로 거의 모든 사람이 공유하는 삶의 요소들에 집중함으로써 삶의 질을 일반적인 관점에서 생각해 보는 것이 가능하다. 그러나 자신의 삶을 생각해 볼 때 다른 사람과 많은 부분이 동일하지 않다는 것을 바로 인식하게 될 것이다. 당신에게 가장 의미 있고 풍부함을 더해 주는 것은 가장 친한 친구에게 의미 있고 풍부함을 더해 주는 것과는 조금 차이가 있다. 세상의 많은 사람들에게는 음식, 물, 기본 주거시설, 가족의 지원 등이 가장 중요한 것들일 것이다. 다른 사람들에게는 종교가 특별하게 중요할 수도 있다. 당신에게는 또 다른 것일 수도 있다. 이를 더 복잡하게 만드는 것은 각자에게 중요한 것이 시간이 지남에 따라 변할 수 있다는 것이다. 사람들마다 이렇게 복잡하다는 사실은 학자들과 전문가들에게 골치 아픈 일이기도 하지만 삶의 질에 있어서 아주 매력적인 부분이기도 하다. 개인으로서 우리를 흥미로운 존재로 만드는 독특한 특성은 삶의 질이 여러 가지 다양한 형태를 취하는 결과를 낳는다. 세상 사람들이 모두 똑같거나 삶의 질이 모든 사람들에게 똑같은 의미라면 이 세상은 무척 지루할 것이다. 게다가, 이러한 각각의 독특함이 우리 각자의 긍정적이고 독특한 자아상을 계발하도록 해 준다. 우리자신의 독특함을 발견하고 거기에 가치를 둔다면 우리는 개인의 특성, 환경과 가치에 가장 적합한 자아상을 계발할 수 있는 능력을 갖게 된다. 이것이 바로 궁극적이고 개별화된 삶의 질의 핵심이다.

이것은 실무자들이 이해해야 할 특별히 중요한 요점이다. 왜냐

하면 그들이 사람들의 삶의 질을 향상시키기 위하여 도와주는 일을 할 때 실무자들 자신에게 중요한 것이 다른 사람들에게도 똑같이 중요하다고 가정할 수는 없기 때문이다. 사람들은 무엇이 가장 중요하고 무엇이 자아상에 적합하고 삶의 질을 높여주는가에 대한 그들만의 생각이 있기 때문이다. 이런 생각을 반영하는 선택을 행사할 수 있도록 도와주는 것은 사람들이 자신의 삶을 개선하고 그들 자신의 필요, 희망 그리고 가치를 반영하는 긍정적인 자아상을 계발할 수 있는 권한을 부여한다. 이런 관점을 더욱 명확하게 하기 위하여 다음의 간단한 실습은 해 볼만한 가치가 있을 것이다. 당신은 그 결과를 흥미롭게 여기고, 심지어 조금 놀랍다는 생각을 하게 될 것이다.

내 삶에서 의미 있고 풍부한 영역

잠시 당신의 삶에서 가장 의미 있다고 생각하는 다섯 가지를 생각해 보라.

가족이나 친구 중 한 사람에게 그와 동일한 질문을 하여 그들 자신의 삶에 관하여 생각해 보도록 하고 그 결과를 비교해 보라.

1.

2.

3.

4.

5.

🍎 세 가지 종류의 삶의 질 이해하기

이제 이 책에서 의미하는 삶의 질에 대해서 알게 되었으니 잠깐 다른 사람들이 삶의 질이라는 말을 어떻게 사용했는지도 살펴보자. 다른 사람들이 삶의 질이라는 말을 사용할 때는 또 다른 것을 묘사하기 위한 것이라는 사실을 이해하는 것이 중요하기 때문이다. 몇 가지 다른 삶의 질의 타입들이 발전되고 사용되어 왔다. 이 중 어떤 것도 옳거나 그르지도 않고 어떤 것이 다른 것들 보다 더 좋지도 않다. 우리는 가장 많이 사용되는 세 가지 종류의 삶의 질을 간단히 묘사하고자 한다. 대중의 삶의 질, 건강과 관련된 삶의 질, 그리고 개인의 전체 삶을 개선시키는 삶의 질이 있다. 우리는 그중 세 번째 삶의 질에 대해서 이 책의 나머지 부분에서 집중적으로 다루려고 하는데 이것이 하루하루의 장애인의 삶의 질과 매우 밀접한 관계가 있다고 생각하기 때문이다.

대중의 삶의 질

대중의 삶의 질은 대부분의 사람들과 사회전체에 중요하다고 여겨지는 특징들로 기술된다. 이 특징들은 보통 '사회 지표'라고 지칭한다. 몇 가지 자주 사용되는 사회 지표들로는 국가안보, 주택, 보건 의료, 사회 보장 등과 같은 것들이 있다. 이런 타입의 삶의 질은 다양한 국가의 많은 사람들에 의하여 중요하다고 인식되거나 가치 있는 것으로 여겨지는 폭넓은 분야에서 두 개 이상의 대규모 인구집단을 묘사하거나 비교하는 데 유용하다. 또한 이는 한 집단, 즉 오늘날 한 도시의 시민을 20년 전의 모습과 비교하는 것과 같이 시간의 경과에 따라 기술하는 데도 유용하다. 이것의 근거가 되는 정보들은 대개 신뢰할 수 있다고 여겨지며, 거의 언제나 공공자료로부터 접근이 가능한 것들이다. 어떤 사람들은 자신의 삶이나 환경에서 얼마나 행복을 느끼고 만족해하는지와 같은 주관적인 사회 지표들을 객관적인 지표들과 구분해야 한다고 주장하기도 한다. 이는 객관적인 측정지수의 가치가 항상 주관적인 측정치에 반영되지만은 않는다는 사실을 근거로 한다. 왜냐하면 인간은 자신이 처한 많은 상황 가운데서 가장 긍정적인 방향으로 생각하는 경향이 있기 때문이다. 게다가 우리가 원하는 것을 갖는 것이 반드시 더 큰 행복이나 만족의 결과로 이어지는 것은 아니다. 때로는 사람들이 다른 가능성을 발견하기 시작하게 되면 오히려 불만이 증가되는 결과로 이어지기도 한다.

대중매체를 통해서 볼 수 있는 대규모 인구 집단의 삶의 질 중한 가지는 국가의 삶의 질이다. 이는 가끔 '가장 살기 좋은 나라' 혹은 '당신이 거주하는 나라에서 최상의 삶의 영역들'로서 신문에 기술되기도 한다. 사회 지표의 예는 〈표 1-1〉에 제시되었다. 이 표에서 10개국의 실업률과 정규교육 연수를 비교하였다. 이 표에서는 실업률이 낮은 나라와 교육 수준이 높은 나라가 더 살기 좋은 나라라는 가정을 하고 있다. 삶의 질이 이런 식으로 매우 빈번하게 대중에게 보도되지만 이의 단점은 분명하게 이해될 필요가 있다. 첫째, 이런 타입의 데이터는 국가 간에 비교가 불가능할 수도 있다. 예를 들어, 멕시코의 10년간 정규교육은 독일에서의 10년간 정규교육과 일치하지 않으며, 이 두 나라에서 동일한 가치를 부여하지도 않을 것이다. 둘째, 〈표 1-1〉에 제시된 데이터는 관련 가능성이 있는 많은 요소들을 고려하지 않은 것이다. 예를 들어, 한국과 스웨덴이 비슷한 실업률을 나타내는 것으로 보이는데 이는 두

표 1-1	사회 지표로서의 실업률과 교육연수

	실업률[1] : 구직률(%)	교육[1] : 정규교육연수
호주	6.6	16.6
벨기에	7.0	15.8
캐나다	7.2	14.8
콜롬비아	14.7	10.0
독일	7.9	15.3
대한민국	4.1	14.6
멕시코	1.7	11.5
스웨덴	4.7	16.5
영국	5.5	16.4
미국	4.8	15.2

[1] 숫자들은 1995~2001년 사이 단일년도 통계로 국가마다 다름.
UN 통계부의 허가를 얻어 수록함. http://unstats.un.org(2003)

나라가 문화와 생활 방식에 있어서 매우 다르다는 것을 고려하지 않았기 때문에 오해를 불러일으킬 수도 있다. 셋째, 사회 지표적 관점에서 삶의 질은 각각의 개인이 하는 일이 무엇인지 무엇을 좋아하고 싫어하는지 그리고 얼마나 행복한지를 고려하지도 않는다. 그러므로 앞에서 기술된 선택된 지표들이 대규모의 인구 집단에게 가치 있고, 삶의 질의 측정치로 가정된다 할지라도, 그 인구 집단 내에 살고 있는 개개의 구성원들에게 가장 의미 있거나 삶에 풍족함을 더해 주는 지표라고 할 수는 없다. 게다가, 산업화된 국가에서 사회 지표로서의 삶의 질은 저개발국가에서 살고 있는 사람들의 범주와는 다를 것이다. 아주 가난한 지역에서의 영양 상태는 단지 질적 혹은 선택의 문제가 아니라 필수의 영역에 속한 것이

된다. 그러므로 널리 알려진 매슬로의 피라미드 모델에서 삶의 질
은 첫째 혹은 둘째 필요, 욕구의 서열과 어느 정도는 관련되어 있다.

건강 관련 삶의 질

최근 몇 년 동안 수행되어 온 많은 가치 있는 결과들은 보건 의
료 영역에서 삶의 질을 고려하는 것에 대한 중요성을 강조한다. 그
리고 이는 아주 바람직한 경향이다. 왜냐하면 의료 행위가 단지 질
병을 치료하거나 퇴치하는 것을 그 유일한 초점으로 보는 것으로
부터 관심을 돌려 각각의 환자가 원하는 것이 무엇이며, 그들에게
불편함을 최소화하는 결과를 가져오는 것들, 그들의 생활 방식을
위한 최선의 것들이 무엇이고, 치료가 그들의 환경과 미래의 삶에
어떠한 영향을 미치는 지를 고려하는 방향으로 옮겨가고 있기 때
문이다. 건강 관련 삶의 질은 건강과 의료에 대한 전반적인 접근법
뿐만 아니라 특별한 질병(예, 관절염, HIV 감염, 당뇨병)과 치료법
(예, 약물치료, 유방암검사, 심장수술)에도 초점을 맞추어 왔다.

건강 관련 삶의 질은 또한 통증 관리와 연관된 중요한 문제들을
강조하는데, 때로는 고통을 경감하고 수명을 단축시키는 선택 등을
반대하기도 한다. 통증관리는 윤리적인 문제를 고려하는 것이 얼마
나 중요한가를 보여주는 단적인 예다. 사회가 임종을 앞둔 환자의
고통문제를 해결하기 위한 방법의 하나로 안락사를 거부할 수 있
다. 그러나 고통을 받고 있는 개인이 당면한 문제에 대해서는 우리
가 되짚어 보아야 한다. 이와 같은 경우, 사회는 개인의 삶의 질에
이로움을 줄 수 있을 정도의 충분한 의학적인 자원을 가지고 있지
못할 때도 있다. 이러한 상황은 사회적, 의학적, 종교적, 개인적 문
제들이 서로 얽히면서 윤리적으로 매우 복잡하게 된다.

40쪽에 있는 일반적인 건강 관련 삶의 질 척도는 미국질병통제 예방센터 보건 및 노화 연구 지부에서 개발한 HRQOL-14를 기초로 만든 것이다. 이 척도는 네 개의 항목과 열 개의 하위 항목으로 구성되어 있다. 이와 같은 척도는 일반적으로 실용적이라고 생각되는데 이는 대부분의 환자들에게 공통적인 일반건강 문제를 다루기 때문이며 또한 급박하게 돌아가는 의료적 환경에서도 빠르고 효과적으로 사용될 수 있기 때문이다. 독자들은 HRQOL-14가 건강에 직접적으로 관계된 측면들만 다루도록 고안되었고, 삶의 다른 측면들은 다루고 있지 않다는 것을 알게 될 것이다. 이것이 전형적인 건강 관련 삶의 질 측정도구의 특징이다. 본래의 목적이 인간 전체의 삶의 질을 묘사하려는 것이 아니라 질병, 건강 상태와 치료가 당사자에게 미치는 영향을 설명하고자 하는 것이기 때문이다. 수많은 다른 삶의 질 측정 도구들이 있는데, 그중 많은 것이 특정 질환 또는 건강 상태와 관련되어 있다(MAPI 연구소 삶의 질 평가 도구 데이터베이스를 참고하라, 웹 사이트: http://195.101.204.50: 8081, http://www.proqolid.org/).

개인 전체의 삶을 위한 삶의 질

세 번째의 삶의 질 타입은 이 책에서 중점적으로 다루고 있는 삶의 질이다. 우리는 이런 형태의 삶의 질이 장애를 가진 사람에게 가장 적절하다고 믿기 때문이다(즉, 전체 일반 대중보다는 개인들에게 특별하게 적용되며, 개인의 전체 삶에 관련된 것이다). 여기에서, 삶의 질이란 개인의 전체 삶을 기술하기 위한 용어로서 사용된다. 이는 모든 것이 서로 관련되어 있으며, 또 사람이 사는 환경의 모든 부분들에 의해 영향을 받고, 그 부분들도 연결되어 있다는 가정에서 삶의 모든 영역들을 함께 고려한다. 이 개념은 개인의 선택권을 실행하는 것과 마찬가지로 삶의 질을 성취하는 과정들을 고려하기도 한다.

　이것이 가장 개인적이고 가장 포괄적인 타입의 삶의 질이다. 이런 이유 때문에 개인 전체의 삶을 위한 삶의 질이 이해하거나 설명하기에 가장 복잡한 것이기도 하지만 개인적 측면에서 가장 의미가 있으며 개인의 삶에 아주 적절하게 적용할 수 있는 강력한 가능성이 있다.

삶 전체를 향상시키기: 기본 원칙

　삶의 질이란 개개인이 풍요롭고 의미 있는 삶을 누리는 것과 관계가 있다. 사실 삶의 질 접근법에 초점을 맞추고 이를 사용하는 주된 요인은 사람들이 삶을 개선하여 풍부하고 더욱 의미 있는 삶이 될 수 있도록 돕는 것이다. 이 부분에서 우리는 독자들이 이해할 필요가 있는 삶의 질 기본 원칙을 기술하게 될 것이다. 삶이란 복잡한 과정이고, 삶의 질은 개개인의 삶의 모든 양상들을 다루는 것이기 때문에 이 또한 당연히 복잡할 수밖에 없다. 삶의 질 접근법은 삶의 복잡성을 취하여 우리가 더 쉽게 이해하고 사용할 수 있도록 단순화시킨다. 복잡한 성질의 것을 단순화시키는 데는 위험이 따른다. 왜냐하면 이는 단축, 추정, 잘못된 결정 및 다른 오류를 일으키기 때문이다. 실용적인 측면에서 보면, 우리는 완벽하고 완성된 접근법을 제시하는 것이 아니라 사람들이 더욱 효율적으로 기능하고 성장할 수 있는 방법을 발견하도록 도움을 주는 접근법을 제시하는 것이다. 이는 또한 다른 이들이 이 과정을 지원하는 것을 돕기도 한다.

여기서 한 가지 이해에 도움이 될 만한 비유를 들자면, 삶의 질을 런던의 지하철 노선도와 비교하는 것이다. 이 지도는 전혀 완벽하지 않으며 전문 지도 제작자들은 지하철 역간의 거리나 방향이 정확하지 않다는 등 여러 가지 면에서 이에 대한 정당한 비판을 할수 있을 것이다. 그러나 이 지도는 사람들이 효율적으로 돌아다닐수 있도록 도와주고 그들의 목적지에 이를 수 있도록 해 준다.

우리가 사용하는 용어들이나 아이디어 중 어느 정도는 독자들이잘 아는 내용일 것이다. 그 이유는 삶의 질이 그것들을 다른 분야로부터 빌려와서 함께 모아 새로운 방식으로 분류하였기 때문이다. 또한 독자들이 새롭게 접하는 용어나 아이디어들도 있을 것이다.

HRQOL-14에서 발췌된 건강 관련 삶의 질 척도

미국질병통제예방센터 보건 및 노화 연구 지부에서 개발한 HRQOL-14에서 발췌된 건강 관련 삶의 질 척도

건강 상태

1. 일반적으로 당신의 건강상태는? 최상이다, 매우 좋다, 좋다, 보통이다, 좋지 않다
2. 현재 질병과 상처를 포함해서 당신의 신체적 건강 상태를 고려해 볼 때, 지난 30일 중 며칠 동안 건강 상태가 좋지 않았다고 생각하는가?
3. 이제 스트레스, 우울증, 정서적 문제 등 당신의 정신적 건강 상태를 생각해 보라. 지난 30일 중 며칠 동안 당신의 정신적 건강 상태가 좋지 않았다고 생각하는가?

4. 지난 30일 중 며칠 동안 건강 상태가 좋지 않아서 씻기, 일, 오락 등 평소 활동에 지장이 있었는가?

보충적 삶의 질 측정모듈

1. 어떤 질환이나 건강 문제 때문에 어떤 형태로든지 활동에 제한을 받고 있는가? 예, 아니요(아니면 6번 문항으로 가시오)

2. 당신 활동을 제한하는 주요 질환이나 건강 문제는 무엇인가? 관절염/류머티즘, 등이나 목 통증, 골절, 뼈/관절 손상, 보행 문제, 폐/호흡기 질환, 청각 문제, 눈/시각 문제, 심장병, 뇌졸중, 고혈압/고지혈증, 당뇨병, 암, 우울증/불안/정서 문제, 기타 질환/문제

4. 어떤 질환이나 건강상의 문제로 인해 식사하기, 목욕하기, 옷 입기, 기타 집안에서 돌아다니는 것 같이 자기 스스로를 돌보는 일에 다른 사람의 도움이 필요한가? 예, 아니요

5. 어떤 질환이나 건강상의 문제로 인해 집안일, 사업, 쇼핑, 또는 다른 목적으로 돌아다니는 것과 같은 일상적인 일을 하는데 다른 사람의 도움이 필요한가? 예, 아니요

6. 지난 30일 중 며칠 동안 통증으로 인하여 씻기, 일, 오락 등 평소 활동에 지장이 있었는가?

7 지난 30일 중 며칠 동안 슬픔, 침체, 우울함을 느꼈는가?

8. 지난 30일 중 며칠 동안 걱정, 긴장, 불안을 느꼈는가?

9. 지난 30일 중 며칠 동안 충분한 휴식, 수면을 취하지 못했다고 느꼈는가?

10. 지난 30일 중 며칠 동안 매우 건강하고 에너지가 넘쳤다고 생각하는가?

질병통제예방센터의 허가를 받아 수록함. http://www.cdc.gov/hrqol/hrqol14_measure.htm

지도원칙

효율적인 삶의 질을 위한 지도 원칙은 모든 인간은 질 높은 삶을 영위할 권리가 있다는 것이다. 이 원칙은 우리가 삶의 질 접근법을 적용할 때 가능한 최대로 삶을 누릴 수 있도록 사람들을 돕는 데 초점을 맞추도록 해 준다.

시작하기: 삶의 질 접근법을 위한 3단계 기본 틀

개인 전체 삶을 위한 삶의 질 접근법은 시작점이 필요하다. 우리는 세상 어느 곳에 있든지 모든 사람들의 삶의 측면들을 집어넣을 수 있는 단순한 3단계의 기본 틀을 제공함으로써 시작하려고 한다.

1단계: 삶에 필요한 기본 필수요소를 획득하기
2단계: 개인에게 중요한 삶의 측면에서 만족을 경험하기
3단계: 높은 수준의 개인적 즐거움과 성취를 획득하기

삶의 질은 이 단계들 중 하나 혹은 세 가지 단계 모두를 동시에 실행함으로써 개선할 수 있다. 그러나 이 3단계 기본 틀이 도움이 되는 이유는 때로는 2단계로 옮겨가기 전에 1단계에 더 초점을 맞추고 3단계로 옮겨가기 전에 2단계에 초점을 맞추는 것이 중요하기 때문이다. 여기에 두 가지 실화를 예로 제시한다.

예시 1

현재 동유럽의 한 국가에서는 사람들이 하루하루 먹고 살기 위해 분투하고 있는데 장애를 가진 아이들을 위한 국가 보조금이 매우 부족한 상황이다. 수백 명의 장애아이들이 입원

해 있는 한 국립병원에서는 직원과 보급품이 너무 부족해서 아이들은 길게 열 지어 늘어선 침대에서 대부분의 날들을 보낸다. 이 아이들은 다른 사람들과 상호 교류도 거의 없고, 매우 간헐적으로 개인 위생과 관련된 보살핌만 받는다. 음식과 물은 매우 질이 낮고 부족하며 입을 옷도 충분하지 않다.

이 아이들을 위해 어디에서부터 삶의 질 개선을 시작해야 하는가? 분명 제1단계에 집중하여 적절한 삶을 위한 기본적 필수요소를 제공하는 데 거의 모든 노력을 기울여야 할 것이다. 그들에게는 더 나은 신체적 보살핌, 더 높은 질의 음식과 물, 충분한 의복, 자유롭게 활동하며 운동할 수 있고 그렇게 하도록 권장하는 것, 사람들과 가깝게 지내는 것, 흥미로운 활동을 하며 시간을 보내는 것 등이 필요하다. 그 아이들에게는 삶과 개인적 성취에 만족하는 것이 중요하긴 하지만, 지금 당장 삶의 기본적인 욕구를 채우는 것이 더 중요하다.

예시 2

조이스는 36세의 지적장애를 가진 여성으로, 거주 지역 복지기관이 그녀를 도와 가게에서 일하면서 돈을 벌고, 임대료를 받아 운영하는 아파트를 소유할 수 있도록 해 주었다. 복지기관의 입장에서는 그녀가 독립적으로 생활할 수 있고, 다른 도움은 거의 필요 없을 정도로 잘 정착되었다고 보았다. 그러나 조이스가 희망했던 삶은 이런 것이 아니었다. 그녀는 일에 대한 가치를 크게 두지 않았기 때문에 일을 잘하려는 의지도 없었고, 그녀의 직장 동료들과 잘 지내지도 못했다. 조이스는 그녀가 받을 수 있는 장애 보조금을 받아 살아가는 것을 더 원했고, 다른 사람들과 함께 살면서 자신 주위에 더 많은 사람들이 있기를 원했다. 언젠가 사랑하는 사람을 만나 아주 밀접한 관계를 맺을 수 있기를 원하지만, 지금 당장 그러기를 원하는 것은 아니다.

조이스는 어디서부터 시작해야 하는가? 또 우리는 그녀를 어떻게 도울 수 있을까? 그녀의 삶은 기본적 욕구가 제공되도록 이미 조성되었다. 그녀가 나중에 일을 그만둔다고 해도 장애 보조금을 받을 수 있을 것이다. 그러나 그녀의 삶의 두 가지 측면, 즉 일과 집은 그녀가 가치 있다고 여기는 것들이 아니고 결과적으로 그녀에게 만족을 주지 못한다. 나중에는 그녀가 더 높은 단계의 가치들을 추구할지 모르지만, 지금은 우선 조이스의 삶에 그녀가 스스로 가치 있다고 여기는 것들이 포함되고 어느 정도 그것들에 대해 만족할 수 있도록 조정하는 것이 가장 중요하다.

이 두 가지 예는 3단계 기본 틀이 우리가 어디서부터 사람들의 삶을 개선하도록 도울 수 있을 지에 관하여 생각하도록 해 준다. 또한 이는 우리가 높은 단계로 나아가기 전에 낮은 단계에 초점을 맞추는 것이 필요할 때도 있다는 것을 보여 준다. 그러나 삶의 질 접근법을 사용할 때는 어느 한 단계에만 집중하는 것이 항상 바람직하지는 않다. 어떤 경우에는 삶의 기본 욕구를 채우는 것과 삶의 만족을 높이는 것이 병행되기도 하지만, 때로는 삶에 더욱 만족하는 것과 더 높은 단계의 성취를 경험하는 것이 병행되기도 한다.

삶의 질 접근법의 다섯 가지 필수요소

다섯 가지 요소들은 삶의 질 접근의 중심이며 논의할 때마다 지속적으로 명확하게 염두에 두어야 할 필요가 있다. 삶의 질 접근 방법을 사용하고자 할 때, 당신이 잘하고 있는지 확인하기 위해 주기적으로 이 요소들로 돌아와 참고하는 것이 좋다.

1. 삶의 질은 모든 사람들의 삶에서 공통적인 측면이나, 특성, 과정 등을 다룬다. 일반적으로 삶의 질은 모든 인간에게 중요한 것들을 다룬다. 영양, 건강, 사회관계, 주택, 여가활동 등과 같은 문제들은 장애인과 비장애인, 모든 나라에 사는 국민들, 그리고 역사적으로 여러 다른 시기에 사는 모든 사람들에게 공통적으로 중요하다.

2. 삶의 질은 개인적인 문제다. 삶의 질 접근법은 모든 사람들에게 공통적인 과정을 다루기는 하지만, 개인이 각자의 필요에 따라 선택하고 반응할 때는 이와 같은 유사성이 각각 분리된다. 그러므로 삶의 질은 개인적 의미를 갖는다. 우리가 전에 언급했듯이 삶의 질은 각 개인에게 조금씩 다른 의미가 있다. 그래서 우리는 개인적인 차이를 찾을 필요가 있다. 이는 개인과 삶의 질을 결정하는 환경 가운데서 개인에 따라 독특하게 발생하는 상당히 큰 상호작용이다. 이러한 독특한 면을 이해하고 효과적인 중재를 제공하는 것이 삶의 질을 향상시킬 수 있도록 돕는 주된 방법이다. 둘째로 궁극적으로 삶의 질은 개인의 관점에서 볼 때 가장 잘 볼 수 있다. 우리는 다른 사람들의 삶을 향상시키도록 도울 수는 있지만 자신의 삶의 질에 대해서 최종 결정을 내리는 사람은 당사자 자신이 되어야

한다.

3. 개인은 자신의 삶의 특별한 면에 대해서 결정을 내릴 수 있다. 삶의 질 접근법은 우리가 삶의 어떤 특별한 면을 바라볼 수 있고 또한 우리에게 얼마나 효과적인지 평가할 수 있도록 해 준다. 우리의 삶에 특별한 것들 중 고려해야 할 몇 가지는 다음과 같다. 소유물, 재정, 사회관계, 신념, 배움과 성장, 여가, 육체적 정신적 건강, 자기결정권, 사회적 포용, 권리 등. 독자들은 이와 다른 것들을 생각할 지도 모른다. 무엇에 가장 먼저 중점을 둘 것인가를 결정하는 데 있어서, 보통은 당시 상황에서 개인에게 가장 중요하다고 여겨지는 것을 선택하는 것이 좋을 것이다. 어떤 식으로든 모든 것에 동시에 초점을 두기보다는 한 가지 혹은 단 몇 가지에 집중하는 것이 더 쉽다.

   실무자들로서는 개인들이 자신들의 삶의 여러 측면들을 판단할 필요가 있고, 그들이 대부분은 항상 자신들의 삶의 질을 높이거나 낮추는 것이 무엇인지 알 수 있는 가장 좋은 위치에 있다는 것을 이해하는 것이 매우 중요하다.

4. 삶의 모든 부분은 서로 연결되어 있다. 상호 연관성을 이해하는 것이 중요하다. 예를 들어, 금전적인 문제는 여가 활동에 영향을 미치고, 금전적 문제와 여가활동은 둘 다 사회적 관계에 영향을 미친다. 게다가 우리 삶의 모든 부분은 우리가 살고 있는 환경에 의해서 영향을 받고, 이는 다시 그 환경에 영향을 준다. 이와 같은 상호 연관성이 때로는 삶의 질 영역들을 복잡하게 만드는 것 같지만 사람들이 그들의 삶에 대하여 전체적인 결정을 내리는 데 도움을 주기도 한다.

5. 삶의 질은 항상 변화한다. 삶의 질은 해마다, 혹은 날마다 바

펼 수 있다. 계획되거나 계획되지 않은 수많은 사건들이 생겨서 삶의 질을 바꿀 수 있다. 또한, 우리가 사는 동안, 우선순위가 바뀌고 가치관도 바뀐다. 그러므로 삶의 한 순간 우리의 삶의 질에 기여했던 것들은 나중의 삶의 질에 기여하는 것들과는 상당히 다를 수도 있다. 다시 말해서, 각 개인의 내면에서도 시간에 따라 변동성이 있다는 것이다.

삶의 질 접근법으로 무엇을 성취할 수 있을까

우리가 삶의 질 접근법을 사용할 때 특히 여섯 가지 주요 적용원칙에 집중하여 위에 기술된 다섯 가지 필수요소를 기초로 삼는다.

1. 현재 개인에게 가장 중요한 것에 집중한다. 여기에는 다른 사람들에게도 모두 중요한 것들과 당사자에게 특별히 더욱 가치 있는 것들도 포함한다.

2. 개인이 중요하다고 여기는 삶의 영역에서는 만족하고, 개인이 별로 중요시 여기지 않는 그 밖의 영역들에서는 불만이 없도록 노력한다. 인간은 절대로 삶의 모든 영역에서 완전히 만족할 수는 없다. 그래서 이런 점이 우리가 개선하려는 투쟁을 계속할 수 있도록 한다. 삶의 질 접근법을 사용함에 있어서 우리는 전체적으로 상당한 만족을 느끼도록 노력할 뿐 아니라, 삶에서 불만보다는 만족을 더 많이 느낄 수 있도록 노력한다.

3. 개선의 기회가 개인의 손에 잡힐 만큼 가까운 곳에 있어야 한다는 것을 강조한다.

4. 기회를 선택하는 데 있어서 가능하면 개인의 권리가 발휘되

어야 할 것을 주장한다.

5. 개인의 자아상을 향상시킨다.

6. 개인의 권한 부여 수준을 높인다.

맺는 말

이 장에서 우리는 삶의 질 접근법을 소개했다. 우리는 이제 삶의 질이 어떤 의미이며, 이 접근법을 사용할 수 있는 주체와 사람들이 삶의 질을 개선하도록 돕는 데 필요한 기초 개념을 배웠다.

사고와 논의

1. 모든 사람들이 질 높은 삶을 영위할 권리가 있는가?

2. 삶의 질 3단계 틀을 다시 살펴보자. 당신의 삶 가운데서 각각의 단계가 중요했던 순간을 생각해 보라.

3. 세계의 다른 지역에 있는 한 국가를 선택하여, 당신의 연령과 성별이 동일한 한 사람을 생각해 보고, 그 사람의 이름을 지어 보아라. 그리고 이제 다음 두 질문을 해 보라. 당신과 그 사람 모두의 삶의 질을 높이기 위한 것들은 무엇인가? 어떤 점에서 삶의 질은 두 사람 각각에게 특별한 것인가?

4. 당신이 과거에 어떤 행동을 함으로써 일어난 일 중 지금 삶의 질을 높여 준 것 하나를 생각해 보라. 다음 질문들을 통해 삶의 질 접근법의 여섯 가지 기본 원칙과 연관시켜 보라. 당신에게 얼마나 중요한 것인가? 당신은 그것에 얼마나 만족하고 있는가? 그것으로부터 당신이 선택할 수 있는 어떤 기회들이

있는가? 당신은 개인적 선택권을 행사하고 있는가? 이것이
당신의 자아상을 바꾸었는가? 당신에게 더 많은 권한을 부여
해 주었는가?

참고문헌

독자에게. 대부분의 장 끝에 본문을 보충하거나 설명하는 몇몇
참고문헌을 제공했다. 특별히 도움이 되리라고 생각되는 책, 책의
일부, 논문 등을 열거했다. 독자들은 문헌 검색 절차를 따라 추가
적으로 많은 논문, 서적, 웹 사이트 등을 찾을 수 있을 것이다.

Albrecht, G. L., Seelman, K. D., & Bury, M. (Eds.). (2001). *Handbook of Disability Studies*. Thousand Oaks, CA: Sage.

Barton, L., Ballard, K., & Folcher, G. (1991). *Disability and the Necessity for a Socio-political Perspective*. Monograph 51. Durham, NH: University of New Hampshire.

Brown, I. (1999). 'Embracing quality of life in times of spending restraint.' *Journal of Intellectual and Developmental Disability 24*, 4, 299–308.

Brown, I. (2003). 'Abuse and neglect of disabled and non-disabled children: establishing a place in quality of life study.' In M. J. Sirgy, D. Rahtz and A. C. Samli (Eds.), *Advances in Quality-of-Life Theory and Research, volume 4*. Dordrecht, The Netherlands: Kluwer Academic.

Brown, R. I. (Ed.). (1997). *Quality of Life for People with Disabilities: Models, Research and Practice*, 2nd edition. Cheltenham, UK: Stanley Thornes.

Brown, R. I., Bayer, M. B., & Brown, P. M. (1992). *Empowerment and Developmental Handicaps: Choices and Quality of Life*. London: Chapman & Hall.

Campbell, A. (1981). *The Sense of Well-bein in America*. New York: McGraw-Hill.

50

Campbell, A., Converse, P., & Rodgers, W. L. (1976). *The Quality of America life: Perceptions, Evaluations, and Satisfactions.* New York: Russell Sage Foundation.

Clarke, A. M., & Clarke, A. D. B. (2000). *Early Experience in the Life Path.* London: Jessica Kingsley Publishers.

Evans, D. R. (1994). Enhancing quality of life in the population at large. *Social Indicators Research 33*, 47–88.

Goode, D. (Ed.). (1994). *Quality of Life for Persons with Disabilities: International Perspectives and Issues.* Cambridge, MA: Brookline Books.

Hatton, C. (1998). Whose quality of life is it anyway? Some problems with the emerging quality of life consensus. *Mental Retardation 36*, 104–115.

Journal on Development Disabilities. (1994). Special issues on quality of life, vol. 3, part 2. www.oadd.org

Journal on Development Disabilities. (1997). Special issues on quality of life, vol. 5, part 2. www.oadd.org

Keith, K. D., & Schalock, R. L. (Eds.). (2000). *Cross-cultural Perspectives on Quality of Life.* Washington, DC: American Association on Mental Retardation.

Lord, J., & Hutchison, P. (1993). The process of empowerment: Implications for theory and practice. *Canadian Journal of Community Mental Health 12*, 1, 5–22.

Myers, D. G. (1991). *The Pursuit of Happiness: Who is Happy and Why.* New York: William Morrow.

Quality of Life Instrument Database, MAPI Research Institute, www.oadd.org

Renwick, R., Brown, I., & Nagler, M. (Eds.). (1996). *Quality of Life in Health Promotion and Rehabilitation: Conceptualizations, Issues and Applications.* Thousand Oaks, CA: Sage.

51

Romney, D. M., Brown, R. I., & Fry, P. S. (Eds.). (1994). *Improving the Quality of Life: Recommendations for People With and Without Disabilities*. Dordrecht, The Netherlands: Kluwer Academic.

Schalock, R. L. (Ed.). (1990). *Quality of Life: Perspectives and Issues*. Washington, DC: American Association on Mental Retardation.

Schalock, R. L. (Ed.). (1996). *Quality of Life, volume I: Conceptualization and Measurement*. Washington, DC: American Association on Mental Retardation.

Schalock, R. L. (Ed.). (1997). *Quality of Life, volume II: Application to Persons with Disabilities*. Washington, DC: American Association on Mental Retardation.

Taylor, S. J. (1994). In support of research on quality of life, but against QOL. In D. Goode (Ed.), *Quality of Life for Persons with Disabilities: International Perspectives and Issues*. Cambridge, MA: Brookline.

Wolfensberger, W. (1994). Let's hang up "quality of life" as a hopeless term. In D. Goode (Ed.), *Quality of Life for Persons with Disabilities: International Perspectives and Issues*. Cambridge, MA: Brookline.

제2장

장애를 가진 네 사람
- 그들의 삶을 살짝 들여다보기 -

첫 번째 장에서 우리는 삶의 질에 대하여 배우기 시작했다. 먼저 우리 자신의 삶의 질에 대해서 생각하기 시작하였다. 이번 장에서 장애를 가진 네 사람의 삶을 간단하게 묘사하고자 한다. 우리는 그들의 삶에서 질적 요소가 무엇인지, 삶의 질을 떨어뜨리는 것이 무엇인지를 곧 이해하게 될 것이다. 각 사람들의 이야기를 들어 보고 생각하고 논의할 문제와 몇 가지 질문들을 제시하였다. 이러한 모든 질문과 문제점은 이 책의 뒷부분에서 다시 다루겠지만, 지금은 그 질문에 대한 독자들의 초기 반응을 논의하는 정도가 적절하다고 본다. 그리고 이 책 전체를 다 읽고 공부한 후 돌아와 다시 논의해 보는 것도 흥미로울 것이다.

우리가 중점적으로 소개하는 사람들에 대하여 독자가 읽으면서 염두에 두어야 할 중요한 세 가지가 있다. 첫째, 다음에 묘사된 각각의 네 명은 단일 혹은 다수의 장애를 가지고 있는데 이 장애에 대해서 일부 자세히 묘사되고 있다는 것이다. 장애가 지나치게 강조되거나 너무 노골적으로 혹은 임상적인 용어를 사용하여 묘사된 것처럼 보일 수 있다. 그러나 우리의 의도는 장애를 가능한 명확하게 기술하여 독자가 각 사람의 삶에서 장애가 어떤 위치를 차지하는지 이해할 수 있게 한 것이다. 더욱이 그러한 묘사는 장애인 자신들이 장애를 묘사한 것을 그대로 사용한 것이다. 둘째, 우리는 독자들이 장애를 좋거나 나쁜 것이 아니라, 모든 인간이 갖고 있는 개인 및 집단적 생활의 일부라는 관점을 갖기 바란다. 만약 사람들이 장애를 받아들여 평범한 사람의 일상적인 삶의 한 부분으로 여기는 것을 배우지 못한다면 장애는 문제점으로 확대되거나 때로는 '무엇인가를 할 수 없도록 막는 것(障碍)'으로만 보일 것이다. 셋째, 이 장에서 조명된 네 사람은 실제 인물들로 사생활의 자세한 부분까지 밝히도록 허락해 주었고 자신들의 노출 위험을 감수한 사람들임을 독자가 알아주기 바란다. 네 명 모두가 이 책의 주제가 중요하다고 생각하고, 장애를 가진 사람들의 삶의 질에 개인적으로 기여하고자 했기 때문에 그렇게 한 것이었다. 우리가 논의할 때 실존하는 사람들의 세세한 삶을 다루고 있다는 사실을 인정하는 것이 중요하다.

샘

'샘의 삶' 엿보기

샘은 스스로가 삶을 즐기며 사는 낙관적인 사람이라고 말한다. 37세인 그는 고층 건물에 자신의 아파트를 가지고 있다. 그는 기초생활보장만을 위해 지불되는 장애인 연금을 받고 있으며, 종종 그의 수입에 보탬이 될 수 있는 임시직이나 시간제로 일을 한다. 샘은 매우 사교적이고, 친구든 처음 대하는 사람들이든 똑같이 쉽게 말을 걸고 대화할 수 있기 때문에 그렇게 살아가는 것이 특별히 어렵지 않다. 그는 일자리를 구할 수 있는 곳에 그냥 들어가 대화를 나누다가 자신이 할 수 있는 일거리가 있는지 물어본다. 그는 몇 가지 물건들을 갖고 있지만, 그것들에 큰 가치를 두지 않는다. 예를 들어, 그는 휴대전화, VCR 등은 필요 없다고 주장하며 가지려고 하지 않는다.

샘이 시간제 일을 하는 이유 중의 하나는 그가 여행을 매우 좋아하기 때문이다. 그는 충분한 돈이 모이면 전에 들어는 봤지만 가 본 적이 없었던 지역으로 여행하는 것을 계획한다. 그는 여행할 때 더 저렴한 방법을 찾아서 돈을 가능한 효율적으로 사용한다. 그렇게 함으로써 대부분의 다른 여행자들보다 좀 더 많이 보고 경험할 수 있다.

샘은 아주 많은 취미를 갖고 있지만, 가장 중요한 취미 중의 하나는 음악일 것이다. 그는 천부적인 음악적 소질을 갖고 있고, 정식으로 어떤 교육을 받지는 못했지만 많은 악기를 대강은 다룰 줄 안다. 이것은 그가 혼자 있을 때 상당한 기쁨의 요소일 뿐 아니라 아마추어 음악인들로 구성된 지인 및 친구들과 함께하는 활동이기도 하다. 그는 여러 번 조금 더 정규적인 음악교육을 받을 기회도 있었고 시작도 해 보았지만 그럴 때마다 요구되는 규율에 금방 싫증을 냈다. 샘은 또한 카드놀이, 펜팔친구에게 편지쓰기, 그룹에 참여하여 다양한 공예품 만들기, 축구경기 팬이 되기 등을 좋아한다.

샘에게는 많은 지인들이 있고, 좋은 사교성과 리더십 기술을 가지고 있는 스스로를 자랑스럽게 여긴다. 그는 수년 동안 사귀며

샘의 삶의 질에 대해 생각하기

당신은 간단히 요약된 샘의 생활을 읽었고, 다음에 그의 장애에 대하여 읽게 될 것이다. 당신이 읽기 전에 그의 삶의 질에 대해 잠시 생각해 보라. 그리고 다음 두 가지 질문에 답해 보고 다른 사람들과 토의해 보라.

1. 샘이 삶의 질을 높이려면 무엇이 필요할까?
2. 무엇이 샘의 삶의 질을 낮추는가?

그를 이해하고 그와 함께하는 것을 좋아하는 친구들이 많이 있다. 그러나 그의 많은 친구들은 대부분 여가활동을 통해 생기지만 그 관계는 오랫동안 지속되지 않는다. 이들은 자신도 모르게 어떤 일이나 말을 하는 실수를 하여 샘의 기분을 상하게 한다. 샘은 최근에 생긴 새 친구일지라도 두 번 다시 기회를 주지 않고 단순히 다른 친구들을 사귄다.

샘의 장애

샘은 태어날 때부터 한쪽 눈의 실명과 청각장애를 가지고 살아왔다. 그의 실명 사실은 그가 10대가 되었을 때까지도 발견되지 않았는데 그 이유는 샘이 잘 보이는 다른 쪽 눈을 사용하는 데 잘 적응하고, 또 그의 청각장애와 다른 행동장애들이 사람들의 이목을 더 집중시켰기 때문이었다.

샘의 청각장애는 그가 초등학교에 입학할 때까지 진단받지 못했고, 그로 인해 초등학교 진학 이전에 언어를 배우는 데에도 어려움을 겪었다. 사실 그는 명확하게 의미를 전달하는 능력이 있는 것으로 보였으나 학교를 다니기 시작할 때 주로 비언어적 수단으로 의사소통을 했었다. 샘이 양쪽 귀에 청각보조기구를 착용한 이후에는 일반적인 소리보다는 크게, 그리고 다른 잡음이 없는 상태에서 말하면 대부분의 소리를 들을 수 있었다. 그는 빠르게 영어와 불어로 말하는 것을 배웠다. 불어는 그의 부모님들이 집에서 말하는 언어였다.

샘의 가족과 사회 환경적 수많은 요소들이 그의 유년시절 이상 행동발달에 영향을 끼쳤을 것으로 보이지만, 청각장애가 아마도 가장 큰 원인이었을 것이다. 여하튼 샘의 부모님은 사회가 그의 행동을 받아들일 수 있도록 성장시키는 데 어려움을 겪었고, 그의 행동문제를 해결하기 위해 노력하다가 계속 좌절감을 느꼈다. 그는 14세에 집을 떠나 문제행동을 잘 다루고 교정해 줄 수 있는 양부모와 21세까지 함께 살았다.

장애인으로서 샘의 정체성

● 시 각

샘은 아주 어렸을 때부터 사람들은 본래 두 눈으로 본다는 것을 분명히 알고 있었음에도 불구하고, 자신이 한쪽 눈으로만 볼 수 있다는 사실에 대해 부모와 선생님들을 포함한 어떤 사람에게도 언급하지 않았다는 것은 놀라운 일이다. 샘의 한쪽 눈의 실명 사실은 그가 10대였을 때 체육 수업을 하는 동안 선생님에 의해서 우연히 발견되었다. 샘은 사람들이 그를 '이상하다'고 생각하기 때문에 그의 실명 사실에 대해 알리기를 원하지 않았다고 그 당시에 (지금도 그렇다고 주장하지만) 주장했다.

샘이 나이가 들고 성인이 되어 상당히 오랫동안 상담을 받고 난 후 비로소 그가 잘 아는 사람들과 실명에 대해 이야기하는 것이 점차적으로 편안해졌다. 예를 들어, 가까운 친구와 걸을 때, 친구를 더 잘 볼 수 있도록 자신이 오른쪽에서 걸어도 되는지 묻는다. 그렇지만 그가 왼쪽 눈으로만 볼 수 있기 때문이라는 말은 거의 하지 않는다.

한쪽 눈이 보이지 않는 사람들에서 발생할 수 있듯이 샘은 종종 그의 오른쪽에 있는 사람들과 부딪힌다. 이러한 경우에 그는 화를 내면서 사람들에게 앞을 보지 않고 걷는다고 비난한다. 그가 오른쪽 눈으로 볼 수 없는 것을 다른 사람들이 어떻게 알겠느냐고 질문을 했을 때, 그의 대답은 항상 단호하게 '사람이 장애를 갖고 있는지 아닌지 알아야 하는 거 아니야?'라고 반응한다. 하지만 그는 스스로 장애가 있다는 사실을 다른 사람들에게 말하거나 보여 줄 용의가 거의 없다. 샘은 그가 유년기에 그랬던 것처럼, 성인이 되어서도 자신의 한쪽 눈이 실명된 것을 다른 사람들에게 대부분 알리지 않고 살고 있다.

◉ 듣 기

샘은 그의 가까운 친구들을 포함하여 거의 모든 사람들에게 자신의 청각장애에 대해 말하지 않는다. 그러나 그가 양쪽 귀에 청각보조기구를 장착했기 때문에 그의 청각장애를 숨길 수는 없다. 이렇게 시각적으로 다른 사람들에게 보이는 것이 때로는 도움이 되기도 한다. 왜냐하면 사람들이 말하는 것을 샘이 듣지 못할 때 더 크게 혹은 더 분명하게 말할 필요가 있다는 것을 알려주기 때문이다. 동시에 청각보조기구의 존재는 두 가지 다른 문제점을 일으키기도 한다. 첫 번째는 장애가 있는 사람들과 일하거나 함께 사는데 익숙하지 않은 사람들은 샘이 청각보조기구를 착용하고 있는지 모르고, 따라서 그들이 하는 말을 샘이 항상 알아듣지는 못한다는 사실을 인식하지 못한다. 샘의 입장에서는 자신이 청각보조기구를 착용하고 있다는 것을 항상 지나치게 의식하고 있기 때문에 사람들이 샘을 이해시키려는 많은 노력에도 불구하고, 다른 사람들이 그의 청각장애를 알지 못한다는 것이 이해가 되지 않는다. 그가 항상 강조하여 얘기하는 것은 다른 사람들이 '쉽게 내 귀의 청각보조기구를 볼 수 있기 때문에 나에게 크게 말해야 한다'는 것이다.

두 번째 일어나는 문제점은 특별히 크게 말해 달라는 말을 들었거나, 청각장애에 대한 경험을 갖지 않았다면, 대부분의 사람은 청각보조기구를 착용한 사람들에게 특별히 더 크게 말하거나 더 또렷하게 이야기하지 않는다는 것이다. 일반적으로 그들은 또한 청각보조기구를 가진 사람에게 무슨 말을 하는지 알아들을 수 있느냐고 물어볼 생각도 하지 않는다. 샘 스스로는 이에 대해 어떤 말도 하려고 하지 않기 때문에 그는 다른 사람들이 하는 말 중 많은 부분을 놓치게 된다.

　이 두 가지 문제점들에 대한 샘의 반응은 자신이 알아들을 수 없게 말하는 사람들은 무시한다는 것이다. 그는 다른 사람들이 무슨 말을 하는지 이해하기를 원하지만, 만약 사람들이 자신이 알아들을 수 있도록 이야기하지 않으면, 보통 대화를 빨리 끝내 버린다. 이는 다른 사람들의 관점에서 보면 매우 무례한 일이다. 샘은 사람들이 자신에게 어떻게 이야기해야 할지 알아야 한다고 주장하지만, 그들이 어떻게 말해야 할지 배우도록 도움을 주지는 않는다.

　● 행 동

　현재 샘은 대부분의 경우 친절하고 협조적이며 예의 바르지만 어떤 때에는 다른 사람들에게 퉁명스럽고 무례하다. 일반적으로 그가 화를 내는 것은 충분히 듣거나 볼 수 없기 때문에 또는 사람들이 그가 별로 관심이 없는 것에 대해서 얘기하거나 그러한 것들을 하고 있기 때문이다. 그는 화가 났을 때, 재빨리 다른 사람에게 싫은 소리를 한 후 그 자리를 떠나버린다. 이런 샘의 행동을 다른 사람들은 모두 무례하고 기분 나쁘다고 하지만 샘은 그들이 '멍

청'하고 '무식'하기 때문이라고 항상 마음속에서는 자신을 정당화한다. 샘은 다른 사람들이 그의 장애들을 완전히 이해하고 정확하게 어떤 반응을 해야 할지 알고 있기를 기대하나, 샘 스스로는 자신과 다른 사람과의 차이점에 대해 별로 관대하지 못하다는 것이 아이러니한 일이다.

샘의 계획과 미래를 향한 꿈

우리 모두가 세월이 지남에 따라 경험하는 변화들을 샘도 똑같이 겪고 있다. 그는 지난 몇 해 동안에 체중이 늘어난 것, 에너지 수준이 예전과는 조금 다르다는 것과 관심사가 바뀐 것 등을 인지하고 있다. 그가 40세가 되기까지는 아직 3년이 남았지만, 그의 삶이 40대가 되었을 때 어떻게 변해 있을지 궁금하다고 말한다. 샘은 이에 대한 명확한 계획을 장시간의 대화 이후에도 분명하게 말로 표현하지는 못했지만 그에게 이제 삶의 변화들에 대한 질문과 궁금증이 시작되고 있다.

때때로 샘은 결혼이나 적어도 진지한 연애에 대해 생각하기도 했다. 지금까지 여자들과의 모든 관계는 가벼운 친구 사이거나 짧게 끝나버리는 정도였다. 그는 오랜 기간 동안 안정적으로 이성교제를 하고 있는 남자친구들을 보았고, 종종 나도 "저런 여자를 만날 수 있을 거야."라고 그의 소망을 표현한다. 그러나 이 점에 대해서 조금만 더 캐물으면, 그는 항상 "아내는 골칫거리가 될 거야."라고 재빠르게 말한다. 따라서 그는 애정관계를 원하는 것처럼 보이지만, 이것을 자신이 미래에 실현할 수 있을 거라고는 생각하지 못한다.

바로 가까운 미래에 샘이 하고 싶어 하는 것들은 매우 많다. 그는 수많은 여행 계획을 가지고 있고 많은 행사들에 참여하며 많은 사람들을 찾아가 만나기를 원한다. 샘에게 많은 계획과 꿈이 있지만, 그중 몇 가지 이상은 현실에서 이루어 질 것이라고 기대하지 않는다. 그러나 샘에게 그 계획과 꿈들이 가까운 미래에 대한 것이라면 좀 더 실현될 가능성이 높을 것이다. 장기간의 계획과 꿈들에 대해서 우리는 생각할 수조차도 없다.

샘의 삶의 질에 대해 다시 생각하기

현재 당신은 간단히 요약된 샘의 생활을 살펴보았다. 이제 다음 두 가지 질문에 답하고 토의해 보라.

1. 샘의 장애가 그의 삶의 질에 어떻게 영향을 주는가?
2. 샘의 삶의 질에 대해 다른 사람들은 어느 정도의 책임이 있는가?

다음 두 가지 질문을 다시 생각해 보라.

3. 샘이 삶의 질을 높이려면 무엇이 필요하겠는가?
4. 무엇이 샘의 삶의 질을 낮추는가?

 신시아

'신시아의 삶' 엿보기

신시아는 지난 6년 동안 자신의 딸인 클레어에게 좋은 엄마가 되기 위해 노력하며 보냈다. 이제 겨우 26세인 싱글맘으로 때로는 삶이 어렵다는 것을 알지만 무척 잘하려고 노력하고 있다. 그녀는 클레어의 아빠와 헤어졌고 지난 4년간은 그의 얼굴도 보지 못했다. 신시아와 클레어는 조그마한 저소득자 아파트에 살고 있다. 이 아파트는 그녀의 숙모의 집과 가까워서 자주 방문하곤 한다. 신시아는 작은 빵가게에서 일하고 거기에서 번 돈이 이 모녀의 유일한 수입원이므로 때로는 생계를 이어가기가 무척 힘들 때도 있다. 지난 3년 동안은 클레어가 유아원에 다녔지만 이제 초등학교에 들어갔기 때문에 신시아가 직장에서 집으로 돌아오는 늦은 오후까지 3~4시간 동안은 이웃과 함께 지낸다.

신시아는 한 달에 한 번쯤 그녀의 자매들의 가족과 부모님의 집에 클레어와 함께 간다. 신시아의 부모님은 신시아와 클레어가 올 때마다 클레어를 위해서 특별한 어떤 일을 하는 것 같다. 가끔 신시아가 장을 봐야할 때 그녀의 숙모가 클레어를 돌보아 주기도 하지만 보통 신시아는 어디나 클레어를 데리고 다닌다. 신시아와 클레어가 하는 외출들은 이들이 재미있는 시간을 보내고 서로 함께 하는 즐거움을 나눌 수 있게 하는 좋은 방법이 된다. 그러나 그들이 쇼핑, 세탁, 심부름을 위해서도 같이 가야하기 때문에 클레어가 흥미를 느끼기 힘들 때도 있다. 신시아는 자신을 보통의 삶을 즐기는 보통사람이라고 생각한다. 저녁에는 휴식을 취하거나 좋아하는 TV 프로그램을 시청하고 가족이나 두 명의 친한 친구들과 전화로 수다 떨기 등을 좋아한다.

신시아의 삶의 질에 대해 생각하기

당신은 간단히 요약된 신시아의 삶에 대해서 살펴보았다. 이제 신시아의 삶의 질에 대해 생각해 보자. 이번에는 좀 더 답하기 쉬울 것이다.

1. 신시아의 삶의 질을 높이려면 무엇이 필요한가?
2. 무엇이 신시아의 삶의 질을 낮추는가?

이번에는 다음에 대해서도 생각해 보자.

3. 클레어는 어떻게 신시아의 삶의 질을 높여 주는가?

신시아의 장애

신시아는 약간의 지적장애를 가지고 있어서, 읽기와 쓰기를 잘하지 못한다. 그녀는 수를 셀 수 있고 돈을 잘 사용하지만, 합산을 해야 하거나 가게에서 잔돈을 돌려받을 때 혼돈스러워할 때가 있다. 그렇지만 신시아는 학창시절이 즐거웠고, 그때 친했던 선생님과 친구들에 대하여 좋게 말한다. 장애는 그녀가 빵가게에서 일하는 데 특별히 문제가 되지 않는다. 신시아는 그곳에서 다양한 일을 하는 동안 동료들과 웃고 떠들기도 한다. 그녀는 다른 동료와 함께 일하는 것을 좋아하고, 가능한 동료들을 도와주려고 노력한다.

신시아에게 특별히 문제가 되는 또 다른 장애는 길을 잘 찾지 못한다는 것이다. 그녀는 자신이 사는 마을의 도로와 빌딩들을 머

64

릿속에 그려보는 것조차 어려워한다. 그 때문에 어디에 무엇이 있는지, 어떻게 특정 장소에 갈 수 있는지 말로 표현하지 못한다. 그녀는 밖에 있을 때 방향감각이 거의 없다. 그래도 기억력이 매우 좋은 그녀는 목적지로 안내해 주는 '표지판' 전부를 외울 수 있다. 그녀가 그 많은 표지판들을 다 설명하지는 못하지만, 차례대로 그것들을 인식하여 길을 따라 찾아간다. 신시아 자신도 어떻게 길을 찾아가는지 논리적으로 따져보면 전혀 모름에도 불구하고 그녀의 가족과 친구들은 목적지를 찾아가는 그녀의 불가사의한 능력에 대해 종종 놀라곤 한다.

신시아는 몇 년 전에 약간의 정신질환을 진단받았고, 처방받은 약을 매일 복용한다. 그녀는 매년 한 번씩 정신과를 방문하여 약을 다시 처방 받는다. 일반적으로 가족, 친구와 동료들은 그녀가 정신질환으로 인해 어떤 행동들을 한다는 것을 느끼지 못하지만, 신시아는 사람들이 자기를 창녀라고 생각하고 심지어 그 이야기를 자세히 하면서 재미있어 할 것이라고 자주 말하곤 한다. 그러나 그런 말을 했다고 하는 사람들을 찾아서 조사해 보면 실제로는 그런 일이 일어나지 않았다는 것이 명백하게 드러났다.

장애를 가진 여성으로서 신시아의 정체성

신시아는 자신의 장애에 대해서 거의 말을 하지 않는다. 그녀는 삶에서 자신이 다른 사람들처럼 잘 할 수 없는 일들이 있다는 것과 어떤 일들을 하려면 타인의 도움이 필요하다는 것을 잘 안다. 그러나 그녀는 누구나 어떤 일을 할 때에 도움이 필요하다고 생각한다. 그녀는 자신이 장애를 가진 사람이라고 생각하지 않고, 평범한 삶을 살려고 노력하는 보통 사람으로 생각한다. 그녀는 자신의 어떠한 행동이나 말도 특별하다고 생각하지는 생각한다. 신시아는 장애를 자신의 삶의 일부분으로 보지 않기 때문에 전혀 문제될 것이 없다고 생각한다.

신시아의 가족과 친구들의 관점

신시아와는 달리, 그녀의 부모, 언니와 숙모는 신시아의 장애에 대해 매우 걱정하고 있다. 그들은 클레어를 가능한 많이 돌보아 주고, 신시아가 돈이 없을 때는 금전적으로 도움을 준다. 그들은 신시아가 부모 역할을 잘 못하지는 않을까, 신시아와 클레어의 생활에 돈이 부족하거나, 사람들에게 이용당하지 않을까 걱정한다. 그들은 신시아가 자기 스스로의 삶을 살도록 해 주지만 언제든지 필요하면 뛰어들 준비가 되어 있다. 결코 신시아로부터 멀리 떨어지지 않는다.

반면, 신시아와 친한 두 친구는 신시아가 자신들과 매우 동등하다고 여긴다. 둘 다 자신의 아이들이 있고 장애인 생활보조금을 받아 생활하며 집 밖에서 일하지 않는다. 이 세 친구들은 아이들에 대한 이야기를 나누고, 때로는 이를 통해 어떻게 하면 더 잘할 수 있을지에 대한 아이디어를 얻기도 한다. 직장 동료들은 신시아가 일에 있어서 자신들보다 더 못하다고 생각하지만 그녀가 장애 때문에 평범하지 못한 삶을 살고 있다고 생각하지는 않는다.

신시아의 계획과 미래에 대한 꿈

신시아는 미래의 삶에 대하여 생각하고 이에 대해서 다른 사람들과 이야기한다. 그녀는 빵가게가 일하기 좋고 재미있는 곳이라고 생각하기 때문에 그곳에서 할 수 있는 한 계속 일하기를 원한

다. 그녀와 클레어는 지금 살고 있는 지역에 익숙하고 아파트 월세가 저렴하기 때문에 그곳에서 오랫동안 살기를 원한다. 그녀는 클레어를 위한 몇 가지 계획들도 가지고 있다. 그녀는 클레어가 캠프에 가고, 가까운 지역사회 센터 또는 학교에서 클럽활동하기를 원한다. 장기적으로는 클레어가 고등학교를 졸업하고 좋은 직장을 얻어서 독립하기에 충분한 돈을 벌 수 있기를 원한다.

신시아의 삶의 질에 대해서 다시 생각하기

이제 신시아에 대해서 더 살펴보았으니 다시 한번 다음 두 질문에 답해 보라.

1. 신시아의 삶의 질을 높이려면 무엇이 필요할까?
2. 무엇이 신시아의 삶의 질을 낮추는가?

다음 두 가지 새로운 질문도 답해 보라.

3. 신시아의 가족이 그녀의 삶의 질에 도움을 주는가 아니면 방해하는가?
4. 신시아는 평범한 삶을 사는 평범한 사람인가?

코 디

'코디의 삶' 엿보기

코디는 7세의 남자아이로 다운증후군[1]을 앓고 있다. 그는 네 명의 아이들 중 둘째로 형과 남동생 그리고 여동생이 각각 한 명 씩 있다. 그의 부모는 맞벌이를 하고 있는데, 엄마는 공장근로자이고 아빠는 수리공이다. 코디는 할머니와도 매우 친하다. 할머니는 코디를 자주 집에 불러 하룻밤 지내면서 그가 좋아하는 쿠키를 구워 주는 것을 아주 기쁘게 생각한다. 코디도 할머니를 무척 좋아한다고 말하며 할머니와 매우 친한 것처럼 보인다.

코디의 모든 가족은 매우 친밀하고 많은 활동들을 함께하며 서로를 돕고 지지해 준다. 코디는 가족과 함께한 활동을 통해 수많은 경험을 하였고, 이를 기억하며 때때로 이야기한다. 그는 동네에서 지역도서관, 공원, 쇼핑몰, 가게 등 형과 동생들이 가는 곳은 어디든지 따라간다. 그는 게임, 운동, 모든 여행 및 휴가 등도 형제들과 함께 한다. 또한 수영, 박물관, 영화, 어린이 극장, 그 밖의 여러 아동 문화와 관련된 많은 곳들을 간다. 그는 기차를 타기도 하고, 버스를 타고 정기적으로 토론토 여행을 하기도 한다. 버스를 타고 토론토 여행을 하는 것은 코디가 특별히 좋아하는 활동이다. 코디의 모든 경험들은 그 나이 또래 소년으로서의 그의 삶을 매우 풍요롭고 다채롭게 한다.

---

1) 다운증후군: 사람의 46개 염색체 가운데서 21번째 염색체의 수가 한 개 더 많아서 나타나는 유전성 질환으로, 신생아 700~1000명 가운데 한 명 꼴로 이 질환을 보인다.
   출처: 인터넷 두산백과

코디의 삶의 질에 대해서 생각하기

독자들은 방금 코디의 삶을 잠깐 엿보았다. 이제 그의 삶의 질에 대해서 당신이 처음 생각했던 것들을 정리해 보라.

1. 코디의 가족은 그의 삶의 질을 어떻게 높일 수 있을까?
2. 제1장에서 독자는 탐구하고 즐길 수 있는 기회를 얻는 것이 좋은 삶의 질에 필수적인 요소라는 것을 배웠다. 그러나 어떤 기회를 선택할 것인지는 또 다른 문제다. 코디의 삶에서 기회와 선택이 어떤 역할을 할 것이라고 생각하는가?

코디의 장애

코디의 주된 문제점 중 하나는 다른 사람들과의 의사소통이다. 그는 발음하는 데 문제가 있어 분명하게 말하지 못하고, 문장을 말할 때 사소한 단어들까지 모두 문장 속에 넣어서 말할 줄 모른다. 예를 들어, "형은 파란색 코트를 입고 있어."라고 말하지 못하고, "형, 파란색 코트"라고 말한다. 또한 지난 주말에 했던 일과 같은 최근 얼마 전에 일어났던 일도 기억하지 못하는 것 같다. 아마도 이러한 이유들 때문에 코디는 이야기할 때 자세한 내용을 종종 빠뜨리는 것 같다. 그래서 사람들은 그가 말하는 뜻을 이해하려면 매우 주의깊게 그의 말에 귀 기울여야 한다. 대부분의 사람들은 그가 말하려는 것을 이해하는 데 적어도 어느 정도는 어려움이 있고 이 때문에 코디는 좌절감을 경험하게 된다. 이에 대한 그의 반응은 짜증을 많이 내고 반복해서 다시 말하는 것을 완강히 거부하는 것이다.

코디는 같은 연령대의 다른 아이들에 비하여 프린팅, 가위 사용, 단추 채우기, 운동화 끈매기, 컴퓨터 마우스 사용 등 미세한 손 운동을 요구하는 작업이나 손가락을 이용해서 수행하는 다른 행동에 어려움이 있다. 그는 달리기, 공받기, 스케이팅, 자전거 타기 등 동작이 큰 운동도 잘하지 못한다. 그는 처음에는 다른 사람들에게 고집스럽고 부정적이라고 여겨질 수 있지만, 서로 간의 기싸움을 피한다면 대부분의 모든 것을 함께하는 데 별문제가 없다. 그는 학교 체육관과 같이 많은 사람들이나 큰 소음이 있는 상황에서 두려움을 나타낸다. 콘서트, 군중집회, 어두운 침실과 같은 비좁거나 어두운 장소에 가는 것은 코디가 폐쇄공포를 느끼기 때문에 문제가 될 때가 많다. 그는 많은 종류의 동물들을 무서워하는데, 그중에서도 특히 개를 제일 무서워한다. 그런 상황들에서 편안함을 느낄 수 있게 되기 위해 그가 두려워하는 상황들에 아주 천천히 점점 익숙해질 필요가 있다. 코디는 잘 먹지만 쉽게 지치고 감기와 같은 호흡기 질환에 잘 걸리는 것 같다.

코디는 좋고 싫음을 명확하게 표현한다. 불행하게도 그는 같은 연령대 아이들과 비교했을 때 좋은 것보다는 싫은 것을 더 많이 표현한다. 만약 그가 싫어하는 사람이 있다면, 그는 명확하게 "가버려." "나는 너를 좋아하지 않아!"라고 말한다. 때로는 그 사람을 무시하고 그냥 그 자리를 떠나버리기도 한다. 그는 아직 다른 아이들과 협력하면서 함께 노는 법을 잘 모르고 다른 아이들과 따로 떨어져 상상의 친구와 함께 노는 것처럼 행동하거나 자신이 아는 사람의 행동을 흉내 내며 논다. 예를 들면, 수리공인 아빠처럼 트럭을 고치는 흉내를 낸다. 보편적으로 코디가 사회적으로 건전하고 다른 아이들과 함께 교류할 수 있게 하기 위해서는 강하고 지속적으로 일깨워 주고 본을 보여 주어야 한다.

70

코디의 강점

코디는 매우 사교적이어서 어른들과 대화하기를 무척 좋아한다. 좋아하는 몇 명의 아이들에게는 온순함, 충실함, 애정을 표현한다. 그는 신체 접촉을 즐기는 듯하며 사람들에게 포옹이나 키스로 그들에 대한 관심을 잘 표현한다. 코디는 또한 삶 가운데 그가 만나는 많은 사람들에게 웃음을 주는 방법을 알고 있고, 그 방법을 통하여 자주 사람들을 웃게 만들곤 한다. 예를 들어, 그의 엄마에게 취침시간이 언제인지 잊어버린 척하다가 갑자기 다가와 엄마의 귀에 일부러 살짝 틀린 시간을 속삭여 엄마를 웃게 만든다. 정확한 시간에서 얼마만큼만 틀리면 엄마가 웃을 것인지를 아는 것이다. 집에서 코디는 남동생과 잘 놀고 주말에 형과 아래층에서 함께 자는 것을 좋아한다. 그는 여동생을 안아 주고 들어 올리면서 '우리 아기'라고 부른다. 그는 부모님으로부터 배운 예의바른 행동을 삶의 다양한 상황에서 잘 적용한다. 예를 들어, 그는 항상 "부탁해요." "고맙습니다."라는 말을 잊지 않고 조그만 사고가 있었으면 "괜찮아요?"라고 물어볼 줄 안다.

코디는 반복적인 일상들을 즐기기 때문에 코디 스스로 일상적인 일을 하도록 하는 것은 쉽다. 코디에게 장난감 갖고 놀기, 함께 게임하고 놀기, 아이스크림콘 먹기 등 아주 단순하게 보이는 상을 준다고 약속을 하면 오랜 시간 동안 부모님, 선생님, 보모들에게 협력할 수 있도록 쉽게 동기를 부여할 수 있다. 특히 이러한 방법은 코디가 예전부터 해 왔던 일상적인 일이라면 더 효과가 좋다.

그는 어떤 종류의 음식이라도 다 좋아하고 야외에서 노는 것을 좋아한다. 그는 또한 청소하고 정리하는 것을 좋아한다. 그는 집에서 진공청소기로 청소하고 먼지들을 털고 마루를 닦는다. 학교에서는 자기 책상과 선생님의 책꽂이도 정리한다. 엄마가 옷을 개고 제자리에 정리하는 것을 기쁘게 도와주고, 모든 가족의 옷을 꺼내다 주어 그들이 하루를 준비하는 것을 돕는다.

코디의 부모님은 현재 아이들 사이에서 유행하는 옷을 코디에게 권하고 코디는 그 말을 순종적으로 받아들여 그의 형이 옷입는 것을 많이 따라 한다. 그는 또한 옷을 잘 입으면 칭찬을 받고, 사람들과 더 많이 사귈 수 있다는 것을 배웠다. "와! 청바지 멋진데."라는 말을 들으면 그의 얼굴은 자랑스러움으로 인해 빛이 났다. 마찬가지로 다운증후군을 갖고 있는 일곱살 나이에 걸맞지 않는 지나친 속어적인 단어나 문장을 반복했을 때 어른들이 즐거워한다는 것을 알고 있었다. 그가 "멋진데!" 또는 "자기야, 좋아." 같은 말을 했을 때 심지어 아주 무뚝뚝한 어른들까지도 미소를 짓게 하고 이에 대해 무슨 말이든 하지 않고는 못 배기게 한다. 이러한 것들이 코디가 비장애 아이들처럼 행동하도록 돕긴 하지만 그의 부모와 선생님들은 코디가 그러한 방법을 지나치게 사용하지 않도록 가르치려고 노력한다. 코디의 엄마는 아빠와 함께 집에서 코디를 대하는 방법을 다음과 같이 말한다. "코디 또는 장애를 갖고 있는 아이들을 비장애 아이들과 다르게 대하지 않는 것이 중요합니다. 우리는 항상 코디를 다른 아이들과 동등하게 대하려고 노력합니다. 그렇게 하면 코디가 자신이 받아들여진다고 느끼고 사랑받고 좀 더 존중받는다고 믿기 때문입니다."

학교에서

코디는 그가 사는 지역에 있는 학교에 가서 친구들과 함께 교실에서 하루 종일 보낸다. 모든 학교 프로그램들은 코디의 교육을 위해서 조정이 필요하고, 특수교육보조원과 교사의 상당한 개별적 주의를 필요로 한다. 그는 다운증후군을 가진 아이들을 위해 고안된 특별한 책을 읽기 시작했는데, 그 책은 그들에게 익숙한 생활 용어들이 사용되고 몇 가지 맞춤법과 음운법이 포함되어 있다. 그는 0부터 9까지 숫자들을 구체적으로 사용하는 방법을 배우고 있으며, 20까지는 셀 수 있다. 상당한 반복학습을 통하여 익숙해지면 그는 단어와 개념들을 기억하기는 하지만 때로는 그것들을 얼마만큼 이해하고 있는지 측정하기는 쉽지 않다. 코디의 선생님은 그가 학창시절을 마칠 때까지 특별한 교육지도가 필요할 것이라고 생각한다.

코디의 동급생들은 전체적으로 그를 매우 잘 받아들이고 있다. 그들은 코디가 어떻게 배우고 선생님과 어떻게 소통하는가를 보며 무척 신기해하는 것 같다. 그들은 종종 코디와 선생님 사이의 의사소통과정을 슬쩍 엿보다가 선생님과 눈이 마주치면 미소를 짓는다. 그들은 코디가 자신들과는 다르다는 것을 인정하는 것 같지만, 그와 같은 사실을 절대 행동으로 드러내지는 않는다. 그러나 그의 학급 친구들은 코디에게 접근하는 것을 부끄러워하기 때문에 그에게 다가가서 질문하도록 독려해 줄 필요가 있다. 운동장에서 놀 때 그가 친구들과 다르다는 것이 좀 더 명확하게 드러난다. 다른 소년들은 축구를 하지만 코디는 그들과 함께하지 않는다. 다른 아이들은 일반적으로 코디에게 "함께 놀래?"하고 묻지도 않고 코디가 하고 있는 놀이에 동참하지도 않는다. 학교에서는 이러한 문제를 해결하기 위해 두 가지 전략을 사용한다. 조직적인 팀스포츠에 그를 포함시키는 것과 그의 참여를 유도하기 위해 매주 한 아이를 지정하는 것이다. 팀스포츠는 보통 그의 참여를 장려하는 선생님이나 코치가 있어서 코디에게 특히 좋은 방법이지만, 두 번째 방법은 그의 친구들이 코디를 참여시키는 방법을 잘 모르기 때문에 효과적이지 못하다. 코디가 혼자 놀 때 대부분 아주 행복해 보인다는 사실은 코디에게 도움이 되지만 이것은 그의 친구들과 함께 놀지 못하도록 방해하는 요소 중의 하나다. 사실 코디는 다른 아이들이 놀이에 자신을 끼어 주려고 노력하는 것을 매우 싫어한다. 그는 자신의 방법으로만 놀기를 원하지만 대부분의 그 또래 아이들은 이를 이해하지 못한다.

코디의 학습 프로그램에는 효과적으로 대화하는 방법과 가능한 명확하게 스스로를 표현하는 방법이 포함되어 있다. 특수교육보조교사는 여기서 두 가지 전략을 사용한다. 즉, 코디가 일상생활에서 자주 사용하는 문장을 연습시키는 것과 코디가 새로운 문장을 만들 수 있도록 많은 기회를 주고 더 나아가 그가 아는 단어들을 이용하여 간단한 이야기를 하도록 하는 것이다. 이 두 가지 전략에서 공통적인 초점 중 하나는 보통 다른 아이들이 사용하는 모든 단어들을 코디가 직접 발음해 보도록 권유하는 것이다. 코디의 선생님은 이를 '일상생활 용어 배우기'라고 묘사한다. 코디의 선생님이 교실에서 사용하는 전체적인 교육전략은 효과가 있는 것처럼 보인다. 코디의 부모님과 다른 선생님들은 그가 올해 많이 발전하고 있다고 말한다.

코디의 엄마는 코디가 일반학교에 다니는 것이 중요하다며 다음과 같이 설명한다. "학교가 장애를 가진 아이들을 포용하는 것은 매우 중요합니다. 이는 코디가 일반 수업시간에 들어가서 더 빠르게 잘 배울 수 있기 때문입니다. 그는 친구들이 있는 수업에서 어떻게 행동하는 것이 바른 행동인지를 배웁니다. 또한 그는 친구를 사귀고 다른 사람들과 함께 지내는 법을 배우면서 자기 그

대로의 모습, 즉 코디로서 받아들여지고 사랑받고 존중받는 그곳에서 그의 삶이 크게 변화할 수 있습니다."

희망과 미래에 대한 꿈

코디는 아버지처럼 자동차수리공이 되길 원했었지만 지금은 선생님이 되기를 원한다. 한편 그는 숙제를 하는 것을 무척 좋아하고 형제들의 프로젝트를 돕는 것도 좋아한다. 부모님들은 코디의 미래에 대한 자신들의 꿈과 희망을 다음과 같이 표현한다. "우리는 코디가 중·고등학교를 졸업하고 대학에 갈 수 있기를 희망합니다. 우리는 그가 직업을 갖고 결혼을 해서 독립적으로 가정을 꾸리거나 여러 가정이 공동생활하는 그룹홈에서 살게 될 것으로 믿습니다. 우리는 코디에 대한 기대가 아주 큽니다."

코디의 삶의 질에 대해 더 생각하기

독자들은 코디의 학교, 집, 그의 친구들과 생활에 대해서 더 잘 알게 되었다. 다시 한번 다음 두 질문에 답해 보라.

1. 어떤 것들이 코디의 삶의 질을 높이는가?
2. 어떤 것들이 코디의 삶의 질을 낮추는가?

추가적으로 다음의 새로운 질문들에 답해 보라.

3. 코디의 가족과 선생님들은 코디가 긍정적인 자아상을 가질 수 있도록 어떻게 돕는가?

4. 코디의 삶에서 무엇이 코디 스스로 중요하게 생각하는 것들을 할 수 있도록 힘을 북돋아 주는가?

5. 코디가 친구들과 더 많이 놀 수 있게 도와줘야 하는가?

6. 전반적으로 다운증후군은 코디의 삶의 질을 높이는가 아니면 낮추는가?

 마가렛

'마가렛의 삶' 엿보기

마가렛은 현재 78세로 남편이 10년 전에 죽은 이후 혼자 살고 있다. 두 명의 딸이 같은 도시에 살고 있는데 이 두 딸은 정기적으로 마가렛을 방문하고 쇼핑, 청소, 병원방문 등 마가렛이 해야 할 많은 일들을 돕고 있다. 세 명의 손자 손녀 중 적어도 한 명은 일주일에 한 번 정도 들리는데, 그들이 지금은 10대 후반이 되었음에도 불구하고 마가렛은 항상 손수 그들을 위해 특별한 쿠키를 준비하고 있다.

마가렛은 가는 곳마다 사람들에게 인기가 있다. 그녀는 친구들, 아는 사람과 낯선 사람들에게 항상 똑같이 대해 준다. 과거에 그녀를 보러왔었던 몇몇의 친구들이 지금은 보러오지 못하지만 여전히 서너 명의 오랜 친구들이 있다. 또한 남편이 죽었을 때 친구들과의 관계가 변했는데, 이는 그들이 공식적으로 참여했던 부부동반 활동에 더 이상 참여하지 않았기 때문이다. 여전히 마가렛은 하루에 몇 번 전화를 걸거나 받고 오랜 친구들과 매우 즐겁게 얘기한다. 또한 서로의 취미에 대해 이야기하는 것을 즐겨하며 그

대부분은 자선을 위한 것이거나 손주들을 위한 뜨개질, 바느질에 대한 이야기다. 종교 생활은 마가렛의 믿음과 가치에 막대한 영향을 미쳤고 정기 예배와 종교 모임에 참석하는 것이 오랜 세월 동안 그녀에게는 변하지 않는 일주일 생활패턴으로 강하게 자리잡혀 있다. 그러나 최근 몇 년 동안은 이러한 종교 활동을 줄여 왔지만 아직도 그녀의 모든 감정과 사고 및 행동은 종교적인 근본 신앙과 가치에 의해서 계속 강하게 주도되고 있다.

마가렛은 아직도 잘 아는 장소는 자신의 차를 운전해서 간다. 이는 마가렛 자신이 독립적이라는 자부심을 제공하기 때문에 그녀는 자신이 원할 때 밖으로 외출을 할 수 있는 것을 자랑스럽게 얘기한다. 하지만 여기에서 특별히 언급하지는 않았지만 적어도 그녀 가족의 입장에서는 그녀가 삶의 많은 부분에서 독립성을 상실하였다고 생각한다.

마가렛의 삶의 질에 대해서 생각하기

앞의 마가렛의 짧은 소개를 읽고 난 후, 그녀의 삶의 질에 대해서 생각해 보라.

1. 어떤 것들이 마가렛의 삶의 질을 높이는가?
2. 어떤 것들이 마가렛의 삶의 질을 낮추는가?

또한, 다음에 대해서도 생각해 보라.

3. 나이가 들어간다는 것이 마가렛의 삶에 어떤 영향을 미치는가?

마가렛의 장애

마가렛은 약 20년 전에 무릎 관절에 문제가 생기기 시작했다. 남편이 죽은 후 얼마 되지 않아, 그녀는 한쪽에 인조 무릎을 이식 받았고 4년 후 나머지 무릎도 이식수술을 받았다. 이러한 수술 및 장기간의 재활과 적응기간이 스트레스의 원인이었으나 그녀는 곧 무릎수술이 진정한 혜택을 가져다주었다는 사실을 깨닫기 시작하였다. 그녀는 돌아다니는 데 여전히 어려움을 겪고 있지만 운동을 통해 하루에 두 번 걷는 것과 짧은 거리를 운전하는 것은 가능하게 되었다.

약 3년 전부터 마가렛은 가족과 친구들에게 똑같은 이야기를 반복하기 시작했고, 잠깐 동안에도 같은 질문을 여러 번 반복해서 묻기 시작했다. 그리고 그녀의 어린 시절과 10대였을 때 일어났던 사건들에 매우 강한 관심을 갖기 시작했고, 부모님과 함께했던 가족생활을 종합해서 방대한 양의 스크랩북을 만들기도 했다. 더 최근에는 그녀가 스스로 인정하지는 않았지만, 아는 사람들의 얼굴은 분명히 알아보더라도 그들의 이름을 전혀 기억 못할 때가 종종 있었다. 가족이나 오랜 친구들과의 대화를 통해 그녀가 이전에 알던 많은 사람들에 대해 거의 또는 전혀 기억하지 못한다는 것을 알 수 있었다. 특히 그녀의 딸들에게는 마가렛이 매우 불안해하고 종종 지나치게 고집스럽게 느껴지기도 한다. 물론 항상 그런 것은 아니다. 그녀의 가족은 그녀가 어디에 물건을 놓아 두었는지 기억하지 못하고 오랫동안 소중히 했던 귀중품을 비롯한 소지품들을 찾지 못하기 때문에 매우 걱정하기 시작했다. 그러나 가족들에게 가장 염려스러운 것은 마가렛이 규칙적으로 목욕하지 않는 것처럼 보이는데 자신은 목욕했다고 주장한다는 것이다.

또한 지난 몇 년 동안 마가렛에게 몇 가지 신체적 건강 문제, 특히 고혈당과 협심증이 나타났다. 그녀는 담당 의사를 주기적으로 방문하고 몇 가지 약을 매일 복용하고 있다. 그녀의 딸들은 엄마가 약을 제대로 복용하지 않을까봐 점점 더 걱정하고 있다.

마가렛의 장애에 대한 적응

마가렛은 나이가 들어가면서 줄곧 노화로 인한 장애에 대해서 현실적으로 알고 있었지만 막상 자신에게 닥친 이런 것들을 받아들이기 어려워했다. 그녀는 다른 사람들은 늙어도 자신만은 건강하고 능력있고 강한 여성이라고 생각했다. 무릎 문제는 그녀가 인생에서 처음으로 직면하게 된 가장 큰 신체기능의 저하였기 때문에 자신이 통증없이 잘 돌아다닐 수 없는 여성임을 깨닫기까지는 많은 기간이 걸렸다. 그럼에도 그녀의 무릎 문제와 다른 신체적 질병들은 천천히 그녀에게 다가왔기 때문에 정신적·육체적으로 적응할 시간이 충분했다. 그녀는 이제 의료적 관리가 필요한 질병을 가진 '할머니'의 존재로 살아가는 것에 익숙해진 것처럼 보인다.

마가렛의 치매[2] 징후로 인지능력의 변화와 함께 성격의 변화도 나타났다. 그녀는 종종 그녀가 무엇을 했는지 기억하지 못하고 사람의 이름을 기억하지 못한다는 사실을 인정하지만 그 밖에 다른 변화들이나 문제들에 대해서는 단호하게 부인한다. 의학적인 면에서 그녀의 딸들에게 조언할 말은 이러한 마가렛의 반응은 초기 치매 증상을 보이는 사람들에게서 다분히 나올 수 있는 사실이라

---

2) 치매: 지능·의지·기억 등 정신적인 능력이 현저하게 감퇴한 것.

는 것이다. 때때로 마가렛의 딸들은 엄마가 언제쯤 자신을 인지능력이 저하된 사람으로 인정하게 될 것인지 궁금해한다.

마가렛의 미래

마가렛은 가족들과 계속 집에서 살기를 원한다. 미래에 요양원이나 다른 시설로 들어가게 될 가능성에 대해서 물었을 때 그녀는 어떤 '○○원'으로 가는 것은 필요치도 않고 어떠한 경우라도 원하지 않는다고 대답했다. 반면 마가렛의 딸들은 마가렛이 일상에서 개인적 도움을 받아야 할 필요성이 증가하고 앞으로 더 많이 요구될 것이라고 생각한다. 그들은 마음속으로 최고의 치료유형을 탐구하기 시작했다.

마가렛의 삶의 질에 대해 더 생각해 보라

이제 독자들은 마가렛에 대해 모두 살펴보았다. 이전처럼 다음 두 질문에 답해 보라.

1. 어떤 것들이 마가렛의 삶의 질을 높이는가?
2. 어떤 것들이 마가렛의 삶의 질을 낮추는가?

또한 다음의 새로운 질문들도 생각해 보라.

3. 노화로 인한 기능 저하가 장애인가?
4. 노화로 인한 기능 저하가 마가렛의 딸들에게 그리고 손자 손녀들과 친구들에게 어떻게 영향을 미치는가?

5. 마가렛의 자아상은 어떻게 바뀌었나? 이 변화가 그녀에게 긍정
   적일수 있는가?

6. 마가렛은 어떻게 자신의 선택권을 행사하는가? 어떻게 그녀는
   계속해서 그러한 권한을 부여받을 수 있을까?

이 장을 마치며

이 장에서 당신은 장애가 있는 네 사람의 삶에 대해 살펴보았
고, 삶의 질 측면에서 그들의 삶을 논의하고 생각할 기회를 가졌
다. 책의 나머지 부분들을 읽고, 다른 새로운 사고들을 경험하면
서 샘, 신시아, 코디, 마가렛에 대해서 다시 한 번 생각해 보고 이
러한 새로운 사고들이 그들의 삶에 어떻게 적용될 수 있을지 고려
해 보기 바란다.

독자에게. 장애를 가진 수많은 사람들과 그 가족들에 의해서 저술된 삶의 경험에 대한 많은 이야기들이 있다. 여기에 그와 같은 몇 권의 책과 장들을 열거했다. 독자들이 출판되어 널리 알려진 다른 이야기들도 찾아보기를 권한다.

Bauby, J.-D. (1997). *The Diving Bell and the Butterfly* [trans. from French by J. Leggatt]. New York: A. A. Knopf (distributed by Random House).

Brown, C. (1990). *Down all the Days. Portsmouth*, NH: Heinemann.

Burke, C., & McDaniel, J. B. (1991). *A Special Kind of Hero*. New York: Doubleday.

Grandin, T. (1995). *Thinking in Pictures and Other Reports from My Life with Autism*. New York: Doubleday.

Kreuger, J., & Brown, R. I. (1989). 'Quality of life: A portrait of six clients.' In R. I. Brown, M. B. Bayer and C. MacFarlne (Eds.), *Rehabilitation Programmes: Performance and Quality of Living of Adults with Developmental Handicaps*. Toronto: Lugus.

The Magnus Family (1995). *A Family Love Story*. Salt Spring Island, British Columbia: Alea Design and Print/Author.

McPhail, E. (1996). 'A parent's perspective: Quality of life in families with a member with disabilities.' In R. Renwick, I. Brown and M. Nagler (Eds.), *Quality of Life in H Promotion and Rehabilitation: Conceptual Approaches, Issues, and Applications*. Thousand Oaks, CA: Sage.

Peter, D. (1997). 'A foucs on the individual, theory and reality: Making the connection through the lives of individuals.' In R. I. Brown

(Ed.), *Quality of Life for People with Disabilities: Models, Research and PReading, 2nd edition.* Cheltenham, UK: Stanley Thornes.

Schalock, R. L. (Ed.). (1990). *Quality of Life: Perspectives and Issues.* Washington, DC: American Association on Mental Retardation.

Sidransky, R. (1990). *In Silence: Growing Up Hearing in a Deaf World.* New York: Ballantine Books.

Velde, B. (1997). 'Quality of life through personally meaningful activity.' In R. I. Brown (Ed.), *Quality of Life for People with Disabilities: Models, Research and Practice, 2nd edition.* Cheltenham, UK: Stanley Thorns.

Williams, D. (1992). *Nobody Nowhere.* Toronto: Doubleday.

기록 영상

If I Can't Do It. Walter Brock Productions. USA. 1998.

When People with Developmental Disabilities Age. New York State Developmental Disabilities Planning Council. Albany, NY, USA. 1990.

웹 사이트(2002)

'Portraits of our lives' book series, Roeher Institute
http://www.roeher.ca/comersus/subject.htm

Disability discussion forum: Finding what we have in common one story at a time
http://www.tell_us_your_story.com/alldisc.html#ARCHIVES

Brisbane stories
http://www.brisbane_stories.powerup.com.au/

The Disability Action Hall (The Hall)
http://disability.activist.ca/

Disability arts and advocacy
http://www.thalidomide.ca/gwolbring/newpage1.htm

Sunshine dreams for kids

http://www.sunshine.ca/dreas_real_john.htm

Stories

http://www.bethesdabc.com/stories.htm

Disability

http://www.drrecommend.com/Dir/Health/Consumer_support_
groups/Disability/

Personal stories

http://www.cdss.ca/excerpt4.html

The disability mural

http://www.icomm.ca/iarts/home/mural/mural.htm

제3장

장애의 사회, 역사적 근원

장애와 사회

제2장에서 우리는 다양한 종류의 장애를 가진 네 사람의 삶에 대해서 이야기하고, 그들의 삶의 질에 대해서 생각하기 시작했다. 우리는 장애인들이 삶의 질을 높이려는 노력을 할 때 일반적으로 비장애인들과 동일한 것에 가치를 두고 있는 측면들, 즉 우정, 가정생활, 의미 있는 활동, 안전하고 흥미로운 환경, 하고 싶은 일을 할 수 있는 자유, 건강, 삶을 즐기기 등이 있고, 어떤 부분들은 그들에게 개별적으로 기쁨을 가져다주는 삶의 특별한 측면들도 있다는 것을 알게 될 것이다. 그러나 이 모든 과정에서 장애를 항상 고려해야만 한다. 장애인들이 아무리 하고자 해도 할 수 없는 일이 있다는 것이 장애의 현실이다. 예를 들어, 시각장애인인 조나단은 TV 프로그램을 들을 수는 있지만 아무리 원해도 화면을 볼 수는 없다. 휠체어 장애인 제니스는 스포츠에 참여하는 것을 좋아하고 세 개의 스포츠팀에 가입했지만 장애로 인하여 그녀가 할 수 없는 스포츠들이 있다. 그러므로 장애인들의 삶의 질 향상을 돕는 것은 비장애인과 비교하여 더 복잡하고 더 많은 노력이 필요하다.

이 장에서는 장애인들의 삶의 질 향상을 어렵게 하는 또 다른 것, 즉 장애에 대한 비장애인들과 사회전체의 시각에 대하여 다루고자 한다. 이러한 견해들은 상당히 다양하지만 그중에서도 수용, 자부, 칭찬, 공감, 인정, 인내, 동정, 연민, 수치, 후회, 공포 및 혐오 등을 포함한다. 장애에 대한 시각은 오랜 역사에 걸쳐 때로는 긍정적으로 때로는 부정적으로 변해왔으며, 그 변화들이 여러 흥미로운 서적들에서 자세히 다루어져 왔다. 그들 중 몇 개는 참고문헌에 제시하였다.

왜 장애의 역사를 알아야만 하는가

장애인들은 삶의 매순간마다 장애를 가지고 살아간다. 그들이 하는 모든 일은 크든지 작든지 장애를 수용해야만 한다. 비장애인들은 장애를 직접 경험하며 사는 것이 아니기 때문에 가끔 생각하는 정도에 불과하다. 이와 같은 이유로 비장애인들이 아무리 장애에 가깝게 다가가고, 아무리 많이 장애에 대해 배우고 이해할지라도 장애의 경험을 '완벽하게' 이해할 수는 없다. 장애는 아주 개인적인 경험이기 때문이다.

그럼에도 불구하고 사회가 어떻게 돌아가야 하는지 결정을 내리는 대부분의 사람은 장애를 갖고 있지 않은 비장애인들이다. 만약 장애인들이 자신들의 삶의 질을 높이거나 유지하고자 한다면, 비장애인들이 최대한으로 장애의 경험을 이해하는 것이 필수적이다. 비장애인들은 그들이 생각하고 가치를 부여하고 느끼고 수행하는 모든 일들이 장애인들에게 결정적인 영향을 미친다는 것을 분명하게 알 필요가 있다. 만약 우리 사회의 구성상 전체적으로 장애가 인간 일상의 한 단면이었다면, 장애인들이 추구하는 삶의 질을 확보하는 것이 훨씬 더 쉬워졌을 것이다. 동시에 대부분의 경우 이 변화들이 비장애인들의 삶도 더 나아지게 만들었을 것이다.

이 장에서는 장애에 관한 사회발전의 개요를 그려보고자 한다. 그러나 사회가 세계 각지에서 각각 다르게 발전되어 왔다는 것을 우리는 인정한다. 그 내용은 대부분 서구 사회에 관한 것이다. 서구 사회 내에서도 사건들은 각각 다른 시간대에, 다른 장소에서 조금씩 다른 방식으로 일어났다. 그러므로 독자들이 삶의 질 접근을 서로 다르게 작용하는 환경들과 상호작용하는 방법을 이해하려면 이러한 차이점들을 고려할 필요가 있다.

삶의 질 접근 방법이 어떻게 도움을 주는가

독자들은 이 장을 비롯한 장애의 역사에 대한 자료들을 읽으면서 삶의 질을 높이는 데 도움이 되는 관행들이 오랫동안 발전되어 왔음을 알게 될 것이다. 장애인의 가족, 친구, 전문가 및 그 밖에 장애인을 돌보는 사람들은 장애인들의 더 나은 삶을 위하여 이들을 도와 그러한 관행들을 효과적으로 쉬지 않고 수행해 왔다. 그렇게 수천 년 전부터 오늘날까지 지속되고 있다. 삶의 질은 이와 함께 다른 새로운 사상과 원칙과 관행들을 함께 묶어 장애인들이 현시대에서 최고의 삶을 영위할 수 있도록 돕는 총체적인 접근방법을 제공한다.

🍎 돌봄의 개념

인류 역사적 측면에서의 '돌봄'

원시 인류사회에서조차도 돌봄과 보호의 개념은 존재했었던 것으로 보인다. 초기 호모사피엔스에 대한 인류학적 연구들을 살펴보면 최초의 원시사회에서도 관절염에 걸리거나 골절당한 구성원을 돌보았다는 것을 알 수 있다. 뇌손상을 가져오는 머리뿐만 아니라 모든 신체부위에 대한 손상을 가져오는 외상성 사고에 대해서도 연구되어 왔다. 어떤 유골들은 그 상태를 볼 때 손상이 너무 커서 다른 사회 구성원들의 도움을 받지 않았다면 도저히 살아남지 못했을 것이라는 것을 보여준다. 이들 중 일부는 사망하였을 때 각별히 조심해서 그리고 공식적 절차에 따라 매장되었다.

우리는 전 역사에 걸쳐 매우 다양한 종류의 장애가 존재하였고, 사회 속에서 적어도 어느 정도는 장애를 가진 구성원들이 오랫동안 생존해 왔다는 것을 알고 있다. 수만 년 동안 인류는 그들 사회의 취약계층 일부를 도왔다. 이 관행이 얼마나 보편적이었는지 알 수는 없지만 우리 동족인 인류를 돌보고 보호하는 전통은 고대로부터 지금까지도 지속되어 온 인간적 삶의 특성이다.

초기 역사시대의 돌봄과 차별

오늘날 우리는 왜 사회가 장애인을 돌봐야 하는지에 대해서 많은 관심을 기울이기도 하지만 동시에 여러 측면에서 그들을 차별대우하기도 한다. 이와 같이 얼핏 보면 모순적으로 보이는 것이 전혀 새로운 사실이 아니라는 것을 알면 우리의 현재 사고에 도움이 될 수도 있을 것이다. 다음은 잘 알려진 문화들로부터 발굴된 몇 가지 예다. 성서의 기록에 따르면 고대 유대민족은 현재라면 장애로 여겨졌을 어떤 질병을 가진 사람은 부정하기 때문에 '신의 양식을 제공' 받기에 적합하지 못하다고 생각했다. 그러나 그와 동시에 도움이 필요한 사람들을 돌보는 전통이 풍성하게 발달되고 있었다. 성서와 코란은 둘 다 장애인을 돌보는 것에 대해 언급하고 있다. 고대 그리스인들은 아이가 장애를 가지고 태어나면 신들이 노여움을 드러낸 것이라고 믿었지만 이 동일한 문명은 전쟁에서 싸우다 장애를 입은 병사들에게 생활 보조금을 지불하는 제도를 발전시켰다. 고대 로마문명에서는 가정에서, 사교 모임에서, 그리고 서커스에서 즐거움을 주기 위하여 광대 훈련을 받은 장애인들을 조롱하였다. 그러나 고대 로마인들도 다양한 장애를 예방하고 치료를 목적으로 하는 의료제도를 만들어 사용하였다.

산업혁명 이전의 돌봄과 차별

전세계에 현재 우리가 장애라고 여기는 사람들을 돌보는 전통들이 수세기에 걸쳐 전해 내려져 왔다. 오늘날 우리가 알고 있는 장애의 개념은 지난 세기까지 존재하지 않았지만 장애 상태를 나타내는 개념들은 분명 존재했다. 서구 문명에서는 종교적, 사회적 가치관의 변화에 따라 시대마다 '돌봄'의 전통이 달라졌으나, 일반적으로 자신들보다 '더 불행한' 사람들에 대한 자선, 의무의 개념과 스스로를 보살필 수 없고, 피부양인으로 여겨지는 사람들에게 필요를 제공하는 윤리적 책임이라는 특징이 있다.

산업혁명 이전 시대에는 돌봄이 대부분 장애인들이 사는 가정이나 마을 내에서 제공되었다. 경중 장애를 가진 사람들은 마을 전체 삶에 섞여 지역사회 구성에 기여하는 정도에 비례하여 받아들여졌다. 장애는 그 당시 제대로 이해되거나 평가된 것은 아니고—사실, 장애가 조롱받기도 하였다—심지어 적절한 돌봄이 제공되려면 개인적인 애정, 정신적인 가치, 혹은 종교적, 정치적 지도자 등의 강한 영향력 행사가 요구되었다. 때로는 장애가 종교적으로 성스럽게 여겨졌고, 장애인을 향한 자선은 최고의 도덕적 행위로 간주되었다. 장애인들은 칭송의 대상으로 또한 자선품의 아주 적절한 수혜 대상으로 여겼다. 유럽에서는 다양한 장애 단체들이 스스로 동업자조합을 조직하여 그들이 가진 자원을 서로 공유하거나 돕기도 하였다. 장애를 가졌거나 장애를 가진 것처럼 흉내를 내었던 광대들은 대중을 즐겁게 하는 재능과 타인에게 솔직한 조언을 제공함으로써 그들의 가치를 인정받는 경우도 종종 있었다.

그러나 한편으로 광대들은 조롱을 받았고, 무자비하고 부당하게 처벌을 받기도 했다. 때로는 장애를 가진 아이나 어른들은 마을에서 쫓겨나고, 자살하기도 하였다. 특히 도시에서는 많은 장애인이 삶의 대부분을 거리에서 구걸하며 살기도 했고, 시골 지역에서는 장애아동이든 어른이든 그들 가족 중 한 명이 구속을 받는 군주나 그들보다 상위계층에 있는 사람의 처분에 따라 운명이 결정되기도 했다. 때로는 장애인들을 마녀로 오인하여 불에 태우거나 익사시켜 죽이는 경우도 있었다. 그 밖에도 다른 비정상적인 특징을 가진 사람들을 색출하여 죽였다. 전반적으로 상당히 많은 장애인들이 감금되고, 무시되고, 조롱받고, 처형되었다. 일반적으로 기대여명이 현대에 비하여 훨씬 낮았지만, 장애인들의 경우 특히 극적으로 기대여명이 낮았다. 장애를 가지고 태어난 사람들은 오래 살지 못했고, 대부분은 출생 직후나 유아일 때 죽는 경우가 많았다. 적어도 자기 스스로 말할 수 있을 상태의 장애인들도 거의 힘을 쓸 수 없었고, 빈번하게 부당한 대우를 받는 최우선의 대상자였다.

그러한 관행들은 점차 사라지기는 했지만 현대문명까지도 지속되었다. 마지막 마녀는 19세기 스코틀랜드에서 처형을 당했고, 지금도 미국에서는 장애인들이 사형선고를 받아 처형을 기다리고 있으나(현재 미국의 사법계에서 논란이 되고 있음), 그들 중 몇 명에 대해서는 정말로 범죄를 저질렀는지 여부에 대해서 강력하게 의문이 제기되어 왔다.

산업혁명 이전 유럽에서 장애인에 대한 처우를 우려와 심지어는 경악의 눈으로 바라본다는 사실에도 불구하고, 우리는 오늘날 이 지나간 시대를 돌아보며 어느 정도는 만족스러워하기도 한다. 이는 현재 많은 곳에서 장애인들은 그들의 가족과 친구들 가운데서 그 구성원으로서 당당하게 살아가면서 비장애인들에게 제공된 여러 활동을 한껏 누릴 수 있다는 사실에 기인한다. 이것이 오늘날 장애인의 지역사회 융합의 목표다. 물론 우리시대에 도입하여 활용할 수 있는 옛 관행들도 있을 것이다. 그러나 오늘날 피해야 할 관행이나 위험들과 함께 문제를 제기해야 할 태도들도 있었다.

산업혁명시대

산업혁명의 도래와 함께 유럽과 북미에서는 사정이 매우 극적으로 변화되었다. 장애에 대한 탐구는 철학자, 과학자를 비롯하여 많은 이들에게 널리 확산되기 시작했다. 그 당시 르네상스의 일부가 조사, 논리, 특수한 기구의 발명 등을 통해 문제를 발견하고 해결하는 방향으로 확대되고 있었다. 그리고 앞에서 언급된 것들이 진보의 방법으로 여겨졌기 때문에 적어도 권력을 지닌 자들에게는 진보가 실제적으로 아주 좋은 것으로 높이 평가되었다. 과학은 점차 사회적 문제를 포함한 모든 문제를 찾아내고 해결하는 가장 좋은 방법이라고 여기게 되었다. 결과적으로 사회라는 것이 시간이 지나감에 따라 상징적으로 많은 부품으로 구성된 거대한 기계장치로 보였다. 이와 같은 관점에서 사회는 새로운 부품을 발명, 개발하고 그들을 함께 조립함으로 변화시키고 발전시킬 수 있을 것이다. 그 목표는 이상적이고 효율적으로 운영되는 사회를 완벽하게 만드는 것이었다.

장애는 사회라고 하는 거대한 기계장치의 한 부품에 불과했으며 그것도 비효율적인 부품들 중의 하나로 인식되었다. 사회적 산업주의자들은 장애인들은 격리되어야 하며, 수용소와 같은 곳에서 돌봄과 보호를 받아야 한다고 생각했다. 그들은 수용소와 같은 시설들이 효과적으로 운영될 수 있으며, 그곳의 거주자들이 가능한 최고의 삶을 살도록 해 줄 수 있다고 생각했다.

이와 같은 사상에 입각하여, 종종 종교단체의 지도아래 육체적, 정신적 질환이나 장애를 가진 어린이 및 기타 환자들과 같이 궁핍한 자들을 보호하고 일시적으로 도움을 줄 장소들이 세워졌다. 그 당시에 새로운 수용시설들이라고 지칭되었던 것들은 농장, 일터, 몸에 좋은 공기, 물, 음식 등을 연상시켰고, 그 시대의 주도적인 철학과 부합된다는 점에서 이런 시설들을 세우고 운영하는 사람들과 또한 이곳에 자기 가족원을 보내는 사람들의 의도가 대부분 존중받았다. 종교, 의료, 교육 지도자들 중 수용시설에 대한 강한 옹호자들이 많았고 이들은 수용 시설을 미래에 이루어야 할 숙원으로 내세웠다. 당시는 커다란 희망과 혁신의 세대였다. 실제로 19세기 동안에 등장했던 많은 관행들이 널리 조정되고 20세기에 들어와서는 전면적으로 활용되었다.

그러나 많은 시설들이 그들이 상상한 바와 같이 좋고 기름이 잘 발라진 기계로서 시작되었다 할지라도, 시간이 지남에 따라 점차 녹이 슬기 시작했다. 산업혁명시대에는 재활을 제공하기 위한 관행과 그에 적절한 지식이 없었기 때문에 환자를 돌보는 수준은 주로 단순히 수용하는 정도에 머물렀다. 시설 운영자들은 그들이 접하는 수많은 다양한 상황들에 어떻게 대처해야 할지 몰랐다. 치료와 처치 방법을 발견하는 노력으로서 실험과 증명 및 임상적 기회주의가 발생하였지만, 전체적으로 올바른 방향으로의 발전은 거의 없었다. 또한 뇌성마비, 간질 혹은 지적장애 등과 같은 정신 질환과 장애의 개념에 대해서 커다란 혼동이 수반되었다. 20세기 초반에 와서야 '정신박약'이라는 용어가 '정신병'으로부터 개념적으로 분리되었다. 게다가 격리나 집단 치료 때문에 장애는 사회로부터 더 멀어지고 고정관념이 만연하게 되었다. 19세기 말에는 대다수의 대중에게서 장애와 관련된 경험과 대화가 줄어들었다. 그러나 제제를 가하고 처벌하는 방법들뿐만 아니라 재활과 지지를 위한 긍정적인 시도들도 있었다는 사실이 슬론과 스티븐스(Sloan & Stevens)가 저술한 『우려의 세기: 1876~1976년 미국 정신지체협회 역사(A Century of Concern: A History of the American Association on Mental Deficiency 1876~1976)』에 예를 들어 잘 설명되어 있다.

의학적 진보가 이루어짐에 따라 심리, 약물적 치료가 더욱 보편화되었다. 약물의 사용으로 인해 환자들은 수용시설이나 격리병동에서 풀려나게 되고 지역사회 복귀가 촉진되었다. 그러나 한편 다른 환자들은 재활의 기회가 적어지기도 했다. 약물이 그들의 병적인 행동을 통제하는 데 사용되어 약물에 계속 의존하는 결과를 낳았기 때문이다.

아마도 수용시설이 궁극적으로 성공하지 못한 중요한 요인은 너무나도 많은 사람들이 문제의 해결책으로 생각했다는 점에 있는 것 같다. 사실 몇몇 서방 국가들에서는 아이, 젊은이, 여자들을 잡아다 수용시설에 보내면서 자신들이 사회의 쇠퇴를 막는 데 공헌한다고 믿은 사람들도 있었다. '빼앗긴 삶들'이란 비디오를 살펴보라. 신체적, 인지적, 정신적 장애인들을 모두 수용시설에 보내는 것이 이상적으로 여겨졌을 뿐만 아니라 심지어 단지 가난하고 빚을 진 사람들까지도 '빈곤의 집'이나 '빚쟁이 감옥'과 같은 시설에 강제로 보내졌다. 심한 뇌손상을 입은 사람들은 돌봄을 받는다는 명목으로 수용시설로 사라지기도 했다. 다양한 장애를 가진 사람들이 모두 함께 수용되어 병동은 만원이 되어가고 점차 경영과 설비는 부실해졌다. 기계장치 같은 체계는 결국 작동을 멈추어 이로 인해 효과적인 재활은 불가능해졌고 사람들을 수용시설에서 풀어

줄 수도 없었기 때문에 수용 포화의 문제는 점점 더 악화되었다.

장애를 가진 사람 모두를 수용할 만한 장소가 부족하여 시설에 배치할 수가 없었다. 게다가 부유한 가정들은 보통 장애가 있는 가족 구성원을 수용시설에 보내지 않고 자신들의 집이나 나중에는 사립시설에서 돌보게 했다. 대부분 보이지 않게 숨겨지거나 침묵했던 장애인들이 보살핌을 받기는 했지만 그 당시의 지배적인 관념에 의해 가족의 수치로 여겨졌다. 지난 두 세기의 문헌들을 살펴보면 그와 같은 상황들을 많이 찾아볼 수 있는데 여기에는 왕가와 권세가들의 가정도 포함되어 있다

그러나 그렇게 부유하지 못한 가정의 장애인들, 특히 빠르게 증가하는 산업 노동자 계급 가운데에 흔하게 나타났던 극도의 빈곤과 고난의 환경에 살아가던 이들은 무시되거나 추방되기도 하였다. 산업혁명 이후 많은 장애인들이 빠르게 늘어나면서 인구가 밀집된 지저분한 도시에 살았다. 인구포화상태, 부족한 주거 시설, 영양실조, 깨끗한 물공급의 부족과 아동학대 등의 늘어나는 범죄가 만연했다. 대부분의 사람들이 이 끔찍한 상황들을 무시했지만 중산층 이상의 재력을 가진 철학자들이 이 어려운 문제를 어느 정도 해결하려고 나섰다. 산업혁명 이전에도 영국 런던의 토마스 코람 선장과 같은 사람은 가난한 자와 고아를 돌보기 위한 자선기금을 만들었다. 다른 많은 서방 국가들에서도 그와 같은 사람들이 많았고, 박애주의는 19세기와 20세기 동안 확대되었다. 이와 같은 영국의 예는 어린이를 보살피고 보호하는 혁신적인 사상이 그에 입각한 이후의 운동과 어떻게 연결될 수 있는지를 증명한다는 점에서 중요하다. 잭 티저드 박사가 긴밀하게 관여하고 있는 런던대학의 토마스 코람 연구소는 20세기 후반에 수립되었다. 그러는 동

안 전반적인 상황이 바뀌자 정부도 관여하기 시작했다. 예를 들어, 19세기 중반에 영국 정부는 벤자민 디스라엘리와 내무부 장관 헨리 리차드 크로스를 필두로 적절한 하수시설과 수도시설을 설치하는 등의 어느 정도의 기본 필요 시설들을 확충하였다. 과학이 발달함에 따라 질병을 일으키는 요인에 대한 지식이 증가하고 질병의 치료 방법이 발달하였다. 이와 같은 과정에서 장애를 포함하는 사회적 문제들을 발견하게 되고 수용시설 내 외부에서 그 문제들을 다루게 되었다.

우생론[3]

19세기 중반에 등장한 진화론[4]은 사회적 진화론의 개념을 가져다주었다 이 개념은 사회를 식물이나 동물의 진화 방식과 유사하게 여긴다. 즉, 사회는 시간에 따라 진화하는 것으로 어떤 특별한 시간 어떤 특별한 환경에 적합하기 때문에 선택된다는 것이다. 사회적 진화의 개념으로부터 생겨난 사상은 사회가 가장 바람직한 방향으로 변화하고 적응하도록 하는 것을 목적으로, 적극적인 행동을 취하는 것이 가능하다는 것이다.

우생론(eugenics)은 사회의 발전을 가져오는 방향으로 사회 유

---

3) 우생론: 인류를 유전학적으로 개량할 것을 목적으로 하여 여러 가지 조건과 인자 등을 연구하는 학문으로 1883년 영국의 F.골턴이 처음으로 창시했는데, 우수 또는 건전한 소질을 가진 인구의 증가를 꾀하고 열악한 유전소질을 가진 인구의 증가를 방지하는 것이 목적이다.
출처: 두산백과
4) 진화론: 좁은 의미에서의 생물 진화요인(進化要因)에 관한 학설
출처: 두산백과

전자 구조를 변화시키는 목적의 학문과 그 적용을 의미했다. 전체적 사회유전자조직을 발전시킴으로서 사회는 진보를 이루는 더욱 좋은 위치에 설 수 있을 것이라는 것이 그 당시의 통상적인 사고였다. 이를 통해 사회의 능력 있는 사회구성원은 많아지고 사회의 발전을 막는 구성원은 줄어들기 때문이라는 것이다. 19세기 후반과 20세기 초반에는 우생론이 미국과 유럽의 여러 나라와 이들 국가들의 영향을 받은 캐나다와 호주 등의 국가들에서 인기를 얻고 있었다. 이 이론의 주요관심은 당시 사회적으로 바람직하지 않다고 여겨지는 사회 하류계층의 과도한 출산을 막고 미래 사회에 더 적합하다고 생각되는 상류계층의 출산을 촉진시키는 것이었다. 이를 성취하기 위하여 사회학적 의학적 전문가들은 하류계층의 윤리적, 신체적 욕망 특히 자위행위나 혼외 성관계 등에 대해서 비난했다. 산업, 종교, 법, 교육, 사회 지도자들은 자신들이 종사하고 있는 분야에서 여러 가지 다양한 방법으로 이러한 우생론적 신념을 지지했다. 예를 들어, 영양학과 우생론에 관심이 있었던 미국인 의사 존 켈로그 박사는 그가 1897년에 발명한 새로운 아침식사 콘플레이크가 미시간 배틀크릭 정신병원의 환자들의 성욕을 억제시키는 데 도움을 줄 것으로 믿는다고 말했다. 당시 정신병자들의 성욕은 분명 바람직하지 못한 것으로 여겼다.

우생론 운동의 영향력은 사회적으로 부적절하게 여겨졌던 모든 계층에서 느껴졌으나 특히 '정신허약자'라고 불렸던 사람들은 더욱 심했다. 오늘날로 말하면 다양한 정신적 인지적 장애를 가진 사람들과 신체적 질병(예, 간질)을 가진 자들 및 '시련의 시기(대공항기)'에 퇴락한 사람들, 가난하고 폭력적인 가정에서 출생하거나 다르다는 이유만으로 원주민 혹은 토착민 출신의 사람들이 이에 해당되었다. 정신허약자로 간주되었던 사람들이 특히 출산활동 금지의 대상자들이었다. 우생론자들의 정신허약은 유전적인 문제 이므로 이들이 아이를 낳는 것을 막으면 사회로부터 이런 문제를 거의 근절할 수 있을 것으로 믿었다. 악명 높았던 한가지 예로 칼 리칵이와 또 다른 두 사람과의 성관계를 통해서 태어났던 자손들 에 대한 조사는 당시 법조계, 정치계, 및 사회의 여러 분야에서 정 신허약자 집안의 자손 번식을 허용하는 것이 얼마나 바람직하지 못한가를 '증명'하기 위해서 사용되었다.

  아이들의 지적 수준은 유전적 요소도 있지만 환경적 요소가 아 주 중요한 역할을 한다는 것이 현재에는 인정되고 있다. 이점은 클라케와 클라케(Clarke & Clarke, 1975)의 저서 『정신박약: 변화하 는 시각』에 주의 깊게 요약되어 있다. 우생론이 적용된 많은 예를 찾아볼 수 있다. 이성으로부터의 단절은 현대 장애인을 돌보는 방 식에도 여전히 존재하는데 그 당시 장애인의 임신을 막는 방법으 로 널리 이용되었다. 불임수술 또한 보통 장애인 당사자의 동의없 이 널리 시술되었고 19세기의 중반을 훨씬 지나서도 몇몇 지역에 서는 지속되었다. 가장 선진화된 국가들에서 조차도 불임시술은 '자손 생산의 선택'이라는 명목으로 가족이나 법적대리인의 요청 에 의해서든지 의료 사회적 이유를 들어 의학적 권장사항과 같은 새롭고 잘 드러나지 않는 형태로 여전히 시행되고 있다.

  우생론적 관행은 1933~1945년 기간 동안 나치 독일에서 크게 성행하였다. 히틀러 집권 하에서 독일은 순수하고 능력 있는 아리 안족을 가능한 빨리 번성시키는 것을 주요정책으로 삼았다. 처음 에는 사회적으로 부적절하다고 여겨지는 계층을 박해하고 개인적 권리를 박탈하는 방식으로 이를 이루려는 것이 주된 목표였지만 나중에는 제2차 세계대전의 그늘 아래 수많은 사람들이 죽음을 맞이했다. 여기에는 수백만의 유대인들과 수만의 장애 아이들과 어른들, 정신 장애인들, 집시들, 동성연애자들 등의 다양한 인종 그룹들이 포함되었다. 주목할 만한 흥미로운 사실은 몇몇 의사들을 비롯한 관계자들이 나치독일하에서 미국으로 건너와 배웠는데 이는 미국에서 정신허약자들에 대한 이성고립 및 불임시술 관행이 매우 효과가 있었기 때문이었다. 제2차 세계대전 이후에 우생론은 선진국에서 사회이론으로서는 빠르게 사그라졌지만 현재에도 장애인에 대한 관행들을 살펴볼 때 우리는 그 잔재를 여전히 찾아볼 수 있다. 이 부분에서 우리가 우생론을 강조하여 다룬 이유는 이 문제가 오늘날에도 유전학 또는 유전자적 역할이라는 형태로 다시 부상하고 있기 때문이다. 이것이 장애의 전 영역에서 전문적, 윤리적 이슈로서 나타나고 있다.

돌봄과 장애에 대한 현대적 시각들

지난 50년 동안 장애에 대한 과학적인 탐색과 지원기술의 발전에 대한 관심이 점차 커졌다. 장애의 원인과 장애를 일으키는 수많은 질병의 특성들에 대한 지식이 놀랍도록 발전되어 왔다. 우리는 더욱 효과적인 사회적, 교육적, 심리적 중재와 의학적 치료 보조기기, 여러 가지 형태의 장애수용 방법들을 이해하고 사용하게 되었다. 이와 같은 것들에는 휠체어가 지날 수 있도록 도로의 턱을 제거하는 것, 언어인지장애인을 위하여 안내책자의 글을 쉽게 수정하는 것, 그리고 휠체어 사용자들을 위한 저상버스의 이용 등이 포함된다. 이와 함께 인권운동과 장애인 옹호운동의 강한 영향력으로 인해 장애인들이 어떻게 사회에 조직적으로 적응하는지에 대한 우리의 시각이 많이 발전해 왔다. 정규화, 사회적 역할 가치 인정, 사회계층타파, 지역사회 거주, 그리고 포용과 같은 개념들이 도입되고 사용됨으로써 장애인들이 물리적 사회적 환경 또한 보편적으로 모두에게 제공되는 환경에 온전히 참여해야 한다는 신념이 발전하고 널리 퍼져나가게 되었다. 공식, 비공식 법적 절차에서 장애인의 권리가 다루어지고 신체적, 사회적, 교육적인 측면에서 차별의 개념이 점점 더 인식되고 있다.

삶의 질 접근 방법은 이러한 시각들을 통합하지만 그보다 한 걸음 더 나아가서 장애를 가진 모든 사람들은 질 높은 삶을 영위할 권리가 있고, 만족스런 삶의 질을 획득할 수 있도록 보장하는 것이 사회 전체와 그 개인 구성원들의 책임이라고 주장한다.

현대 서비스의 특징

기존의 많은 장애 관련 서비스 특징은 현대와 유사하다. 그중 가장 관련 있는 일곱 가지를 여기에서 다루고자 한다. 이 일곱 가지 특징은 장애인들이 높은 삶의 질을 영위하는 데 있어서 중요한 영향을 미친다.

● 구 별

지난 50년 동안 장애의 과학적, 사회적 지식의 상당한 성장을 가져온 부분은 장애 유형에 따라 각각 다른 서비스가 제공된다는 것이다. 이는 우리가 특별한 장애의 종류와 그들의 유전적, 환경적 요인들을 더 잘 이해하게 되면서 각각을 다르게 다룰 수 있게 되었다는 것을 의미한다. 예를 들어, 장애인에 대한 서비스는 정

신건강과 정신박약으로 구별되었다. 많은 장애 분류와 하부 분류 체계가 개발되어 더 분명하고 구체적인 이해를 돕게 되었다. 그러나 이러한 과정은 또한 여러가지 문제를 일으켰다. 어떤 사람들은 적절하지 못하게 분류되어 잘못된 치료를 받거나 엉뚱한 곳에 보내지기도 했고 또 다른 사람들은 분류체계의 '빈틈 사이로 빠져' 버리기도 했다. 지금도 이와 같은 일이 여전히 일어나기도 한다. 지금 돌이켜 보면 우스꽝스럽기도 하지만 장애 원인에 대한 잘못된 개념이 생성되기도 했다. 예를 들어, 1960년대 초기 영국의 한 과학자는 역학 조사 데이터를 근거로 다운증후증이 산모가 임신 중에 낙상한 결과라고 오해했었다. 그러나 이것이 바로 과학의 발전 방식이다. 즉, 이론이 진보됨에 따라 검토되고 재평가되는 것이다.

마지막으로 구별은 다양한 장애 중에서 어떤 장애는 괜찮고 어떤 장애는 그렇지 못하다고 생각하여 우리가 장애의 '순위'를 정하도록 부추길 위험이 있다. 어떠한 것을 분류할 때 이러한 어려움은 존재하겠지만, 그럼에도 불구하고 우리가 계속해서 의문을 품고 수정을 거듭할 여지를 남겨 놓는다면 우리의 사고와 그에 따르는 지식이 명확하도록 도와줄 것이다.

◉ 사회과학의 영향

지난 몇 십 년 동안 일어난 또 다른 양상은 장애인 서비스를 운영하는 사람들이 가장 선진화된 국가들에서 변화되었다는 사실이다. 이전에는 장애인을 위한 시설과 병원들을 의사와 간호사들이 운영했었다. 20세기 중반까지 사회과학이 빠르게 발달하였으며, 주로 심리학자, 사회복지사, 교육자들과 같은 사회과학 분야의 전문가들 이 장애 서비스에 관여하기 시작하였고 빠르게 그 숫자가 증가하였다. 그 밖에도 발달장애 서비스 종사자, 물리치료사, 작업치료사, 취업 및 주거지원서비스 종사자, 재활상담가, 언어치료사 등 많은 전문 직업들 또한 발달하였다. 이 모든 일들이 비교적 최근에 일어났음을 보여 주는 예로 이 글의 저자 중 한 명인 로이 브라운은 영국의 보건국에 처음으로 고용된 임상심리학자 밑에서 인턴십을 마쳤다. 사회과학은 장애인에게 다분야 협력 서비스를 지지하고 권장하기 때문에 장애에 일반적이고 긍정적인 영향을 미친 것으로 간주되었다. 이와 같은 과정에서 사회과학은 장애가 단지 의학적 문제에 불과하다는 사상을 퇴치하는 데 도움을 주었다. 오늘날 많은 분야의 전문가협력팀은 모든 종류의 장애에 관여하고 담당의사, 정신과 의사, 그 밖의 다른 의료전문가들은 일차적으로 신체의 치료나 정신건강이라는 중요한 영역에 제한된다. 역설적이지만 몇몇 서방 선진국들에서 최근에 당면한 문제는 정신건강과 장애에 대하여 숙련된 전문적인 임상 및 보건 의료진들이 부족하다는 것이다.

◉ 탈시설화

지난 50년 역사동안 가장 큰 변화는 아마도 장애 수용시설의 부정적인 효과가 커짐에 따른 탈시설화로 보인다. 거의 모든 선진국가들에서 일어난 탈시설화 경향으로 장애를 가진 아이들과 어른들은 시설을 떠나 지역사회로 거주지를 옮겼다. 수용소 병원과 그 밖의 시설들은 평판이 나빠졌고 장애인들을 위한 주거시설이 개발됨에 따라 점차 문을 닫게 되었다. 시설을 향한 부정적 시각은 여러 국가들에서 연이어 밝혀지는 성적 학대, 육체적 정서적 외면, 부적절한 주거 및 부당한 작업환경 등 수많은 추문들로 더

욱더 강화되었다. 결론적으로 시설환경은 장애인들에게 커다란 위험요소였다. 장애인이 시설에 사는 것은 잘못되었고 비장애인과 통합된 지역사회에서 사는 것을 이상적으로 여기게 되었다. 사람들은 더 이상 효력이 없어진 낡은 신념을 버리고 과감한 새 시대가 오는 것으로 생각했다.

어떻게 탈시설화가 장애인을 보는 사회의 시각을 바꾸었을까? 처음 어느 정도는 이와 같은 변화에 저항하는 세력도 있었고 장애인들이 특별히 어떤 동네에 사는 것을 반대하기도 했었다. 그러나 점차적으로 장애인이 지역사회에 거주하는 것이 현실화되었고 장애에 대한 대중의 인식과 수용 또한 점차 커졌다. 사람이 다니는 길, 상점들, 공공시설 등에 접근할 수 있도록 만드는 것처럼 장애인들을 도와주는 공공정책들은 지난 20년 동안 놀랍도록 발전하였다. 물론 아직도 개선의 여지는 많지만 전체적으로 보면 비장애인들이 장애인들도 자신들이 원하는 곳에 살 권리가 있다는 것을 상당히 지지하게 되었다. 주목할 만한 흥미로운 사실은 처음에 자신들의 이웃에 장애인들이 사는 것을 반대했던 많은 사람이 일단 장애인들이 지역사회에 살게 되면 그들을 더 이상 장애인으로 생각하지 않게 된다는 것이다.

◉ 정상화/사회적 역할 가치부여

정상화가 되어가면서 장애인을 위한 '정상적'이고 가치 있는 삶의 방식이라는 개념이 도입되었다. 이는 나중에 사회적 가치부여라는 용어로서 더 명확하게 정의되었다. 비록 이 개념이 처음에는 지적장애를 가진 사람들에 대해 생겨났지만 이제는 폭넓은 의미에서 장애를 가진 사람들에 해당하는 것으로 본다. 정상화는 장애인을 가치 있고, 수용 가능한 존재로 여기고 지역사회 환경에서, 특히 사회적 관계, 지역사회 거주, 고용의 측면에서 이들의 역할을 인정한다. 정상화의 개념은 삶의 질 탐색의 장을 마련하는 데 있어서 중요한 개념이다. 장애인의 정상화와 사회적 역할 가치부여를 개념과 원칙으로서 먼저 인정하지 않는다면 장애인의 삶의 질에 초점을 맞추기 힘들 것이기 때문이다. 그러나 우리는 앞으로 삶의 질 원칙들이 역으로 사회역할 가치부여의 개념, 특히 인식과 선택이라는 측면에서 어느 정도 수정되어야 한다는 것을 알게 될 것이다.

● 포 용

포용은 널리 사용되는 개념으로서 '사람에 따라 각자 다름'을 인정한다는 것을 의미하게 되었다. 이는 장애인이 적어도 사회의 모든 측면에 접근할 수 있다는 것을 말하지만 때로는 장애인을 포함하는 모든 사회 구성원을 받아들이고 수용해야 할 책임이 사회에 있다는 의미로 사용되기도 한다. 포용은 몇 가지 다른 개념들로 구성되는데 여기에는 수용, 통제력, 평등권, 기회보장, 평등한 서비스 제공, 그리고 대중적 지지가 포함된다.

포용은 교육 분야에서 분명하게 인식되고 논의되어 왔다. 장애를 가진 아이들에게 추가적인 도움의 여부와 관계없이 비장애아이들과 동일한 정규 수업에 포함시키는 운동이 강하게 전개되어 왔다. 오늘날 전 세계 많은 학교의 학습활동에서 장애를 가진 아이들을 지원하는 인력이 개발되었다. 그러나 어떤 부모들은 자신의 자녀들이 일반 수업에 포함되지 않고 특수 학교나 특별반 수업에서 별도의 교육을 받기 원하기 때문에 교육적 환경에서의 포용 논쟁은 아직도 계속되고 있다.

포용의 필요성과 그것이 다양한 장애를 가진 모든 아이에게 적절한가에 대해 몇 가지 상반된 견해들이 있다. 그러나 교육 분야에서 포용은 중요한 발전이며, 삶의 질 개념에 아주 적합하다. 사회적 역할 가치 부여와 교육적 포용에 대한 찬반논란은 모두 사회적, 정치적 주장으로 보일 수 있다는 것에 주목하여야 할 것이다. 삶의 질 또한 마찬가지일 수 있지만, 이는 절대 흑백논리의 개념이 아니라 개인의 차이를 바라볼 필요가 있음을 인정하는 것이다.

포용은 다른 여러 가지 방법으로도 실시된다. 예를 들어, 직업적 측면에서 장애인 보호작업장[5]은 문을 닫는 대신 지역사회기반 취업 촉진 형태로 수행되기도 한다. 장애인들이 일할 수 있는 곳을 지속적으로 제공하기 위해 마련된 이러한 보호작업장은 사회가 장애인을 일반 직장에 수용해야 할 부담과 장애인 차별에서 벗어나도록 도와주는 장소가 되었다. 장애인들이 지역사회에서 일자리를 찾게 해 주려는 시도의 결과로서 수많은 지역사회기반 직업훈련 프로그램들이 생겨났다. 몇몇 국가에서는 장애인 몇 퍼센트를 회사에서 고용하도록 법적으로 규정하였다. 이 프로그램들은 직장에서 장애인과 비장애인 간의 개인적인 관계 형성이라는 긍정적인 면이 있지만 그 효과를 축소시키는 몇 가지 부정적인 면들도 있다. 장애인 동료의 결여, 성공적인 장기고용 경험부족, 직

---

5) 보호작업장(Sheltered workshops): 통제된 작업환경과 개별적 취업 목표를 가진 작업 지향적 재활시설이다. 이는 장애인들이 정상적인 생활과 생산적인 취업 상태로 발전해 나가도록 도와주며 작업 경험 및 관계 서비스를 제공해 주는 시설이며, 특히 중증장애인들에게는 작업환경에 적응하여 기술과 생산성을 개발하고, 경쟁고용으로 진출할 수 없는 장애인들에게는 생산성에 따라 정규적인 보수도 제공되는 재활시설이다.
출처: 한국장애인재활협회(1996). 중증장애인 보호작업장 활성화 방안 연구. p. 10.

장에서의 장애에 대한 이해 부족, 장기적인 장애인 수용에 따르는 인내와 의지의 결여, 시간이 지남에 따라 고용주의 관심 변화 등이 성공적인 직장 내 장애인 포용에 대한 장벽이 되어 왔다. 어떤 이들은 회사들의 장애인 할당고용제(회사들이 몇 퍼센트의 장애인을 고용하도록 법적으로 규정하는)가 더 많은 사람들에게 장애인이라는 꼬리표를 붙이고 차별시킨다는 것을 의미한다고 믿는다.

이와 유사한 포용의 장점과 단점이 삶의 다른 영역에도 존재한다. 제2차 세계대전 동안 수용시설이나 보호작업장의 장애인들은 전쟁 중 일꾼들이 많이 필요했기 때문에 공장이나 다른 지역사회 환경에서 일거리가 제공되었다. 이 중 많은 사람이 일을 잘하고 있었지만 전쟁이 끝났을 때에는 여성 근로자들의 경우처럼 일터에서 이들을 더 이상 필요로 하지 않았다. 애정관계, 결혼, 레저, 레크리에이션 등은 많은 성인기 장애인들이 고민하고 만족을 얻지 못하는 몇 가지 영역의 예다. 이들에게 정상적인 성인의 삶은 여전히 제한되어 있다. 그 이유는 부분적으로 사회적 관계를 형성하고 유지하는 데 당면하는 어려움이기 때문일 것이다. 그러나 또 다른 이들은 그런 어려움들이 법적, 절차적, 그리고 사회 정책적으로 바로 잡을 수 있는 장벽으로부터 온다고 말하기도 한다. 예를 들어, 장애인들 중에는 사회적 관계를 맺을 수 있는 기회가 거의 없는 주거환경을 제공받기도 하지만 만약 그들이 제공된 환경에서 떠나 자신들이 선택한 동거인과 함께 살기를 원한다면 금전적인 부담을 져야만 한다.

● 테크놀로지: 저주인가 축복인가
테크놀로지는 과학적, 이념적 진보를 모두 가져다 주는 장비와 기술을 우리에게 제공한다. 분명 많은 장애인들에게 말하는 컴퓨터, 전동 휠체어, 대중교통, 소리 나는 신호등, 기타 등등의 테크놀로지가 큰 도움을 준다. 가족과 같은 비공식적인 지원 형태로 장애인을 돌보는 책임이 옮겨 가는 이 시대에 과학기술의 발전은 상당한 유익이 있을 수 있고 또 그렇게 될 것이다. 물론 항상 그런 것만은 아니다. 과학기술의 발달로 인해 우리는 최근 비행기 조종사가 없어도 미국에서 호주까지 날아가는 비행기를 갖게 되었다. 이는 조종장치를 이용하여 조종사 없이 비행기를 하늘로 날려 보내는 어린 아이들의 꿈을 이룬 것으로 보일 수도 있다. 이는 놀라운 성과지만 동시에 더 많은 지원이 필요한 장애를 가진 가족원이 많은 가정에 존재하고 있다. 수많은 가족들에게 매우 현실적이고

마리는 프레더윌리증후군[6]을 갖고 있는 '레이몬드'라는 아이의 엄마다. 레이몬드는 비만이 심해서 마리가 들어 올릴 수도 없고, 더욱이 끝없이 음식을 요구하면서 일으키는 폭력적인 분노를 전혀 통제할 수 없다. 그의 행동장애가 너무 심각하여 주간 프로그램 담당자가 그를 다룰 수 없어서 집으로 돌려보냈다. 마리는 어쩔 수 없이 그를 집에서 돌봐야 한다.

---

6) 프레더윌리증후군: 15번 염색체(15q11-13)에 유전자 이상이 발생하고, 이로 인해 시상하부 기능에 장애가 발생하는 질환으로, 연령과 개인에 따라 나타나는 증상은 다르다. 그러나 일반적으로 저신장, 근육 저긴장, 수유 곤란, 발달 장애, 지능 장애, 작은 손발, 성장호르몬 결핍증, 시상하부성 생식샘 저하증, 과도하고 억제되지 않는 식욕, 비만, 당뇨병 등이 나타나는 유전 질환이다. 나타나는 증상에 대한 치료법 외에는 아직까지 단일 치료제는 없다.
＊발병 위치: 골격, 시상하부, 뇌하수체, 생식기
출처: 서울대학교병원

여전히 해결되지 않은 난제들이 있다. 다음의 글이 그 예다.

기술의 발달로 무인 비행기가 하늘을 가로질러 날아가고 과학자들이 컴퓨터 사이버 세계에 빠져들고 있는 동안에도 아직 기본적인 요구들은 채워지지 않고 사회 구성원들은 보살핌과 지원을 얻기 위해 필사적으로 투쟁하고 있다. 문명화된 이 사회에서 수많은 장애인들의 고통을 무시하면서까지 우리의 자원을 그렇게 많이 투자해야 할 이유가 무엇인가? 아마도 우리의 관점이 때로는 우리가 생각하는 것보다 훨씬 더 원시적인 것 같다.

● '장애'라는 용어의 부적절성

장애는 아마도 적절하지 않은 용어일 수도 있다. 이처럼 여겨지는 세 가지 이유가 있다.

첫째, 점점 더 많은 사람이 장애가 있는 것으로 간주되어 장애란 용어의 구별이 어려워지고 있다. 사실 이 용어는 다양한 종류의 대체학습방식, 신체·정서적 특성들, 노화의 결과, 그리고 특정 능력의 결여 등을 가진 사람들을 포함하기도 한다. 심지어 이 용어는 쉽게 적응할 수 있는 행동이나 성격을 의미할 때도 있다. 게다가 우리가 장애라는 것을 약점 혹은 무엇인가를 할 수 없는 것으로 여긴다면, 우리는 아마도 대부분의 사람들이 살아가는동안 언젠가 일종의 장애를 갖는다고 말하는 그러한 시대에 들어서고 있는지도 모른다. 이와 같이 장애의 정의를 넓게 생각해 보면 아주 흥미롭다. 장애(障碍)는 문자적 의미로 어떤 일에 대한 '무-능력(dis-ability)'이나 능력의 부족을 의미한다. 논리적으로 우리는 대부분의 비장애인들이 살고 있는 그 시대와 문화에서 기대되는 어떤 개념을 이해 못하거나 기술을 습득할 수 없는 모든 사람들을

장애의 범주 안에 포함시켜야 할 것이다. 예를 들면, 미적분을 이해하지 못하는 청소년이나 젊은 사람들을 읽기를 못하는 아이나 걷기를 못하는 아이와 동일하게 장애를 가졌다고 말할 수 있을 것이다. 우리는 대부분 우리 나름대로 살아가는 데 필요한 작업들이 어려울 때가 있다. 길을 잘 기억하지 못하기도 하고 색맹이나 음치인 사람들도 있다. 우리가 모두 장애를 가진 사람들인가? 아니면 우리는 단지 정상인과 다른 능력이나 수행방식을 가진 사람들인가?

장애라는 용어가 적절하지 않다는 주장의 두 번째 근거는 만약 우리가 좀 더 좁은 의미의 장애의 개념을 수용한다 할지라도 우리의 문명은 수많은 사람들을 장애인으로 만드는 상황을 창출해 왔다는 것이다. 예를 들어, 난독증[7]의 개념은 문자에 의존하지 않는 사회에서는 불필요한 개념이다. 현 세대의 '컴퓨터 문맹'은 수많은 사람들이 컴퓨터를 배우기 때문에 검사, 평가, 진단이 필요한 장애의 하나로 여길 위험에 처해 있다. 이와 같은 문명에 의해 발생된 장애의 수가 빠르게 증가하고 있고 이들을 '근본적인' 장애와 다르게 구분하는 것이 항상 쉬운 것만은 아니다.

셋째, 오늘날 사회의 모든 기능적 측면에 장애인 모두를 포용하는 것이 사회의 책임이라고 많은 사람들이 강하게 주장한다. 그렇다면 이상적으로는 사회는 장애 유무와 관계없이 구성원 모두에게 적절한 편의를 제공하고, 사회의 어떤 구성원도 접근할 수 없거나 참여하지 못하는 것이 거의 없어야 할 것이다. 분명 모든 사

---

7) 난독증(dyslexia): 듣고 말하는 데에는 어려움이 없지만 문자를 판독하는 데에 이상이 있는 증세
　 출처: 두산백과

람이 어느 시점에서는 어려움에 직면하게 되고 어려움을 다루는 것
은 그 정도와 무관하게 정상적인 과정으로 다루어져야 될 것이다.
그러므로 이상적인 세계에서 장애라는 용어는 적절하지 않다. 일단
우리는 장애라는 개념이 그 이상적인 것으로부터 얼마나 멀리 떨어
져 있는가를 설명하는 정도까지는 적절하다고 인정할 수 있다.

장애의 사회적, 역사적 근원 한눈에 보기

1. 장애인을 돌보는 관행은 문명이 생긴 이래 오랫동안 존재해
   왔다.
2. 장애는 다양한 사회에서 복잡하고 서로 다른 형태로 다루어져
   왔다. 장애에 대한 처벌적인 조치와 함께 돌봄이 제공되기도
   했다. 장애인들이 도움을 받기도 하고 동시에 차별을 받기도
   했다.
3. 대부분의 진보라고 하는 것은 긍정적인 측면과 부정적인 측면
   들을 내포한다.
4. 장애인들을 위한 서비스는 당시의 지배적인 사회적 종교적 가
   치에 따라 역사마다 각각 달랐지만, 거의 대부분은 돌봄과 보
   호의 관념들을 포함하였다.
5. 적어도 지난 2,000년 동안 서구 사상에 영향을 미쳤던 세계의
   주요 종교들, 특히 기독교, 이슬람, 유대교 등은 돌봄에 관한 교
   리들이 있었고 장애인에 대한 존중을 주장하였으나 실질적인
   종교적 관행은 그로부터 상당히 벗어나기도 했다.
6. 서로 다른 종류의 장애를 이해하기 시작한 것은 비교적 최근의
   일이다.

110

7. 시설로 장애인들을 보내는 것은 긍정적인 이유에서 주장되었
   지만 과잉수용을 비롯한 다른 많은 문제들로 인해 서비스의 질
   이 떨어졌다.

8. 과학 · 기술의 발달이 항상 돌봄과 포용의 개념과 일치하는 것
   은 아니다.

9. 장애에 대한 사회의 시각과 우리가 생각하는 장애의 올바르고
   도덕적인 접근 방법은 우리가 살고 있는 시대의 좀 더 일반적
   이고 철학적인 산출물이다.

10. 오늘날 세계에서 장애인들의 모든 삶 영역에 포함되는 포용의
    원칙은 어느 정도는 성공적이었다고 할 수 있으나, 포용에 완
    전히 헌신하지 못하는 예를 많이 찾아볼 수 있다.

11. 장애에 대한 사회의 관점은 여전히 일차적으로 장애인으로부
    터 충분한 의견을 수렴하여 형성되지 않는다. 사실 장애의 개
    념은 차별주의적이며 모든 사람이 살아가는 동안 심각한 신체
    적 기능 저하의 어려움을 경험할 수 있다는 사실이 반영되지
    는 않는다.

12. 사회가 복잡해질수록 컴퓨터 문맹과 같은 새로운 장애가 생겨
    나고 사람들은 더 어려운 문제에 직면하게 될 것이다. 이와 같
    은 어려움을 전통적 의미에서의 장애로 취급해서는 안 되며,
    개인의 자아상을 손상시키거나 그들이 선택하는 활동에 참여
    하고자 하는 희망이 제한되지 않도록 적극적으로 제도와 관행
    을 개발해야 한다.

맺는 말

비장애인과 사회 전체가 장애를 바라보는 시각은 장애인들이 스스로 만족할 만큼 효과적인 삶의 질을 누릴 수 있도록 강하게 영향을 미친다. 그러므로 우리의 목표가 장애인들의 삶의 질이 높아지도록 돕는 것이라면 우리 모두가 장애를 어떻게 생각하는지를 분명하게 이해할 필요가 있다. 우리는 어떠한 법과 정책 그리고 어떠한 행위가 장애인들이 원하는 삶의 영역에서 즐길 수 있도록 돕는지 이해할 필요가 있다. 근본적으로 우리는 장애 자체보다는 개개의 사람들에 대한 관심이 더 중요한 사회에 살기를 원한다. 우리는 장애가 인정받을 수 있도록 투쟁하는 사회보다는 우리 모두가 누리고자 하는 삶의 질의 일부로 장애를 인정하는 사회에서 살기를 원한다.

 사고와 논의

1. 이 장을 시작할 때 비장애인들이 장애인을 바라볼 때 수용, 자부심, 칭찬, 공감, 인정, 인내, 동정, 연민, 수치, 후회, 공포 및 혐오와 같은 다양한 감정을 갖는다고 했다. 이 각각의 감정을 나타내는 단어들을 생각해 보고 당신이 살면서 타인을 향해 이러한 감정들을 느꼈을 때를 솔직하게 말해 보라. 그들 중에 장애인이 있었는가?

2. 독자들은 우리가 오늘날 장애라고 말하는 질환을 지닌 사람들이 지지를 받기도 하고 차별을 당하기도 했다는 것을 역사를 통해서 배웠다. 오늘날 장애인들이 어떤 식으로 지지와 차

별을 함께 받는가? 장애인을 지지하는 가치는 무엇인가? 장애인을 차별하는 가치는 무엇인가? 서로 상반된 가치가 동일한 사람에게 동시에 존재하는 것이 가능한가?

3. 오늘날 우리가 인정하고 싶지 않더라도 대부분 우리처럼 평범했던 우리 선조들은 적어도 어느 정도는 우생론적 운동을 지지했었다. 당신이 선조들 중 한 명의 입장이라고 상상해 보고 왜 우생론적 관점이 지지되어야 하는지에 대한 몇 가지 논점을 적어 보라. 다음은 현재의 관점에서 왜 우생론이 지지되면 안되었는지에 대해 몇 가지 논점을 적어 보라.

4. 이 장의 마지막에서 장애라는 용어가 적절성을 잃어가고 있다는 것을 시사했다. 실제로 이것이 사실인지, 아니면 단지 장애라는 용어에 대한 우리의 이해가 바뀌고 있는 것 뿐인지를 논의해 보라.

5. 당신이 가진 것과 가지고 있지 않은 것에 대해 생각해 보라. 당신이 당면한 문제는 무엇인가? 당신이 가지고 있지 않은 것 혹은 문제들의 어느 정도가 인간 행위의 정상적인 차이이고 어느 정도까지 장애로 인식되어야 하는가? 만약 당신에게 장애가 있다고 생각한다면, 그 문제들을 해결할 수 있는 지지나 도움을 받는다면 당신에게 도움이 될 것인가?

참고문헌

독자에게. 이 장은 사회적 역사적 장애의 근원에 대한 개요를 제시하였다. 이 주제는 수많은 학자들이 깊이 있게 다루었던 내용이다. 그러나 독자들은 이 중요한 분야에 대한 이해를 그때그때 상황에 따라 확충해 가기를 권한다. 장애 특히 지적장애와 관련된 역사적 발전과 태도를 특별하게 다룬 유용한 간행물을 소개한다. *The Journal on Developmental Disabilities*, 2001, 8권 2호, 편집자는 티모시 스테인튼, 패트릭 맥도나다.

Aly, G., Chroust, P., & Pross, C. (Eds.). (1994). *Cleansing the Fatherland: Nazi Medicine and Racial Hygiene*. Baltimore, MD: Johns Hopkins University Press.

Barnes, C. (1991). *Disabled People in Britain and Discrimination*. London/Calgary, Canada: Hurst and Co./University of Calgary Press.

Braddock, D. (Ed.). (2002). *Disability at the Dawn of the 21st Century and the State of the States*. Washington, DC: American Association on Mental Retardation.

Clarke, A. M., & Clarke, A. D. B. (1975). *Mental Deficiency: The Changing Outlook*. London: Methuen.

Friedlander, H. (1994). *The Origins of Nazi Genocide: From Euthanasia to the Final Solution*. Chapel Hill, NC: University of North Carolina.

Goode, D. (Ed.). (1994). *A World Without Words: The Social Construction of Children Born Deaf-Blind*. Philadelphia: Temple University Press.

Goodey, C. F. (2001). 'What is developmental disability? The origin and nature of our conceptual models.' *Journal on Developmental Disabilities 8*, 2, 1–18.

Jackson, M. (2000). *The Borderland of Imbecility: Medicine, Society and the Fabrication of the Feeble Mind in the Late Victorian and Edwardian England.* Manchester, UK: Manchester University Press.

Mithen, S. (1996). *The Prehistory of the Mind.* London: Phoenix.

Neugebauer, R. (1979) 'Medieval and early modern theories of mental illness.' *Archives of General Psychiatry 36*, 477–483.

Oliver, M. (1990). *The Politics of Disablement.* London: Macmillan.

Roeher Institute (1996). *Disability, Community and Society: Exploring the Links.* Toronto: Author.

Sarason, S., & Doris, J. (1979). *Educational Handicap, Public Policy and Social History.* New York: The Free press.

Schalock, R. L. (1998). 'Three decades of quality of life.' In M. Wehymeyer and J. D. Patton (Eds.), *Mental Retardation in the 21st Century.* Austin, TX: PRO-ED.

Schalock, R. L., Baker, P. C., & Croser, M. D. (Eds.). (2002). *Embarking on a New Century: Mental Retardation at the End of the Twentieth Century.* Washington, DC: American Association on Mental Retardation.

Scheerenberger, R. C. (1987). *A History of Mental Retardation: A Quarter Century of Promise.* Baltimore, MD: Paul H. Brookes.

Sloan, W., & Stevens, H. A. (1976). *A Century of Concern: A History of the American Association on Mental Deficiency, 1876–1976.* Washington, DC: American Association on Mental Deficiency.

Stainton, T. (1994). *Autonomy and Social Policy: Rights, Mental Handicap and Social Care.* London: Avebury.

Thomson, M. (1998). *The Problem of Mental Deficiency: Eugenics,*

Democracy, and Social Policy in Britain c.1870-1959. Oxford, UK: Clarendon Press.

Trent, J. (1992). *Inventing the Feeble Mind: A History of Mental Retardation in the United States.* Berkeley and Los Angeles: University of California.

Wolfensberger, W. (1976). *'The origins and nature of our institutional models.'* In R. Kugel and A. Shearer (Eds.), *Changing Patterns in Residential Services for the Mentally Retarded.* Washington, DC: President's Committee on Mental Retardation.

Wright, D., & Digby, A. (Eds.). (1996). *From Idiocy to Mental Deficiency.* London: Routledge.

비디오와 기록물

The Sterilization of Leilani Muir. National Film Board of Canada, Ottawa, Canada. 1996.

Stolen Lives. Testimony films for Channel Four. London, UK. 1994.

웹 사이트(2002)

Beyond affliction: The disability history project
    http://www.npr.org/programs/disability/intr_pre.html

Disability social history project
    http://www.disabilityhistory.org

제4장

삶의 정원 가꾸기
- 일상의 삶의 질 향상시키기 -

삶의 정원

일상의 경험을 통해 삶의 질 개발하기

비가 내릴 때

사고 및 논의

우리는 앞장에서 삶의 질 개념이 어떻게 발전되어 왔는지, 중요 원칙은 무엇인지에 대해 많은 것을 배웠다. 우리는 우리가 알고 있는 삶의 질 개념을 장애에 대한 개인의 경험과 사회에서의 장애의 위상에 연관시켜 보았다. 2장에서 우리는 네 명의 장애인들의 삶과 그들의 삶의 질에 대한 생각을 고찰해 보았다.

이제 우리는 효과적인 삶의 질을 향유하는 것이 어떻게 사람들이 일상적으로 하고 있는 일들(사람들이 이미 하고 있거나 즐기고 있는 일들) 가운데 그 뿌리를 내리고 있는지 살펴볼 것이다. 그렇게 함으로써 개인이 일상생활을 수행하는 과정에서 하고 있는 많은 일들, 즉 보람 있는 일부터 도전적인 일에 이르기까지, 그들의 삶을 의미 있고 가치 있게 만드는 일들과 삶의 질이 밀접하게 연관되어 있음을 인식하게 하고자 한다. 실무자들은 먼저, 자신의 삶의 질에 대해 생각해 보는 것이 도움이 될 것이다. 왜냐하면 삶의 질과 일상생활과의 연결을 인식하는 것이 다른 사람의 삶뿐 아니라 자신의 삶의 질을 향상시키도록 도울 수 있기 때문이다. 그래서 실무자들은 삶의 질과 일상의 경험을 배워가며 자신의 생활에 대하여 생각해 보고 그 원칙과 개념들을 자신 스스로에게 적용해 보는 것이 좋을 것이다. 이 장에서 우리는 실무자 자신이 개인적인 삶의 질에 대하여 검토해 보기를 바란다. 필자는 독자가 스스로 실행해 보도록 권고하기 위해 '당신'이라는 용어를 사용할 것이다.

이를 적용하는 데에도 여전히 그 초점은 장애에 두고 있지만, 삶의 질과 일상생활의 경험과의 밀접한 관계는 장애를 가진 사람이나 그렇지 않은 사람 모두에게 똑같이 해당된다. 이 책의 앞장에 제시된 모든 개념이 모든 사람에게 해당된다는 것은 반복해서

언급할 가치가 있다. 그리고 바로 이와 같은 사실이 장애와 비장애를 구분하기 위해 만든 어떠한 인위적 경계도 무너뜨릴 수 있다. 장애는 삶의 질에 있어서 강조가 필요한 추가적인 한 영역에 불과하다. 그렇다면 이 장에서 우리는 장애인과 비장애인 모두가 그들의 삶의 질을 향상시키기 위해 자신의 긍정적인 일상생활을 그려봄으로써, 그들의 삶의 긍정적인 측면을 유지하고 향상시키기 위해 삶의 질 개념을 사용하는 방법을 찾아볼 것이다.

삶의 정원

삶의 정원을 가꾼다는 것은 어떤 것일까

질 높은 삶을 사는 것에는 많은 형태들이 있다. 효과적으로 살고, 긍정적인 삶을 경험하는 방법은 많다. 즐길 수 있는 많은 일이 있으며, 그 일들을 즐길 수 있는 방법도 많다. 일을 잘할 수 있는 방법도, 생산성을 높일 수 있는 방법도 많고, 주위의 사람들과 사물에 긍정적인 영향을 미칠 수 있는 방법도 많다. 이 장에서 우리는 각 개인에게 무엇이 최선인지, 삶의 질의 많은 측면으로부터 어떻게 선택할지를 설명하기 위해 삶을 정원에 비유한다.

정원은 심미적, 실용적 두 가지 모두의 목적으로 자라나는 삶에 대한 구체적인 이미지, 그리고 개인의 기호와 행위를 색깔, 모양, 질감의 모습으로 생산되도록 끊임없이 진화하는 생명력을 지닌 삶을 구체적인 이미지로 보여 준다. 정원은 아무 곳에서나 그냥 성장하는 것이 아니라 미래의 모습에 강하게 영향을 미치는 사람들과 장소들의 배경 속에서 성장한다. 정원은 우리가 선택한 씨가 바람에 날려 온 씨앗과 나란히 심겨질 수 있으며, 뿌리째 파서 옮겨 심을 수 있고, 때로는 잡초가 꽃과 함께 자라고, 때로는 거름을 주고 물을 주어 보살피는 그런 장소이기도 하다. 모든 정원은 가장 열정적인 정원사조차도 항상 즐길 수만은 없는 힘든 일과 활동을 요구한다. 정원은 모두 장미로만 채워져 있지는 않다. 하지만 대체로 정원은 우리가 그곳에 있기를 원하며, 소중히 여기고, 우리가 기른 것들이 잘 자라기를 희망하는 그런 긍정적이고 즐거운 장소다.

당신의 정원은 얼마나 커야 할까

혼자서든 가족과 친구와 함께이든 일에서 혹은 당신의 지역사회와 세상 전체에서 삶을 즐길 수 있는 일들은 수없이 많다. 삶의 정원은 매우 넓을 수 있고 수많은 가능성을 제공할 수 있다. 이 모든 가능성 때문에 때때로 조금 벅차다고 생각될 수 있겠지만 이러한 다양한 삶의 정원으로 인해 우리의 질 높은 삶이 압도되어서는 안 된다. 그것보다는 질 높은 삶에는 당사자에게 의미 있고 즐겁고 다양한 긍정적인 경험들과 약간의 부정적인 경험을 갖는 것이 필요하다. 정원의 크기는 당신이 원하고 즐길 수 있는 다양한 일을 키울 수 있도록 충분히 커야 하지만, 그것을 돌보는 일이 부담이 되거나 잡초로 덮어버릴 정도로 커서는 안 된다.

당신의 정원에 무엇을 선택하여 키울 것인가

당신은 정원에 무엇을 키울 것인지 스스로 선택할 필요가 있다. 당신의 삶을 살펴보면 어떤 것은 즐기며, 어떤 것은 즐기지 않는지에 대하여 평가할 수 있다. 당신에게 중요한 일이 무엇인지, 관심있는 일이 무엇인지, 그리고 어떤 일들은 그렇지 않은지 알 것이다. 여기에는 당신이 유지하거나 개발할 필요가 있는 것들 혹은 최소화하고 제거해야 할 일들이 있다. 다른 사람으로부터 배워야 할 것들이 많이 있으며, 그들이 어떻게 하는지 주의깊게 관찰하고 평가해 본다면 미래에 당신이 할 수 있는 일들에 대한 아이디어와 선택권을 얻을 수 있다.

당신이 정원에 무엇을 키울지에 대해 생각해 볼 때 보편적인 한 가지 법칙에 초점을 맞추는 것이 도움이 된다. 삶의 질을 높일 수 있는 일을 유지하고 개발하라. 그리고 삶의 질을 떨어뜨리는 일을 최소화하고 제거하라. 하지만 이러한 규칙을 수정해야 하는 상황일 때도 있다. 정원에서 무엇을 키울지 결정할 때 종종 하나 이상의 선택 안에서 골라야 할 때도 있다. 여러 가지 선택안 중 한 가지를 선택하는 것은 우리의 삶의 질을 높일 수 있는 다른 가능성을 감소시키는 것이므로 신중하게 선택할 필요가 있다. 자신이 무엇을 원하고 필요로 하는지 분명하게 알고 있거나 긍정적인 자아상을 가지고 있는 사람은 일반적으로 정원에서 무엇을 재배할 것인가에 대해 잘 선택하지만, 이러한 경우조차도 원하는 만큼 성공적인 결과가 나올 수 있는 선택을 방해하는 요소들이 모든 사람의 삶에 있기 마련이다. 따라서 최선의 선택을 한 경우라도 당면하는 문제에 대한 타협과 적응을 통하여 효과적인 삶의 질을 위한 최선의 균형을 찾는 것이 필요하다. 좋은 결과와 단 몇 가지의 방해하는 문제들이 있더라도 대체적으로 좋은 결과가 있도록 균형을 잡아야 한다(이 규칙을 간단히 복습하기 위해 다음 내용을 참조하라).

선택에 관한 두 가지 규칙

• 삶의 질을 높일 수 있는 일을 유지하고 개발하라.
• 삶의 질을 떨어뜨리는 일을 최소화하고 제거하라.

그러나 효과적인 삶의 질을 위한 최선의 균형을 찾기 위해서는 타협과 적응이 필요하다는 것에 주목하라.

삶의 정원을 탐색하기

인간 개개인의 매력적인 특징은 삶에서 즐기기를 원하는 일들의 조합이 각각 독특하다는 것이다. 우리 자신의 정원에서 혹은 다른 사람의 정원에서도 남과 똑같은 방식이나 같은 정도로 탐색하는 사람은 없다. 우리는 기쁨을 느끼거나 삶의 질을 높이는 것들을 똑같은 장소에서 찾지도 않는다. 어떤 사람들은 항상 새로운 할 일과 즐기기 위한 새로운 장소를 찾고 있는 듯하나 또 다른 이들은 별로 찾지 않고도 만족하는 것 같다.

마리온은 자신의 삶의 질의 원천을 적극적으로 관리하는 여성이다. 다음에 삶의 질의 16가지 원천을 나열하였다. 마리온이 현재 또는 잠재적으로 갖고 있는 대부분의 모든 삶의 질 원천이 집 가까이, 즉 그녀의 가족 주변과 마을, 그리고 그녀가 익숙한 환경에 있다. 하지만 7번과 9번 항목은 특별히 그녀가 자신의 정원 가장자리 부분에서 새로운 것을 찾는 일을 많이 즐기고 있음을 시사한다.

여기에서 실무자가 당면한 과제는 삶의 질을 높일 수 있는 다른 것들로부터 마리온을 멀리 떼어놓지 않으면서도 그녀가 새롭고

흥미로운 일들에 대해 배울 수 있고 새로운 프로젝트에 착수할 수 있도록 지원하는 것이다. 마리온의 삶의 질을 위해서는 좀 더 멀리 있는 지역으로 탐색 거리를 확대해야 하지만, 그렇게 하면 그녀가 현재 집 주변에서 만족하는 것들이 더 이상 보이지 않을 위험이 있을 수 있다. 따라서 그녀는 균형을 찾을 필요가 있다. 이상적으로는 그녀가 새로운 것을 찾을 때 욕구를 넉넉하게 충족시킬 정도의 충분한 시간과 거리가 필요하지만, 이미 가지고 있는 삶의 질의 중요한 원천을 잃어버릴 정도가 되어서는 안 된다. 다른 사람의 삶의 질을 향상시키도록 도와주는 실무자들은 모든 사람이 마리온처럼 그들의 정원에서 개별적으로 최선이 되는 거리와 시간을 탐색해야 한다는 것을 반드시 이해해야 한다.

어느 정도까지 도움을 제공해야 하는지를 고려할 때, 많은 실무자들은 대상자의 전반적인 삶의 질을 촉진하는 것은 그들의 전형적인 업무 영역 밖에 있다고 생각하는지도 모른다. 그러나 삶의 질 접근방법은 우리로 하여금 전통적인 전문 영역의 경계를 넘어서 매일의 상황 속에서 더욱 일반적이고 총체적으로 웰빙에 대해 접근하도록 강요한다.

마리온의 16가지 삶의 질의 원천

1. 일상 활동 수행하기
2. 가족과 가까이 지내며 정기적으로 연락하기
3. 내 물건들을 보관할 수 있는 집 소유하기
4. 하고 싶은 일을 하면서 충분한 대가를 받는 것
5. 내가 가고 싶을 때 여행을 갈 수 있는 자유를 누리는 것

6. 친구나 이웃과 대화하기

7. 완전히 새롭고 다른 무엇인가를 배우는 것

8. 인간의 종교적 영성에 대하여 생각하고, 나에게 맞는 부분을 가려내서 그것을 나의 일상의 생각과 행동을 위한 지침으로 사용하는 것

9. 새로운 프로젝트 착수하기

10. 영화나 연극 보러가기

11. 좋은 식당에서 저녁을 즐기기

12. 내 자녀와 손주들이 성장함에 따라 그들의 재능이 개발되는 것을 지켜 보는 것

13. 건강: 통증이나 심각한 건강상의 문제가 없는 것

14. 야외에서 시간 보내기: 하이킹, 정원 손질, 사진 찍기 등

15. 나의 과거나 현재의 일상생활의 일부가 된 사람들과 친밀한 관계를 유지하기

16. 나의 존재와 가치를 느끼기

실무자들은 많은 사람들이 현재 익숙하게 하고 있는 일 이상을 볼 수 있도록 격려할 필요가 있다는 것을 이해하는 것 역시 중요하다. 삶 자체가 계속 변화하는 것처럼 삶의 질의 원천도 어느 정도 변화한다. 성공적으로 질 높은 삶을 지속적으로 누리게 하는 중요한 한 가지 요소는 더 이상 삶의 질의 원천이 되지 못하는 오래된 것들을 버리고 새로운 원천을 탐색하며 인식하고 수용하는 능력을 활용하는 것이다.

조지는 젊었을 때 스키 여행을 즐겼지만 나이가 들면서 스키 타는 것에 대한 관심이 점점 사그라지는 것을 느꼈다. 그는 스키 여

행을 하는 대신에 추운 계절에는 독서를 하고 휴가를 가는데 그의 여가 시간을 사용하기 시작했다. 스키를 타지 않는 것에 대하여 후회할 때도 있지만, 지금은 사정이 다르다는 것을 알고 있다. 다른 이들의 삶의 정원 가꾸는 것을 도우려면 그들로 하여금 탐색을 시작하고, 선택대상을 발견하고, 선택의 결과를 그들의 삶에 쉽게 수용하는 습관을 개발하도록 격려할 필요가 있다.

요약: 삶의 정원 가꾸기

삶의 정원을 가꾸는 것은 질 높은 삶을 영위할 수 있도록 삶의 질의 개념을 적용하는 과정이다.

얼마나 커야 할까?　정원은 당신이 즐겁고 만족할 수 있어야 하지만 압도될 정도로 클 필요는 없다.

무엇을 선택할까?　삶의 질을 높일 수 있는 일을 선택하고 질을 떨어뜨리는 일은 제거하고 통제하며 최소화하라.

얼마나 광범위하게 탐색해야 하나?　개인의 필요를 채우고 새로운 것을 볼 수 있도록 충분히 오래, 멀리 그리고 자주 탐색하라.

일상의 경험을 통해 삶의 질 개발하기

삶의 질을 증진시키기 위해 삶의 질의 개념을 일상의 경험에 어떻게 적용할 것인가? 우리는 현재의 삶에서 우리 자신의 가치관을 반영하고, 삶의 즐거움과 가치 모두를 높일 수 있는 기회, 활동과 일과를 살펴봄으로써 이를 적용할 수 있을 것이다. 또한 우리는 세월이 지나도 질 높은 삶을 영위할 수 있도록 미래에도 계속 할 수 있는 일들의 기회와 활동을 살펴볼 수 있다. 의도적으로 스스로를 점검하고 개발하는 것은 많은 사람들에게 익숙하지 않을 수 있다. 하지만 삶의 질 접근은 우리가 의도적으로 스스로를 점검하고 개발하는 습관을 갖도록 격려한다. 우리는 이 장에서 이 과정을 돕는 세 가지 주된 전략을 제시할 것이다. ① 우리가 가치를 두는 일상의 일들을 소중히 여긴다. ② 일상생활의 여러가지 측면을 소중히 여긴다. ③ 일상적으로 하는 일 이외의 일들을 소중히 여긴다. 우리는 세 가지 주된 전략 내에 몇 가지 하위 전략들을 제시하였다. 이러한 전략들은 모두 우리가 삶의 질과 일상적인 경험 사이의 연결고리를 이해하는 데 도움을 줄 것이다.

당신이 가치를 두는 일상의 일들을 소중히 여기라

> 나의 삶에서 가족과 친구가 가장 중요하다. 그들은 너무나도 소중하고, 그들이 삶을 즐기며 하고 싶은 일을 하는 것을 볼 때 나는 행복하다.
>
> – 엘렌 –

삶의 정원을 가꾸는 데 있어서 가장 중요한 부분은 가치와 의미를 가져다 주는 삶의 측면들을 즐기고 풍요롭게 하는 것이다. 삶의 가치와 의미는 사람마다 조금씩 다르다. 그리고 삶의 가치와 의미가 삶의 질을 높여 줄 수 있는 것을 결정하는 데 중요한 역할을 하기 때문에, 개인적 측면에서 이러한 의미를 발견하는 것은 필수적이다. 개인적 가치를 발견하는 가장 좋은 방법은 충분히 시간을 들여서 무엇이 가치있는지를 당신 자신과 다른 사람에게 정직하게 물어보는 것이다. 이러한 활동은 생각보다 어렵지 않다. 자신의 삶에서 가장 가치 있는 것이 무엇인지 모르는 사람은 거의 없기 때문이다.

◉ 일상생활에서 가치 있는 것들을 인식하라

사람들은 자신이 가치있다고 생각하는 것들을 멈춰서 깊이 생각해본 적이 거의 없었기 때문에 이에 대한 자신의 반응에 대하여 종종 놀라게 된다. 게다가 사람들의 삶을 향상시키기 위해서 지원하고 도와주는 실무자들은 다른 사람들의 반응에 상당히 놀라게 될 때가 있다. 이 책의 저자 중 한 사람인 이반 브라운은 마틴에게 가치에 대하여 질문했을 때, 그러한 놀라움을 경험했다. 이반 브라운은 마틴을 돕는 관계에 있었음에도 불구하고 마틴이 무엇을 삶에서 가장 가치있다고 생각하는지 전혀 몰랐기 때문이다. 이 가치를 이해하는 것이 마틴이 그의 삶을 더욱 즐길 수 있도록 돕기 위해 꼭 필요한 것이었다.

이반: 당신의 삶에 있어 가장 의미 있는 한 가지 일은 무엇입니까?

마틴: 야외활동과 자연을 즐기는 것입니다.

이반: 그것은 당신에게 어떤 의미가 있나요?

마틴: 나는 하이킹, 캠핑으로부터 강한 기쁨을 얻습니다. 실제로 도시에서 벗어나서 '자연으로 돌아가는' 활동이죠. 나는 이슬 내린 땅의 냄새를 사랑합니다. 나는 가

을 잎사귀의 습기 찬 냄새를 사랑하고, 나무의 아름다운 색채를 사랑합니다. 나는 여름비를 사랑합니다. 여름비가 내릴 때에는 하던 일을 멈출 수밖에 없고 지붕 위로 후드득 떨어지는 빗소리를 즐기게 됩니다. 나는 태양이 밝게 빛날 때 가을의 진청색 하늘과 구름의 대비를 바라보는 것을 사랑합니다. 나는 내가 자연과 함께 어떤 일을 하든지 정말 행복감을 느낍니다.

당신과 가족 구성원 및 친구들 중 각 한 명에게 질문하여, 삶에서 가장 의미 있는 것 중의 하나를 탐색하라. 세 가지 반응을 비교하고 어느 것이 가장 적합한지 자신에게 물어보라.

당신에게: 나의 삶에서 나에게 가장 의미 있는 것은 무엇인가?
가족 구성원에게: 당신이 볼 때 나의 삶에서 나에게 가장 의미 있는 것은 무엇이라고 생각하는가?
친구에게: 당신이 볼 때 나의 삶에서 나에게 가장 의미 있는 것은 무엇이라고 생각하는가?

◉ 매일의 활동에서 가치를 찾아보라

사람들은 자신이 가치 있다고 생각하는 일들을 하고자 한다. 그리고 실무자는 그들이 가치를 발견하도록 돕기 위해 그들의 일상 활동을 관찰하는 습관을 개발해야 한다. 실무자들은 사람들이 스스로 가장 가치있다고 생각하는 것들을 삶의 많은 부분에서 의식적 또는 무의식적으로 삶의 질을 높이도록 하는 방식으로 이미 배열해 왔다는 것을 발견하고 놀랄지도 모른다. 위에서 언급했던 마

틴은 그렇게 했을 뿐 아니라, 그가 중요하다고 생각한 가치에 따라 내렸던 결정에 만족하는 듯했다.

> 이반: 이것이 당신에게 지속적으로 의미가 있다고 어떻게 확신하죠?
> 마틴: 나는 기회가 있을 때마다 자연을 탐구하고, 동물과 식물 그리고 자연과의 관계가 풍성해지도록 하는 일에 시간을 보냅니다. 내가 여기에 꽤 많은 돈을 쓴다는 것을 알고 있지만, 내가 여기에 돈 쓰는 것이 다른 어떤 것보다 가장 가치 있다고 생각합니다.

하지만 실무자가 알아야 할 것은 사람들이 자신의 삶을 좌절로 몰고 가는 요인과 행동이 무엇인지 인식할 수 있는 능력을 개발하고 그러한 좌절을 감소시키도록 결정을 내릴 필요가 있다는 것이다. 이에 대하여 앤의 사례를 제공한다.

> 최근 나는 따뜻한 방에 있는 나 자신을 일으켜 세워 헛간으로 걸어 내려가 말들을 살펴보는 데 많은 시간을 보내는 것이 좌절감이 들고 짜증나기 시작했습니다. 그곳에는 해야 할 일들이 너무 많고 이러한 매일의 고된 일로 낙담하게 됩니다. 하지만 바로 그때 내가 왜 이 일들을 하는지 떠올려 보았습니다. 그 일을 한 것은 나 자신을 위한 것이 아니라, 오히려 말에 대한 사랑과 열정 때문이었습니다. 나는 그 일이 즐거웠기 때문에 할 수 있었고 그 일을 하는 것이 모두 스트레스가 되지는 않았습니다. 내가 부정적인 면을 모두 무시한다면 분명히 좋은

면만 볼 수 있을 것입니다. 무엇이든지 좋은 게 좋은 거니까요.

실무자들이 또한 인식할 필요가 있는 사실은 그들이 돕고 있는 사람들 중 일부는 실무자들이 부정적인 가치라고 생각하는 것들로부터 스스로의 삶의 질을 이끌어 내기 위한 방식으로 이미 삶을 배열해 왔다는 것이다. 다음에 그 두 가지 사례를 제시하였다.

페도르는 금전, 음주, 폭력 등으로 인한 많은 문제들 때문에 지역 사회복지기관의 도움을 받았다. 그는 여러 가지 혐의로 몇 번에 걸쳐 법정에 섰으며, 세 번째 법정에서는 집행유예를 받았다. 이 집행 유예의 주된 조건은 술을 사지 않거나, 술을 파는 어떠한 영업소에도 가지 않는 것이었다. 며칠 후 그의 담당 복지사는 우연히 페도르가 술집의 창 앞에 앉아 맥주를 마시고 있는 것을 보았다. 페도르는 그 복지사에게 손을 흔들어 인사하고 안으로 들어오라고 손짓했다. 복지사는 술집에 들어갔다.

복지사: 페도르! 여기에서 뭐하고 있는 거예요? 당신은 술을 마셔
　　　　서는 안 되잖아요.
페도르: (웃으며) 맥주 한잔 같이 드실래요?

페도르는 술집에서 맥주를 자유롭게 즐기는 일에 가치를 두었고, 집행유예의 조건을 따르는 것은 가치가 없다고 생각하기 때문에 이 일이 발생했다고 가정해 보자. 페도르는 자신의 집행유예에 대하여 책임이 있다. 복지사의 역할은 그를 돕고 지원하는 것이다. 복지사는 이러한 상황에서 어떻게 해야 하는가?

마리아가 지역사회 기관에 도움을 청했을 때에는 남자문제와 주
거문제에서 이미 여러 번 실패를 경험한 후였다. 그 시점에 그녀는
다른 남자를 만났고 그의 아파트로 이사했다. 그 당시 마리아는 그
가 직장에 늦게 가도록 했기 때문에 곧 그 남자는 직장상사와 문제
가 생겼고, 마리아가 집에서 여러 번 감정폭발과 소란을 일으켰기
때문에 집주인과 문제가 생겼으며, 그의 친구들에게 공공연하게 시
시덕거려 질투를 유발했기 때문에 친구들과 문제가 생겼다. 상담과
정에서 마리아는 그녀의 새 남자친구와 그의 친구들에게 문제를 일
으키는 원인이 자신이라는 것을 인정하기는 했지만 그것을 무척 즐
기고 있었다는 것이 분명하게 드러났다.

만약 그런 행동의 결과를 마리아가 즐기고 있고, 또 이로 인해 그
녀의 삶의 질이 높아지고 있다고 가정한다면, 상담가는 어떻게 반응
해야 할까?

● 우선이 되는 가치를 선택하라

우리는 동시에 많은 일들에 가치를 두고 있지만 대부분의 사람
들은 자신의 삶의 방식에 강한 영향을 주었던 몇 가지 자신이 특
별히 가치있다고 생각하는 것을 구분해 낼 수 있다.

오랜 동안 시간을 두고 포괄적인 목록을 만들어보는 것이 도움
이 된다. 그러나 대부분의 사람들은 가장 의미 있다고 생각되는
한 가지를 고르는 것으로부터 시작하여(앞의 페도르의 예시처럼),
그다음 가치가 있는 다섯 가지의 목록을 만들어 보는 것이 제일
좋은 방법이다(다음의 예를 보라). 이런 것들이 삶을 즐겁고 풍요롭
게 하는 경험들의 핵심이 되어야 한다. 왜냐하면, 거기에서 가치

가 있다고 생각되는 것들이 사람들의 삶의 질을 가장 높이기 때문이다. 실제로 가치가 있는 일에는 내재된 힘이 있다. 이 힘은 가치 있는 일이 실제로 삶을 즐겁고 풍요롭게 하는 경험의 핵심이고, 이를 무시할 수 없기 때문이다. 우선적인 가치를 선택할 때, 실무자들은 사람들이 발견한 인생의 한 측면이 실제로 삶의 질을 긍정적인 방향으로 높이는지, 그리고 그것이 정말로 가치 있는 것인지를 구분할 수 있도록 주의를 기울여야 한다. 인간은 습관, 의식 또는 강박적으로 하고 있는 일들에 많은 시간을 보낸다고 해서 반드시 가치를 두거나 즐기지는 않는다. 그래서 우리가 가치를 두는 일들을 검토할 때 신중함, 균형 잡힌 통찰력과 판단력이 요구된다.

카린: 나에게 가장 가치 있는 다섯 가지	조나단: 나에게 가장 가치 있는 다섯 가지
1. 종교적 신념	1. 자립하는 것
2. 나의 가족	2. 가족의 지원
3. 건강	3. 성공을 경험하는 것
4. 생활비를 벌 수 있는 능력	4. 내 주위에 좋은 사람들이 있는 것
5. 안전하고 안정된 삶	5. 내가 나의 삶의 주인이 되는 것

◉ 가치가 있다고 여기는 것을 상대적인 '가치'의 순서로 나열하라

카린과 조나단이 가장 가치가 있다고 느끼는 다섯 가지를 보여주는 예는 단지 시작에 불과하다. 이러한 초기의 가치목록은 더욱

132

완전한 가치목록으로 정기적으로 확대, 수정될 수 있다. 이에 더하여 우리 삶에서 어떤 가치는 다른 가치들보다 더 중요하다. 이러한 이유로 시간이 지남에 따라 가치 있는 일의 목록에 있는 항목들은 그들의 상대적인 '가치'를 우리가 계속 인식할 수 있도록 중요도에 따라 재분류되어야 한다. 다음은 더그의 삶의 예다.

매우 중요하다:	아이들의 안녕	편안한 집 마련하기
중요하다:	성생활	친구들과 운동하기
다소 중요하다:	신체적 건강	파트너와 함께하기
조금 중요하다:	나를 지원해 주는 가족	성공적인 직장생활

● 서로 상충되거나 실현되지 않은 가치들을 해결하라

우리가 가지고 있는 가치들은 서로 상충되어 행동에 갈등을 가져오기도 한다. 예를 들어, 대부분의 부모가 직장에서 성공을 추구하는 것에 가치를 두지만 자라나는 아이들과 가능한 많은 시간을 보내는 것에도 가치를 둔다. 그래서 출산 혹은 육아휴직 기간에 대한 결정은 반대 방향으로 부모들을 끌어당기는 두 개의 강한 가치에 의해 영향 받는다. 대부분의 사람들은 적응력이 좋아서 그러한 갈등의 상황에 아주 잘 대처한다. 즉, 당시의 상황에서 가장 책임이 크고 중대하게 여겨지거나 가장 중요한 가치를 높일 수 있는 방법을 선택하고 다른 것들은 일시적으로 미해결 상태로 남겨 두는 타협을 하는 것이다. 예를 들어, 사람들과 음주를 즐기는 여성이 임신기간 동안 전혀 술을 마시지 않는 것, 혹은 아버지가 그의 딸을 대학에 보내기 위해 휴가에 돈을 쓰지 않는 것 등이 이에

133

해당한다. 이럴 때 우리는 보통 타협이 이루어졌다고 한다.

가치가 있거나 중요한 활동을 뒷전으로 미뤄 두었을 때는 이런 일이 발생했다는 사실이나 이 문제가 수년 동안 잠재되어 있다가 다시 표면화 될 수도 있다는 사실을 인식할 필요가 있다. 교사로서 장래가 유망했고 거기에 높은 가치를 두었던 한 여성은 그녀의 아들이 자폐증을 가졌다는 것을 알게 된 후에 교사로서의 꿈을 제쳐 두었다. 그녀는 일하는 것보다 아들을 돌보는 것이 더 중요하다고 여겼기 때문에 이런 의식적인 결정을 내렸던 것이다. 하지만 그녀가 중년이 되어 이제는 스무살이 된 아들을 아직도 돌보고 있다고 인식했을 때 그녀는 비통함과 우울함을 느꼈다. 그녀는 이런 감정들이 과거에 포기했던 직업의 상실에 일차적으로 그 원인이 있다고 생각한다.

특히 중요하게 기억해야 할 것은 모든 종류의 가치 있는 것들은 사람들의 삶의 질을 높여 준다는 것이다. 갈등이 되는 가치 때문에 타협을 해야 한다면 억압된 가치로부터 나타날 수 있는 삶의 경험에 대한 상실은 삶의 질에 부정적인 영향력을 미칠 수 있다.

당신의 일상생활에서 여러 가지 측면을 소중히 여기라

주중의 매일 아침 내 알람시계가 나를 깨울 때 나는 졸음 버튼[8] 을 누른다. 나는 돌아누워 항상 똑같은 생각을 한다. '따뜻하고 부드러운 침대를 가졌으니 얼마나 감사한가! 이 생각은 나를 기분좋

---

8) 졸음 버튼: 알람시계에서 누르면 약 10분 후에 다시 울려 잠깐 더 잘 수 있도록 해 주는 버튼.

게 한다. 나는 잠에서 깰 때 항상 상쾌한 기분이 든다.

– 샐리 –

우리 모두는 하루 일과 전반에 걸쳐 우리가 즐기고, 일상적으로 우리 삶의 질을 높여 주는 많은 일을 하고 있다. 사람들이 삶을 향상시키기 위해서는 일상적으로 하는 일에 대처하는 방법을 변화시킬 수 있고, 또한 변화시켜야 한다. 세 가지 아이디어가 다음에 제시되었다. 기쁨을 주는 일상적 활동을 소중히 여기라. 매일의 작은 기쁨을 소중히 여기라. 그리고 매일 일어나는 삶의 예기치 못한 상황을 소중히 여기라.

● 기쁨을 주는 일상적 활동을 소중히 여기라

좋은 출발점은 일상생활에서 목적을 가지고 이미 하고 있는 일과 삶의 질을 높이고 있는 일상의 활동을 인식하고 소중히 여기는 것이다. 단이라는 학생의 사례는 이에 대한 좋은 예다. "매일 밤 나는 상쾌하게 운동하고 샤워를 한 후, 30분 일찍 잠자리에 들어요. 그리고 사람들에게 이메일을 씁니다. 그 일은 내게 '일하는 뇌'를 끄고, '잠자는 뇌'를 깨우게 합니다. 나는 이 행동을 즐기고 있으며 이것은 내가 좋아하고 사랑하는 사람들에게 연결되는 기분이 들게 합니다."

헨리는 다음과 같이 말한다. "나는 혼자서 낚시를 하러 가고, 경치와 야생을 즐깁니다." 샘은 금요일마다 친구 미셸과 랍에게 전화하여 칵테일을 마실 것인지 묻는다. 샘은 이렇게 말한다. "보통 그렇기 때문에 나는 그들에게 갑니다. 우리 모두는 두 잔의 칵테일을 마시면서 우스운 이야기를 하고 아주 큰 소리로 노래합니다.

우리는 그러면서 많이 웃어요."

랜디와 신시아는 일주일에 한 번 극장에 가서 교향악단의 공연을 듣거나 영화를 본다. 페기의 일과는 조금 더 활동적이다. "나는 한 주에 두세 번 늦은 오후에 산책길을 따라 말 타는 것을 좋아해요. 특히 시골에 얇게 언 얼음 덮힌 늦가을이나 초겨울이 더 즐거워요. 나는 집에 들어가면 따뜻한 차 한 잔을 마셔야지 하는 생각 외에는 오늘 남아있는 시간동안은 어떤 심각한 생각도 할 필요가 없다는 것을 알고 있기 때문에 솟아나는 기쁨에 내 자신을 그저 맡기지요."

● 일상의 작은 기쁨을 소중히 여기라

당신이 생활하고 일하는 일상의 환경 속에서 수많은 사건과 활동으로부터 나타나는 삶의 질의 원천을 찾을 수도 있다. 이러한 삶의 원천은 누구나 쉽게 가질 수 있다. 열정적인 정원사인 아론은 그의 넓은 정원의 야채와 과일을 이웃과 친척에게 주는 것에서 큰 기쁨을 얻는다. 바바라에게는 '제프가 아침에 차를 운전하고 일터로 떠나며 창문에서 나에게 손을 흔들 때', 그리고 도날드에게 있어서 일상의 기쁨은 '내가 가장 좋아하는 오래된 땀복을 입었을 때의 따뜻한 기분'이다. 제이는 따뜻한 햇살이 비치는 날에 산책을 나갈 때 갑작스런 쾌감을 느낀다.

그러한 일상 속에서 느끼는 기쁨은 우리들 대부분에게 하루에도 많이 일어나기도 하고 가끔 찾아오기도 한다. 이것이 우리 삶에 긍정적인 영향을 가져오기 때문에 이 모두를 인식하고 소중히 여길 때 일상의 기쁨은 우리의 강력한 삶의 질의 원천이 될 수 있다.

◉ 일상생활의 예기치 못한 상황을 소중히 여기라

많은 유쾌한 '작은' 예기치 못한 상황들은 우리의 일상으로부터 그리고 일상과 다른 경험들로부터 끊임없이 튀어나온다. 이들을 인식하고 소중하게 여겨야 할 것은 그것들이 모여서 긍정적인 삶의 중요한 부분을 구성할 수 있기 때문이다. 유쾌한 상황뿐 아니라 예기치 못한 불쾌한 상황들 역시 발생할 수 있으며 우리 모두는 이러한 상황들을 다루는 방법을 찾아야만 한다. 그러나 재활 과정에 대한 삶의 질 접근방법의 중요한 공헌은 삶의 질을 높이는 일을 권장하고, 삶의 질을 낮추는 일들을 최소화하거나 제거하는 것을 강조한다는 것이다. 이를 실제에 적용하는 방법은 예기치 못한 기쁨의 긍정적인 효과를 찾아내고 소중히 여기는 사고방식을 개발하는 것이다.

루이스는 집 안팎에서 일하는 동안, 전화기를 귀에 대었을 때 "엄마, 안녕!" 하는 말 듣기를 무척 좋아한다. 다른 사람들에게 예기치 못한 소중한 즐거움은 다음과 같은 일들이 있다. '여동생이 방문해서 나와 함께 산책할 때' '이제 아장아장 걷는 한 아이가 갑자기 내게 미소지을 때' '창밖으로 막 떨어진 눈 덮힌 땅을 볼 때' '기대하지 않았던 새롭고 도전할 만한 무언가를 배울 때' '기대하지 않았던 누군가로부터 길고 따뜻한 포옹을 받을 때' '린다가 정원에서 일하고 있는 나를 도와줄 때' '텔레비젼에서 멋진 다큐멘터리나 영화를 방영할 때'

이 '작은' 예기치 못한 일들은 이례적이고, 때로는 설명할 수 없을 정도의 많은 기쁨을 주며, 그 가치는 아주 생생하고 실제적이다. 쟈넷은 다음과 같이 말한다 '진부하게 들릴 수도 있겠지만, 나는 매일 밤 창밖을 보고 일몰과 무지개 보는 것을 무척 좋아해요. 그 둘 중 어느 것이든 볼 때면 나는 멈춰서 응시하면서 세상이 훨씬 더 좋은 장소가 된 것처럼 느껴져요.' 윌리암은 어느 날 오후에 직장 창가에 놓여 있는 빈 화분에 금련화 씨를 던져 넣었다. 그리고 다음 월요일 아침 출근했을 때 흙 위로 튀어 오른 여섯 개의 싹을 보고 너무 기뻤다. '나는 이 일이 왜 나를 이렇게 행복하게 하는지 설명할 수 없어요. 나는 정원사로서 많은 씨를 심기 때문에 내가 이러는 것이 좀 어리석게 보이지만 설명할 수 없는 이유로 그 식물들은 2주 동안이나 나를 진정으로 행복하게 만들어 주었어요!' 이와 같은 기쁨의 원천의 중요성을 발견하고 이를 개발하는 것은 효과적인 재활 프로그램을 수행하는 데 매우 중요하다.

일상적으로 하는 일 이외의 일들을 소중히 여기라

> 매일의 일상적으로 하는 평범함에서 벗어나는 어떤 일을 하는 것은 내 삶의 질을 향상시킨다
>
> — 셀리나 —

우리 모두는 판에 박힌 듯이 많은 일을 반복한다. 왜냐하면 우리는 그 일들을 즐기고, 우리에게 중요하고 의미 있는 사람들과 사물들에 계속해서 의존하기 때문이다. 그러나 우리가 일상의 삶 이내에서 일어나는 일들을 얼마나 많이 소중히 여기든지 간에 우리 대부분은 일상에서 벗어난 일들을 하기 좋아한다.

● 삶을 탐색하라
새로운 장소, 새로운 생각 및 새로운 사람들에 대한 탐색을 즐

기는 것은 인류를 오늘까지 극적으로 진보시킨 인간의 한 가지 유전적인 특징이다. 많은 사람들은 여행, 오락, 유머, 연예, 그 외에 여러 가지들, 즉 우리가 레저라고 하는 많은 활동을 찾아 나선다. 그러므로 이것이 삶의 질을 향상시키는 필수적인 것일지도 모른다. 우리는 우리의 상상과 우리 자신의 창조적인 눈과 우리의 꿈을 통하여 탐색한다. 또한 우리는 삶의 보다 '진지한' 영역들, 즉 공식적인 학습과 비공식적인 학습, 일, 우리의 가정과 가족을 돌보는 것, 다른 사람과 토론하는 것, 그리고 세계 곳곳에서 생겨나는 새로운 사건들과 사상들을 추적하거나 때로는 직접 참여하는 것 등을 통하여 탐색한다. 그러한 탐색활동은 전통적인 서비스 기관이나 서비스 대행사들이 거의 관심을 두지 않지만 그럴 수 있는 기회를 상실한 사람들이 새로운 삶을 탐색할 수 있도록 장려하는 것은 무척 중요하다.

앞장에서 삶은 변화하고 삶의 질의 원천도 변화한다는 것을 배웠다. 탐색은 우리가 많은 새로운 것들을 한 번 혹은 몇 번 정도 시도한 후 단념하든지 뒤로 미루든지 아니면 우리의 삶에 받아들인다는 것을 의미한다. 시도해 보았으나 즐겁지 않았던 일들은 버려질 수 있는 반면 시도해 보고 즐거웠던 일들은 때때로 우리의 비정기적인 활동이나 정규적인 삶의 활동으로 통합된다.

우리는 때로는 즐겁지 않은 일들을 우리의 삶 속으로 통합시키기도 한다. 새로운 학습은 어렵고 고통스럽기까지 할 때도 있지만 우리는 장기간의 이득을 위해 단시간의 고통을 받아들이기 때문이다. 삶의 질이 새로운 것을 탐색하는 것으로부터 일차적으로 발생하기 때문에 한 번 혹은 여러 번 탐색해 본 후 연기되거나 포기되었던 것들도 즐거움을 주었던 것들이었을 수도 있다. 우리는 종

종 어떤 일을 결코 다시는 시도하지 않겠다고 아주 극단적인 표현
으로 말하기도 한다. 우리가 온전히 즐겼던 장소들로 여행했다 할
지라도, 그 경험을 반복하지는 않는다. 다시 그곳에 가면 매우 즐
거울 것이라고 상상하지만 다시 돌아가지 않는다. 하롤드는 그의
삶에서 단 한 번 오페라를 보러 갔고 온전히 그 경험을 즐겼지만
그는 친구들과 이미 즐기고 있는 여러 가지 다른 오락이 있기 때
문에 오페라를 다시 보러 가지는 않았다. 그에게 있어 한 번의 오
페라의 경험은 미래에 반복할 수도 있거나 결코 반복하지 않을 수
도 있는 삶의 질의 원천이었다.

● 새로운 일과의 원천으로서 새로운 경험을 사용하라

삶의 일상에 새로운 탐색으로부터 얻은 경험을 포함시키든지
아니면 새로운 탐색이 주는 삶의 질을 즐긴 이후에 그만두든지 하
는 선택은 삶의 경험 속에서 흥미로운 긴장을 주는 요소다. 모든
새로운 일상의 활동들은 과거의 어떤 시점에서 탐색함으로 생겨
났다. 앞에서 언급했던 것처럼 이들 활동 중 많은 것은 삶의 질의
강한 원천으로 작용함으로서 우리의 전반적인 안녕에 기여한다.
하지만 모든 가능한 삶의 질 원천을 우리의 일상에 통합시킬 수는
없다. 우리는 많은 일들을 일시적으로 즐긴 다음 그만둔 것이 틀
림없다. 성공적인 삶의 질을 누리기 위해서 개인은 이미 만들어진
일상으로부터 축적된 삶의 질과 탐색한 후 잊어버리는 것, 그리고
삶에 수용된 새로운 경험들 사이에서 균형을 유지하여야 한다.

성공적으로 삶을 가꾸어 나가기 위해서는 이미 가치 있다고 여
기며 즐기고 있는 일상적인 삶의 측면들을 소중히 여길 필요가 있
지만 더불어 새로운 삶의 경험을 찾고 탐색하여 일시적으로 즐기

거나 또한 그것이 미래의 일상에서 가치 있는 원천으로 증명된다면 삶에 받아들일 필요가 있다.

삶은 문자 그대로 수백 가지의 즐길 만한 일들을 가지고 있다. 실제로 멈춰서 그것에 대하여 생각해 보면 일생 동안 가능하리라 생각한 이상으로 즐길 수 있는 탐색거리들이 많다. 삶의 정원에는 많은 종류, 모양, 색, 크기의 꽃들이 있다. 바구니에 조금은 꺾어서 넣을 수 있지만 그들 전부를 꺾어 넣을 수는 없다. 그 모든 꽃을 다 원하는 것도 아닐 것이다. 당신에게 특별히 매력을 주는 꽃들만 꺾기를 원할 것이다. 아마도 모든 것 중에 당신이 즐기는 몇 가지를 선택하여 정원에 심을 씨를 찾을 것이다.

🍎 비가 내릴 때

때로는 비가 내린다. 우리의 삶에도 우리가 축 처지고 불편하고 몸이 비에 푹 젖은 것처럼 완전히 녹초가 되는 따분하고 암울한 날들이 있다. 이럴 때 우리는 스스로에게 투덜거리고, 다른 사람에게 불평을 하기도 한다. 때때로 우리는 우리 자신에게 '재수 없는 날'이라는 핑곗거리를 만들어 주는 사치를 누린다. 우리는 친구나 상사가 "왜 하필 오늘 안 좋은 일들이 모두 한꺼번에 일어나지!"라며 신음하는 소리를 얼마나 많이 듣는가?

삶의 정원 가꾸기 비유는 모든 정원이 성장하기 위해서는 햇빛과 함께 비가 필요하다는 것을 시사한다. 인류 역사를 통해 숙고해 온 흥미로운 철학적 질문 중 하나는 삶에 가끔씩 오는 소나기나 하루 종일 비오는 날이 필요한가 하는 것이었다. 쉽게 말해 삶의 높은 곳을 진정으로 느끼기 위해서는 삶의 낮은 곳을 경험할 필요가 있는가? 슬픔을 경험하고 슬픔과 붙잡고 싸우지 않고도 행복하다는 것을 이해할 수 있는가? 다른 사람과 만나서 증오, 불신, 배신과 맞붙어 싸우지 않고서도 사랑, 신뢰, 충성을 알 수 있을까? 우리 자신에게서나 다른 사람에게서 불운을 만나서 극복하지 않고도 행운을 바로 알 수 있을까?

삶의 질은 다양성과 상대성이 중요하다는 것을 인정한다. 이러한 삶의 질을 위해서는 비오는 날들도 필요하다. 왜냐하면 구름 뒤에서 태양이 나왔을 때 우리가 참 기쁨을 느낄 수 있도록 돕기 때문이다. 그 뿐만 아니라 삶의 도전은 우리의 삶에 대한 긍정적인 지배력을 얻도록 도와주며 자기 통제력의 수준이 증가되었음을 느끼게 도와준다. 삶의 도전은 무엇이 삶에서 특별한 의미를 갖는지 어떤 것들이 마음 깊숙이 느껴지는지 우리에게 영적인 의미에서 일상의 평범함으로부터 초월한다는 것이 무엇인지를 이해할 수 있게 한다.

삶의 질을 높이기 위한 일을 할 때 슬픔, 불운, 재앙이 우리의 삶에 일어날 수 있다는 것을 인식할 필요가 있다. 삶은 슬프고 비극적인 사건으로 가득 차 있다. 아무리 효과적인 삶의 질을 위해 사려 깊게 계획된 삶이라 할지라도 언제든지 갑자기 질병, 사고 혹은 외상과 같은 불운에 직면할 수 있다. 이러한 일들이 발생했을 때 그 불운은 우리의 삶의 질의 원천을 점차적으로 침식시키거나 순식간으로 한방에 날려 버림으로써 감소시키거나 파괴할 수 있다. 그중 어떤 것들은 개인적으로 우리 자신에게 일어나고 그 밖의 다른 것들은 우리 삶의 일부가 되는 사람들에게 일어난다. 우리들 중 일부는 병이 들고 능력이 약해지기도 한다. 우리 모두는 나이가 들고 결국에는 죽는다. 우리가 인간의 상태를 이해하고

인정해야 한다면 삶의 이러한 어려운 측면들도 이해하고 인정할 필요가 있다. 하지만 이러한 어려운 측면들이 우리 삶을 압도하거나 삶의 영구적인 부분이 되는 것을 일부로 방관할 필요는 없다.

실제로 삶의 질에 대한 접근방법은 어렵고 부정적인 삶의 상황들이 우리 모두에게 일어나며 그렇게 되지 않도록 우리가 최선을 다해 노력한다 해도 그러한 상황들이 계속해서 일어날 수 있다는 것을 가정한다. 이 접근법의 주된 장점은 어렵고 부정적인 삶의 경험의 수와 강도를 개인이 장·단기에 걸쳐 수용할 수 있는 정도로 줄이고 반대로 긍정적이고 삶의 질을 높이는 경험의 수와 강도를 증가시켜서 균형을 맞추는 방법을 찾도록 돕는 데 있다. 우리가 배운 전략은 심한 질병이나 죽음과 같은 가장 어려운 삶의 상황에서조차도 삶의 질을 높이고 삶에 의미를 더하는 데 사용될 수 있다. 때때로 자연이 그러하듯 스스로를 통제하지 못하고 우리가 평소에 잘 대처할 수 있는 부드럽게 내리던 비가 폭풍으로 돌변했을 때 삶의 질의 원천을 찾아 나서는 것은 우리가 일상생활 가운

삶의 질

그레이스가 죽은 지 지금은 몇 년이 지났지만 그녀는 아직까지 내 삶의 롤모델의 하나로 남아 있다. 내가 그녀와 알고 지내던 몇 년 동안 그녀는 법적으로 등록된 시각장애인인데다가 신체적으로 몇 가지 문제를 가지고 있었고, 숫자의 의미(심지어 1-2-3조차)를 알지 못했으며, 글을 전혀 읽지 못하였고, 그녀의 가방에 가지고 다니는 샘플을 베껴 써서 자신의 이름을 사인할 수 있었다. 이러한 명백한 장애에도 불구하고 살아 있었던 동안 그녀는 잠재력을 충분히 발휘

했던 가장 성공적인 사람 중의 한 명이었다. 그녀는 장 보기, 은행가기, 친구와 함께 지내기 등 가장 평범한 일과를 최대한 즐겼다. 그녀는 많은 장애를 가졌지만 나이가 80세가 넘어서도 항상 무언가 새로운 것을 간절히 하고 싶어 했다.

그레이스의 성공적인 삶의 질에 대하여 내가 그렇게 매혹되었던 점은 바로 그녀의 삶의 질이 그녀를 위한 것만은 아니었다는 것이다. 그녀에게 도움을 준 사람이든지 혹은 친구와 지인의 그룹에 속해 있었던 사람이든지 준 것 만큼 아니 준 것 이상으로 되돌려 받은 것처럼 보였다. 그녀는 삶의 어디에서 질 높은 삶이 오는지를 알고 있었고 다른 사람들과 그것을 공유하는 능력을 가졌다. 그러면서 그녀는 다른 사람을 잘 대우하고 그들을 기분 좋게 할 뿐 아니라, 아마도 그녀 자신은 몰랐겠지만 그녀의 경험을 통해서 결코 그들이 경험할 수 없었던 새로운 것들을 탐색하는 방법을 보여 주었다. 나는 그레이스가 자신이 그토록 질 높은 삶을 사는 데 성공했다는 것을 알았다고 장담할 수 없다. 확실한 것은 그녀가 그런 말을 할 수는 없었다는 것이다. 하지만 그녀는 내게 중요한 교훈을 가르쳐 주었다. 삶의 정원으로 통하는 당신의 갈 길을 선택하고 그곳을 지나는 동안 과일과 꽃을 즐겨라. 하지만 그것들을 다른 사람과 나누면 그들도 당신이 즐기고 있는 것을 탐색하고 즐길 수 있게 될 것이다.

이반 브라운

죽음의 질

우리 대부분은 다른 사람이 어떻게 하면 질 높은 죽음을 맞이하도록 도와줄 수 있을 것인가에 대한 경험이 거의 없다. 내 형제, 자매와 나 역시 예외는 아니었지만 우리가 엄마의 임종 시 질 높은 시간을 많이 갖고 많은 지지를 얻은 것은 행운이었다. 엄마가 알츠하이머를 앓았던 십년의 마지막 몇 달 동안 엄마의 식사와 걸음걸이가 현저하게 느려지기 시작했고 결국 도움 없이는 그런 일들을 할 수 없는 지경에 이르렀다. 돌아가시기 일주일 전에는 더 이상 음식을 먹거나 일어나는 것 까지도 할 수 없었다. 엄마가 마지막 한 해를 살았던 요양소에서는 돌아가시기 전 일주일 동안 우리가 사생활을 누릴 수 있도록 해 주었고 필요한 모든 물질적인 것들을 제공해 주었다. 간호사와 의료진은 엄마에게 신체적으로 필요한 것에 관심을 집중했지만 그 밖의 다른 점은 간섭하지 않았다.

엄마가 마지막 며칠 동안 병상에 누워있을 때 가족 사진과 엄마에게 특별한 의미가 있었던 개인적인 소지품들이 주위에 놓여져 있었다. 엄마는 자신이 가장 좋아하는 옷을 입고 직접 만들었던 분홍색과 파란색 퀼트 이불을 덮고 있었다. 크리스마스를 몇 주 앞두고 있었기 때문에 우리는 조용히 캐롤을 틀어 놓고 엄마의 삶에 대한 이야기를 읽고 나누었다. 매일 밤 누군가가 엄마와 함께 잠을 잤고, 침대 옆의 의자에서 졸았기 때문에 엄마는 혼자가 아니었다. 낮 시간 동안 우리들 중 두세 명은 항상 거기에 있었다. 우리는 엄마가 좋아하고 익숙한 물건에 대하여 또는 그 순간에 우리가 하고 있는 행동이나 생각에 대하여 엄마와 함께 이야기를 나누었다. 때때로 엄마는 눈을 떴고 말하지는 못했지만 표정으로 함께 참여하고 있음을 보여주었다.

죽음이 가까이 왔을 때 함께 있었던 사람들은 엄마에게 종교적 신념과 일치하는 내세의 이야기를 들려 주고 잘 아는 성경 구절을 반복해서 읽어 주었으며 좋아하는 찬송가를 불러 주었다. 엄마가 마지막 숨을 쉬었을 때 우리는 침대에 둘러서서 엄마의 손을 잡고 이마를 부드럽게 쓰다듬었다.

죽음은 받아들이기 쉽지 않다. 특히 그것이 아주 가까이 다가왔을 때에는. 그러나 엄마는 결국 돌아가셨다. 그리고 마지막 일주일 동안 했던 모든 일들이 엄마와 나의 형제, 자매 그리고 내 자신에게 개인적으로 깊은 의미가 있었다는 것을 되돌아보고 깨달은 것은 감사할 만한 일이다.

이반 브라운

데서 균형을 회복할 수 있도록 도와줄 것이다.

🌢 사고 및 논의

1. 장애는 어느 정도로 삶의 질의 새로운 원천을 탐색하지 못하게 하거나 박탈하는가?
2. 세 가지 종류의 장애를 상상해 보고, 삶의 질에 주된 영향을 미치는 목록과 부수적인 영향(긍정적인 영향, 부정적인 영향 모두)을 미치는 목록을 나열해 보라. 주된 영향과 부수적인 영향을 나누는 기준은 무엇인가?
3. 이 장에 제시된 삶의 질을 높이는 데 있어서 실무자의 역할은

무엇인가? 이에 대한 당신의 답변이 실무자의 업무에 대한 생각을 어떻게 바꾸는가?

4. 자신의 삶의 정원을 생각해 보라. 당신은 1장의 마지막 부분에 제시된 삶의 질의 목적을 달성하기 위하여 즉,

   (a) 당신에게 가장 중요한 것이 무엇인지에 대해 집중하기 위하여

   (b) 당신의 삶에 있어서 중요한 영역들에 만족감을 느끼도록 도와주고 과도하게 삶에 불만을 느끼도록 하기 위하여

   (c) 당신의 삶에서 기회를 찾기 위하여

   (d) 당신의 삶에 개인적인 선택을 증가시키기 위하여

   (e) 당신의 자아상을 향상시키기 위하여

   (f) 당신 삶에 대한 권한을 더 부여하기 위하여

   이 장에서 나열된 전략을 어떻게 사용할 것인가?

5. 부정적인 경험이 삶의 질을 향상시키는 과정의 일부라고 인식하는 것을 어떻게 생각하는가? 그러한 인식은 실무자들에게 어떠한 교훈을 주는가?

제5장

삶의 질
– 실무를 위한 모델 –

네 개의 이전 장에서 우리는 전체 삶의 관점에서 본 삶의 질 접근법의 중심 개념들을 소개했다. 우리는 또한 몇 사람의 삶을 살펴보며 이 개념들을 생각해 볼 수 있는 기회를 제공하고 장애와 삶의 질의 역사적, 사회적 배경도 참조하도록 하였다. 이 장에서는 삶의 질 접근법을 위한 더 형식화된 모델을 제시하고 그 후에 개인과 가족의 삶, 평가, 측정과 중재에서 그 모델을 더 폭넓게 적용하기 시작할 것이다.

✔ 접근법이란 무엇인가, 모델이란 무엇인가

간단하게 말하자면 접근법이란 어떤 일을 해나가는 일반적 방법을 말한다. 실무자를 위한 삶의 질 접근법은 서비스 실무자들이 자신들이 하는 업무를 수행함에 있어서 삶의 질 원칙과 개념을 이해하고 적용하는 것을 의미한다.

모델이란 어떤 접근법의 주요 원칙과 개념을 더 정형화된 방법으로 요약한 것이다. 모델에서는 보고 이해하기 쉽도록 도형, 차트, 표 등으로 표현하기도 한다. 다음의 두 가지 특징들은 (항상 그렇지는 않지만) 모델에 종종 포함된다. 첫째로 모델은 그 구성요소들 사이의 관계를 나타낸다. 일반적으로는 한 구성요소에서 다른 구성요소로 연결하는 화살표나 선을 사용하여 그들 간의 관계를 보여 준다. 다른 모델에서 관계는 표 안의 제목들로 설명하기도 하고 또 다른 경우는 모델의 모양과 구조를 통해 시각적으로 관계를 암시하기도 한다. 예를 들어, 독자들은 아마도 '매슬로의 욕구단계' 모델[9]을 잘 알 것이다. 여기서 피라미드 형태의 모양은 차례대로 그 위로 쌓아 올리는 구성요소들 간의 서열관계를 암시한다.

둘째로 많은 모델은 실행요소를 포함한다. 때로는 화살표나 선이 실행을 의미하기도 하고 또 실행은 단어나 구로 써넣어 어떤 접근법의 주요 행위 또는 결과로서 기대되는 행위 등을 나타내기도 한다. 모델은 구조적 측면에서 각각 다르지만 동일한 목적을 갖는다. 즉, 어떤 접근법의 주요 구성요소를 함께 그려 대부분의 사람들이 즉시 이해할 수 있도록 보여 주는 것이다.

이번 장에서 우리는 삶의 질 수행 모델을 제시한다. 간단하고 청사진적인 삶의 질 모델을 제시하여 실무자들이 실제 업무수행에서 삶의 질 접근법을 이해하고 사용하는 데 도움을 주고자 하였다. 이 장 후반부에서 이 개념을 실무에서 중요한 평가 및 중재 영역에 초점을 맞춘 새로운 형태로 확장되게 하였다. 이 모델은 다른 삶의 질 모델들과 상충되지 않으며, 실질적 업무에 삶의 질을 적용하는 약간 다른 방법일 뿐이다. 제시할 모델은 몇 개국의 많은 연구자들이 만든 개념과 모델을 기반으로 하였으며, 이 중 몇 명의 연구자들은 진화되어 가고 있는 정의와 개념을 기술한 다음 부분에서 언급하였다.

모델이란 그 성격상 개념적이다. 우리들은 경험을 통해 실무자들이 개념들에 대해서 읽고 이해하는 정도가 각기 다르다는 것을

---

9) Maslow's Hierarchy of needs: 미국의 심리학자 에이브러햄 매슬로(Abraham H. Maslow)의 심리학 이론으로 인간의 욕구는 타고난 것이며 욕구를 강도와 중요성에 따라 생리적 욕구, 안전의 욕구, 애정의 욕구, 자기존중의 욕구, 자아실현의 욕구의 5단계로 분류하였다. 하위 단계에서 상위 단계로 계층적으로 배열되어 하위 단계의 욕구가 충족되어야 그다음 단계의 욕구가 발생한다. 욕구는 행동을 일으키는 동기요인이며, 인간의 욕구는 낮은 단계에서부터 그 충족도에 따라 높은 단계로 성장해 간다는 것이 욕구 5단계설이다.
출처: 두산백과

안다. 그러기에 우리는 일부러 시각적으로 표현하는 방법을 구상하였다. 그리고 모든 실무자들의 관심 영역에 적용 가능하도록 최선의 노력을 기울였다.

삶의 질 개념: 유리에서 프리즘으로

우리가 삶의 질 모델을 정하기 전에 삶의 질 연구가 지금까지 어떻게 진화되어 왔는지 살펴볼 필요가 있다. 첫째, 삶의 질이 우리를 어떻게 확대시켜서 더욱더 다채롭게 볼 수 있도록 도와줄 수 있는지 이해하기 위하여 비유적 표현으로서 프리즘에 집중할 것이다. 둘째, 삶의 질이 반드시 정의되어야 하는지를 고려해 볼 것이다. 마지막으로 우리는 삶의 질의 초기 정의와 기술된 내용으로부터 도출된 몇 가지 주요 개념들을 정리할 것이다.

비유적 표현으로서의 프리즘

삶의 질은 우리의 삶과 장애를 새롭고 다양한 방법으로 볼 수 있도록 하는 개념으로 프리즘을 통해 빛을 통과시키는 것과 같다. (프리즘을 통하면 하얀 빛이 많은 색으로 구성되어 있음을 알 수 있고, 프리즘을 회전시키면 회전시킬 때마다 다양한 색과 패턴을 볼 수 있다). 우리는 삶의 질이라는 프리즘을 통해 일반적인 삶, 그중에서도 특히 장애의 다양한 면을 볼 수 있게 되며 삶과 장애가 직면하는 많은 도전들을 깨닫게 된다. 처음에는 우리의 이해가 잘 가공된 프리즘이 아니라 유리를 통과한 무색의 빛과 같을 수 있겠지만 유리에서 좀 더 효과적인 프리즘으로 발전해야 하는 필요성을 깨닫게 될 것이다.

삶의 질을 정의해야 하는가

삶의 질 개념을 처음 접하는 사람들은 종종 "삶의 질의 정의가 무엇입니까?"라고 묻는다. 개념을 명확하게 정의하는 것은 때때로 어떤 새로운 개념이 우리에게 익숙한 다른 개념이나 지식과 어떻게 조화를 이루는지 이해하는 데 도움을 줄 수 있다. 하지만 그것이 항상 도움이 되거나 타당한 것은 아니다.

새로운 개념이 형성되고 어느 정도의 기간 동안은 발전하게 된다. 이 기간 동안 그 개념 내부에서 자발적으로 일어날 수 있는 아이디어들이 제한되어서는 안 되고 또한 막 형성된 정의 속에 나중에 쉽게 돌이킬 수 없는 오류를 심게 되어서도 안 된다. DNA 분자구조를 발견한 사람 중의 한 명인 프란시스 크릭은 '의식(Consciousness)'에 대하여 논하면서 초기 및 형성기 동안 개념을 엄밀하게 정의하는 것은 불필요한 제한이라고 하였다. 그렇게 하는 것은 어떤 과정이나 모형의 풍부함을 탐색하지 못하게 하고 시간이 지남에 따라 우리의 이해를 확립시키는 것을 막기 때문이다. 삶의 질 개념을 일찍이 너무 엄밀하게 정의한 것이 우리를 그 초기 개념 속에 가두는 결과를 낳았는지도 모른다. 이와 같은 견해가 옳다는 것이 이미 입증되었다. 삶의 질 개념은 여전히 발전되고 있으며 연구와 적용을 통해 새로운 면들을 수용할 수 있는 방법들이 제시되고 있다. 따라서 삶의 질 개념의 형성기인 21세기 초에 있는 우리는 크릭의 본을 따르려고 한다. 삶의 질의 의미를 이해하기 위하여 우리는 삶의 질을 결론적으로 정의하기보다는 이 책에서 그 용어가 어떻게 사용되었는지 설명하는 접근법을 사용하였다.

초기의 삶의 질 정의와 기술로부터의 주요 개념

초기에 제안된 삶의 질 개념의 여러 정의들을 살펴보면 관련 내용을 쉽게 요약할 수 있을 것이다. 이를 통해 삶의 질의 주요 사상, 원칙, 초점 등을 살펴볼 수 있고 적어도 그 테두리 안에서 다른 개념들을 탐색하거나 거기에 다른 것들을 첨가할 수 있는 임시적인 기본 틀을 얻을 수 있다. 여러 가지 면에서 초기 정의는 '작업적 정의(working definition)'나 가설로서, 그리고 추후 사고, 영감, 임상적용에 의해 검증될 개념으로서 그 기능을 수행할 수 있다. 이러한 많은 초기 정의들은 다시 그 개념에 대한 주요사상이나 원칙, 초점을 시사할 가능성이 많다. 이와 같은 점에서 여러 가지 초기의 삶의 질 정의를 살펴보는 것이 도움이 될 것이다. 〈표 5-1〉은 장애 관련 문헌에 인용되었던 몇 개의 초기 정의들이다. 다른 형태의 삶의 질 정의를 보려면 커민스(Cummins, 1997)를 참조하라.

표 5-1 삶의 질 초기 정의와 기술

원저	정의와 기술
Bach, M., & Rioux, M. (1996)	사람, 공동체, 사회가 누리는 사회적 웰빙
Cummins, R. (1997)	물질, 건강, 생산성, 애정, 안전, 공동체, 정서 등을 포함하는 객관적 및 주관적 웰빙
Felce, D., & Perry, J. (1997)	개인적 웰빙을 포함한 다면적 개념 애정관계, 가족생활, 우정, 생활수준, 직업, 이웃, 주거환경, 국가상태, 집, 교육, 건강과 자아 등을 포함
Goode, D. (1988)	개인의 기본 욕구가 충족되었을 때와 주요 삶의 현장에서 목표를 추구하고 성취할 기회가 주어졌을 때 경험하는 것

삶의 질 개념: 유리에서 프리즘으로

Goode, D. (1990)	장애 여부와 상관없이 개인이 주요 삶의 현장(일, 학교, 집, 공동체)에서 중요한 욕구가 충족됨과 동시에 타인이 이러한 삶의 현장에서 그 개인에 대해 갖는 기대 수준이 충족될 때 높은 삶의 질을 경험
Goode, D. (1997)	보편적인 웰빙의 느낌이나 인식을 높이는 것, 잠재력을 발휘할 수 있는 기회, 긍정적 사회참여 등을 강조
MacFarlane, C., Brown, R. I., & Bayer, M. (1989)	개인의 충족되지 못한 욕구와 개인의 열망 사이의 간격 객관적 평가 뿐만 아니라 주관적 혹은 개인의 인식에 의한 평가를 말함. 모든 삶의 영역과 관련 개인과 환경 사이 상호작용을 인정한 개념
Parmenter, T. (1988)	개인이 자신의 존재 의미를 창출하여 사회에서 생명력 있는 자아를 확립하기 위해 요구되는 필요를 충족하는 정도를 나타냄.
Renwick, R., Brown, I., & Rootman et al. (1992)	개인이 자신의 삶에서 주요 가능성을 즐기는 정도
Schalock, R. (1997b)	개인이 바라는 생활조건(주로 가정과 공동체 생활, 학교나 직장, 건강과 행복)
Taylor, S. (1994)	장애인의 시각을 이해하려는 시도를 통하여 더 폭넓은 삶을 규정하는 문제들을 연구하는 데 초점을 맞추고 사람들의 의식을 깨우는(sensitizing) 유용한 개념

M. P. Janicki와 E. F. Ansello가 편집한 지역사회 고령장애인을 위한 지역사회의 지원 (Community Supports for Aging Adults with Lifelong Disabilities, 출판사: Baltimore, MD: Paul H. Brookes Publishing Co.) 중 '삶의 질 모델로부터 학습(Learning from Quality of Life Models).'을 R. I. Brown(1999)의 허가를 받아 발췌함.

〈표 5-1〉에 열거된 삶의 질의 초기 개념과 기술은 여러 가지 삶의 질 목표와 그 목표에 도달하는 방법 그리고 어떻게 삶의 질이 기능하는가를 우리에게 알려 준다. 다음은 그 내용이다.

삶의 질 목표

- 신체적, 정서적, 물질적 웰빙 달성
- 만족스러운 삶
- 긍정적인 자아상 개발
- 개인적 존재 의미의 강화
- 다양한 삶의 영역 확대
- 삶 즐기기
- 사회적 환경적 조건 향상
- 필요 충족

삶의 질 목표달성을 위한 방법

- 필요에 대해 인식하는 것
- 삶에 있어 개인이 좋다고 느끼는 것들에 대해 인식하기
- 인생을 살아가고 싶은 방법에 대해 인식하기
- 자신이 중요하게 여기는 것에 대해 반응하기
- 자신에게 기회가 오도록 만들기
- 사회 소속감과 사회 참여 기회 증진시키기

삶의 질 기능

- 사람들을 일깨우는 개념으로서의 기능
- 개인과 환경 사이의 상호작용으로서의 기능
- 객관적 및 주관적 측정치들이 통합된 지표로서의 기능
- 갖고 있는 것과 갖고 싶은 것 사이의 불일치 정도를 나타내는 기능

삶의 질의 정의와 기술로부터 나오고 또 계속 나오게 될 이 개념들을 통하여 우리는 삶의 질을 가장 효과적으로 높일 수 있는 소중한 지식을 얻을 수 있다. 이들은 대다수의 사람에게 중요한 삶의 영역들, 개인의 삶의 질에 있어서 신체적, 환경적 역할, 개인의 삶의 질을 높이는 방법, 그리고 높은 삶의 질이 달성된 순간이 언제인지 아는 방법 등에 대해 우리의 사고가 오랜 기간 동안 형성되고 또 재형성되기를 반복하도록 돕는다.

제시된 삶의 질 영역

앞에서 언급되었듯이 삶의 질은 개인의 전체 인생에 중점을 두고 있지만 인생에는 수많은 다양한 면들이 있다. 서비스기관 실무자들은 흔히 개인의 삶 전체보다는 한번에 한두 가지 특별한 면에 초점을 맞추는 것이 더 쉽다는 것을 종종 알게 된다. 우리가 삶의 총체적인 성격을 무시해서는 안되지만, 인생에 있어 가장 중요하게 여겨지는 부분만을 다룰 때에는 개인이 성취하고 싶어하는 구체적 목표를 구별해 내고 그들이 성취하고자 하는 방법을 기술하는 것이 더 쉽다. 많은 연구자 역시 궁극적으로 삶이란 서로 연관된 전체로 여겨야 함에도 불구하고 특정한 시기에 독립적으로 특정 영역들을 개별적으로 다루는 것이 좀 더 현실적임을 알게 되었다. 게다가 대부분의 연구자는 삶의 질을 몇 개의 영역으로 나누어 따로 볼 수도 있고 또 하나로 묶을 수도 있기 때문에 '다차원적'이라고 한다. 이러한 이유로 이 책에서는 연구자들을 비롯한 전문가들이 삶의 질 연구에 있어서 가장 중요하게 중점을 둘 부분으로 여기는 삶의 여러 가지 영역들이 기술되었다. 〈표 5-2〉는 다양한 연구자가 일반적으로 제시한 삶의 영역을 열거한 것이다. 그러나 강조되어야 할 것은 모두가 동의하는 삶의 영역의 목록은 존재하지 않는다는 것이며, 또한 이 영역들을 사용함에 있어서 우리는 대부분의 사람들의 삶에서 이것들이 가장 중요한 부분이라는 것과 우리가 이 부분을 묘사하거나 측정할 때 그 사람의 전체 삶의 질이 충분히 잘 묘사되었다고 가정한다는 것이다.

◉ 하부 영역

삶의 질을 위해 유용하다고 언급되었던 영역들은 좀 더 특정한 하부 영역으로 나누어진다. 예를 들어, 물질적 웰빙은 수입, 재산, 음식, 주거의 안정성 등으로 나누어질 수 있다. 유사하게 대인관계는 가족, 친구, 지인, 사회소속, 사회문화적 신분 등에 초점을 맞출 수 있다. 상위 영역에서와 마찬가지로 하부영역을 사용할 때 가정되는 것은 가장 중요한 하부 영역들을 개별적으로 기술, 측정한 후 통합하면 상위 영역이 상당히 효과적으로 기술되고 측정된다는 것이다(이에 대한 더 자세한 정보는 커민스(Cummins, 1997)를 참조). 조금 더 정확한 측정방법은 개인이 표시한 상대적인 중요성과 가치에 따라 각 하부 영역에 가중치를 부여하는 것이다.

표 5-2 제시된 몇 가지 삶의 질 영역

개인	개인활동	환경
• 물질적 웰빙 • 신체적 건강 • 심리적 웰빙 • 영적(종교적) 웰빙 • 사회적 웰빙 • 자아상 • 자기결정권	• 직업 • 여가 활동 • 개인발전 • 대인관계 • 애정 • 교육	• 사회소속 • 권리 • 안전 • 사회전체적 웰빙 • 가정생활/주거 • 지역공동체 자원

● 지 표

삶의 질의 상부 및 하부 영역은 삶의 특정 영역을 좁혀 주지만, 여전히 해결되지 않은 것은 그 영역들에서 어느 정도의 질을 얻을 수 있느냐의 문제다. 지표들은 이러한 질문에 대해 최소한 한 가지 이상의 해결 방법을 제공한다. 가령 직업 영역에서 지역사회의 직업을 하부 영역으로 가정해 보자. 삶의 질 지표는 보수, 작업시간, 근무경력, 직업 선호도, 동료들의 인식 등이 될 수 있다.

각각의 지표를 통해 연구자들과 실무자들은 삶의 특정 영역에서 얻어지는 질적 정도를 직접 서술할 수 있고, 삶의 질과 밀접하게 연관된 다른 정보들, 즉 개인의 삶에 대한 중요성이나 적절성, 삶의 구체적인 영역들에 대한 개인의 통제력, 개인이 속한 환경 속에서 주어지는 발전 기회의 정도, 그 기회를 이용할 수 있는 주도성의 크기 등을 각 지표를 통해 알 수 있다.

● 삶의 질 영역, 하부 영역, 지표와 전체성

〈표 5-2〉에 나열된 삶의 질 영역, 하부 영역, 거기서 도출된 지표들은 특정 시대에서 인간에게 가장 중요하다고 여겨지는 삶의 영역에 따라 추가되거나 변경될 수 있다. 또한 다른 용어나 범주를 사용하여 정리될 수 있는데 이는 서로 중복되고 서로 연결되어 있기 때문이다. 이러한 상호 연관성 때문에 우리는 삶의 질을 총체적으로 바라봐야 한다. 예를 들어, 신체적 웰빙의 하부 영역은 모든 다른 영역과 관련되어 있다. 심리적 웰빙의 하부 영역들은 사회적 웰빙이나 직업과 같은 다른 영역에 영향을 준다. 직장에서 하는 일과 이에 대해 우리가 느끼는 감정은 사회적 신체적 웰빙에 영향을 미친다. 더 나아가 우리의 신체적 여가활동들은 우리의 정

서적 웰빙과 직장 근무 습관에 영향을 줄 수 있다. 이러한 삶의 질의 총체성은 특별히 다음 사항들이 필요함을 의미한다.

- 모든 영역에서의 기능과 모든 삶의 영역을 살펴볼 필요가 있다.
- 명백히 보여지는 것 외에도 다른 여러 관점에서 중재가 필요함을 기억해야 한다.
- 우리의 서비스 영역을 넓혀 직업이나 주거와 같은 특정 영역에 대한 강조가 삶의 다른 영역으로도 확대되어야 한다.

삶의 질 접근법의 적용: 개념

앞에서 정리된 삶의 질에 관한 학술적이고 실제적인 작업은 세계 여러 나라의 수많은 사람들에 의해서 수행되어 온 것이다. 이와 같은 작업은 다음 기술된 바와 같이 삶의 질의 개념을 실제로 적용하는 데 크게 기여하였다.

개념은 무엇인가

개념이란 우리가 사물, 사물의 종류, 혹은 어떤 과정을 이해하기 위해 형성되는 보편적 관념이다. 예를 들어, '교통수단'이라는 단어는 이동시키는 방법이라는 개념 또는 보편적 관념이며, 그 개념은 자동차, 비행기, 열차 등과 같은 하부 개념들을 포함하며 이는 운전을 즐기는 것, 열차 안에서 안락하고 편안함과 같은 느낌과 연결된다. 교통수단은 생활의 경험에서 형성되는 많은 개념 중의 하나다. 그러나 우리는 우리 자신이 만들어 낸 관념을 설명하기 위해 개념을 구성하기도 한다. 이러한 개념을 '사회적 구성체'라고 하는데, 이는 실제로 독립적으로 존재한다기보다는 우리 스스로가 존재를 일단 가정하고서 최상이라고 생각되는 방식으로 묘사하기 때문에 존재한다. 예를 들어, 지능, 표준화, 포용 등의 개념들은 인간의 사고를 통해 만들어졌다. 사회적 구성체는 일상 적용의 편의성 때문에 일상생활 경험을 기반으로 창출된다. 흔히 이러한 적용 사례는 현실 세계에서 발견되지만 우리가 만들지 않는다면 저절로 만들어지지는 않는다.

삶의 질 개념

삶의 질은 사회적 구성체 개념이다. 인간의 삶을 향상시키는 데 도움이 되기 때문에 만들어진 보편적 관념이다. 렌윅과 브라운(Renwick & Brown, 1996)은 삶의 질을 몇 가지 중요한 하부 개념으로 이루어진 포괄적인 개념으로 설명하였다. 이 책에서는 삶의 질에 관한 중요한 하부 개념들을 이전 문헌에 따라 포괄적으로 '삶의 질 개념'이라고 하였다.

실무에서 가장 중요한 삶의 질 개념은 삶의 질 접근법을 기술하는 과정에서 이 책의 제1장에서 처음 언급되었던 삶의 질 접근법의 주요 원칙과 이상에서 옮겨왔으며, 이를 상호 관련성이 있는 해당개념들과 함께 〈표 5-3〉에서 다시 정리하였다. 이와 같은 개념들이 다음에 소개되는 모델에서 종합적으로 '삶의 질 개념들'이란 용어를 형성하였다.

표 5-3 삶의 질 접근법의 주요 원칙, 이념, 해당되는 개념

주요 원칙과 이상	해당(상호 관련된) 개념들
주도적 원칙 모든 인간은 질 높은 삶을 누릴 자격이 있다.	질 높은 삶에 대한 인간의 권리
주요 이념 1. 삶의 질은 모든 인간이 공유하고 있는 삶의 측면들을 다룬다.	인간 특성의 보편성
2. 삶의 질은 개인에게 유일한 삶의 측면들을 다룬다.	인간 욕구, 행동 및 수행의 유일성
3. 개인은 자신들이 생각하는 삶의 질이 무엇이며 어떻게 성취할 수 있을까 그것을 표현할 수 있다.	자아실현을 위한 인간 능력
4. 삶과 환경의 모든 부분들은 서로 연결되어 있다.	인간의 삶 내에서의 총체성
5. 삶의 질은 계속 변화한다.	인간 삶의 역동성
적용 원칙 삶의 질 접근법: 1. 개인에게 중요한 것에 가장 집중한다.	개인의 의미와 가치
2. 개인의 만족을 증가시키고 불만을 감소시키는 행동을 하도록 돕는다.	개인이 누리는 기쁨과 행복
3. 개인이 발전할 수 있는 기회가 실현 가능한 범위 내에서 있어야 함을 강조한다.	환경으로부터의 충족되는 인간의 필요조건들
4. 기회에 있어 개인의 선택권이 행사될 수 있도록 노력한다.	인간 자유의지의 유용성
5. 개인의 자아상을 키워 준다.	긍정적 자아상의 유용성
6. 개인의 권한수준을 증대시킨다.	자가 발생적 행동능력
7. 일생 동안 미칠 영향을 고려한다.	장기적 전망을 통한 삶의 틀 마련
8. 개인과 개인 간의 차이를 인식한다.	개인의 유일성

삶의 질 접근법 이용하기 일반적인 발전 순서: 1~3으로 전개	
1. 인생의 기본 필수사항을 획득한다.	일차적 욕구 충족
2. 개인에게 중요한 삶의 측면에서 만족을 경험한다.	개인적 삶에서의 즐거움
3. 높은 수준의 개인만족과 성취를 획득한다.	삶의 상위 영역에서의 성취
삶의 질 상부 및 하부 영역 이용하기 삶의 질 접근법:	
1. 상부 및 하부 영역의 넓은 범위를 이용한다.	일반적인 인간의 특징들 개별적으로 다양하게 표현될 수 있음.
2. 개인의 필요를 나타내는 삶의 질 상부 및 하부 영역들을 사용한다. 이들은 모집단 그룹이나 모집단 자체의 필요를 나타내기도 한다.	개인의 인생에서 상대적 중요성과 적절성 〈표 5-2〉의 예를 참고

목표

개인의 욕구 충족

향유/만족

개인에게 의미 있는 삶

긍정적 자아상

사회적 소속감

향상된 웰빙

🌀 삶의 질 접근법: 실무를 위한 전반적인 개념적 모델

[그림 5-1]에서 삶의 질 접근법 적용을 위한 전반적인 개념적 모델을 보여 준다. 간단한 모델로서 삶의 질 개념과 다섯 가지 서비스의 기초, 즉 평가(종종 측정을 포함), 중재, 정책, 실무, 연구들 간의 관계를 나타낸다.

[그림 5-1] 삶의 질 개념

삶의 질과 다섯 가지 실무 기반

삶의 질 접근법은 삶의 질 개념이 [그림 5-1]과 같이 다섯 가지 실무기반에 포괄적으로 적용되어야 한다고 주장한다. 다음에서 이 다섯 가지 특징을 개별적으로 간단하게 설명한 이후 서로 간 또는 삶의 질과의 관계에 대한 네 가지 특징을 기술하게 될 것이다.

◉ 평 가

평가는 개인들이 삶을 살아가는 환경 내에서 인식하는 필요와 희망사항들을 듣고 이해하는 것을 포함한다. 평가를 위하여 많은 정보 수단을 사용하게 되지만, 개인의 목소리를 듣는 것이 가장 중요하다. 정보를 듣고 모으고 조합하여 해석하는 방법은 다양하

다. 공식적 평가 수단과 비공식적 평가 수단 두가지 모두 유용하며, 공식적인 평가방법에는 현재까지 개발된 한 개 이상의 측정도구들이 포함될 수도 있다.

◉ 중 재

중재는 개인이나 실무자가 어떤 문제나 일련의 문제들을 해결하기 위하여 선택한 목적행위를 말한다. 보통 중재는 필요성이 명백해지면 수행되고 실무자는 대상자와 함께 필요성을 확인한 후 그 사례를 맡아 초기 평가를 실시하고, 실현 가능하며 긍정적인 결과가 산출되도록 계획한다. 도움을 받고 있는 사람과 상의하는 것이 삶의 질 중재의 핵심으로 여겨지지만 심각한 피해가 개인이나 다른 사람들에게 일어났거나 일어날 가능성이 있는 경우 당사자와 상의 없이도 중재가 정당화 될 수 있을 것이다.

◉ 전문적 실무

전문적 실무란 전문가들이 수행하는 일련의 기능들을 말한다. 여기에는 평가와 중재 및 다수의 다른 많은 활동들을 포함한다. 또한 실행되는 기능들을 규율 하는 구조와 법칙, 그리고 수행 방법들도 포함한다. 이는 다른 실무자들이 비슷한 업무를 수행하는 상황 속에서 행해지며 때로는 도움을 주고 때로는 제지를 가하는 조직화된 구조 내에서도 종종 이루어진다. 전문적 실무는 시간에 따라 진화하며 이는 그 기초가 되는 지식의 변화, 실무자의 경험이나 사회적 환경적 조건의 변화에 따라 장기간에 걸쳐 진화하며, 윤리적 규율에 의해 통제 받는다.

165

● 정 책

전문적 실무에 있어서 정책은 사람들이 인정하는 행동 계획이나 수행하는 방법을 의미한다. 공식적인 정책은 법이나 법률, 공문서, 정관, 규례 등으로부터 시작되고, 비공식적인 정책으로는 조직이나 운영그룹에 의해 제안된 예규나 업무지침 등이 있다.

● 연 구

연구는 잘 정립되고 공인된 방법을 사용하여 새로운 지식을 창조하거나 현재 지식을 확대하는 것을 의미한다. 연구는 사고와 논증을 통하여 이론적 지식 또한 체계적인 방법을 이용한 조사와 실험을 통하여 실제적 지식을 창조하고 확대할 수 있다. 연구를 통해 얻어진 지식은 전반적으로 전문적 실무와 정책에 기반이 되거나 구체적인 아이디어를 제공할 수도 있다. 전문적 실무와 정책은 역으로 연구를 통해 지식 발전이 더 필요한 분야를 시사해 주기도 한다.

다섯 가지 실무 기반들은 서로 연관되어 있으며 삶의 질 접근법에서 삶의 질 개념을 반영한다.

- 다섯 가지 모든 실무 기반들, 즉 평가, 중재, 전문적 실무, 정책, 연구를 수행하는 데 있어서 실행 목표들과 목표수행방법은 모두 삶의 질 개념에 따라 구성되어야 한다.
- 삶의 질 접근법은 현재 서비스나 새로운 서비스 개발을 위한 개념이나 구체적인 아이디어를 제공한다. 이는 실무를 위한 전혀 다른 시스템을 제공하는 것이 아니며, 실무자는 지금 속

해있는 일터환경에서, 지금 하고 있는 업무에서, 효율성이 입증된 일반적 수행방법으로 삶의 질 접근법을 수행할 수 있고 또 그렇게 하는 것이 마땅하다. 삶의 질 접근법은 서비스를 받는 사람들의 삶의 질이 좀 더 향상될 수 있는 구체적인 방법들을 제공한다.

- 다섯 가지 서비스 기반은 상호관련성이 있다. 각각은 서로에게 영향을 주고 받는다. 정책과 전문적 실무는 개인의 삶의 질을 지지하도록 도와주는 평가와 중재의 수행환경을 만드는 데 협력해야 한다. 이를 위해서는 효과적인 중재를 위해 요구되는 것들 뿐만 아니라 평가를 통해서 밝혀진 개인의 필요와 희망사항에도 반응할 필요가 있다. 이론적 및 실용적 연구는 정책, 전문적 실무 수행, 평가, 중재의 상호관련성을 더 분명하게 이해하도록 그 핵심 요소의 하나로서 실무에 융화되어야 한다. 또한 모든 연구는 개인의 필요와 희망사항에 영향을 받아야 하고, 연구에서 발견된 것들은 역으로 개인의 삶과 연관성이 있어야 한다.

- 다섯 가지 실무 기반들은 서로 얽혀 있지만 개인이 인식하는 필요와 희망사항을 평가(공식적 평가와 측정을 포함)하는 것이 주요한 필수요건이다. 중재는 평가 이후의 결과에 따라 이루어진다. 나머지 세 가지 실무 기반들은 중재를 진행하는 과정에서 서로 협응하고 효율적인 중재를 위한 환경을 조성해 주는 역할을 해야 한다.

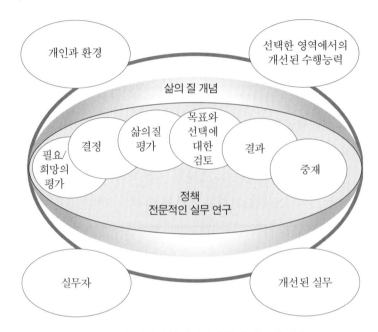

[그림 5-2] 평가와 중재에서의 삶의 질 모델 사용

주요 실무로서의 평가와 중재

실무자가 삶의 질 접근법을 업무에 적용하기 시작할 때, 구체적인 업무수행 방법으로 삶의 질의 중심 개념들을 사용한다. 다섯 가지 실무기반들 모두에 대하여 그렇게 하는 것이 중요하지만, 평가와 평가로부터 도출된 중재가 대부분의 실무자들이 하는 주된 업무다. 이러한 이유로 [그림 5-2]와 같이 모델을 확장시켜 평가와 중재의 구성을 나타내었다.

실제로 서비스를 수행하는 데 있어서는 개인이 실무자들에게 다양한 방법을 통해 한 가지 혹은 여러가지 문제를 제기하는 것이 일반적이다. 어떤 사람들은 도움을 청하기 위해 스스로 실무자를 찾기도 하고 다른 전문가들에 의해 의뢰되기도 하지만, 응급상황이나 위기상황에 처해서야 실무자들과의 접촉이 이루어지는 경우도 있다. 어떤 사람들은 새로운 문제가 발생될 때 이미 실무자-의뢰인 관계가 형성되어 있다. 다른 사람들은 (실무자-의뢰인 관계형성과 무관하게) 한두 사람의 실무진으로부터 단순히 계속되는 지원이 필요할 뿐이다. 개인과 실무자가 어떻게 함께하게 되었든지 간에 초기에 실무자에게 요구되는 것은 대상자 자신이 인식하는 요구와 희망사항이 무엇인지를 파악하는 것이다.

여기에서 삶의 질 접근법에 있어 중요한 두 가지는 다음과 같다.

첫째, 실무자들은 개인이 살고 있는 환경을 가능한 잘 이해할 필요가 있다. 환경을 관찰하고 이 안에서 개인이 활동하는 방법을 관찰하는 것이 필요하다. 둘째, 실무자는 개인들이 현재 문제에 대하여 스스로의 견해를 말할 수 있도록 물어보고 이를 귀담아 듣고 그들이 스스로 표현한 희망사항이 무엇인지 이해할 필요가 있다. 중재결과가 최상의 효과로 이어지려면 개인의 환경과 개인 스스로 표현한 희망과 실행되는 중재는 적절한 관계가 있어야만 한다.

실무자들과 개인은 초기평가 후 중재의 지속 여부를 결정할 필요가 있다. 어떤 경우에는 현재 문제를 해결하기 위해서 현 실무자는 도움을 주기에 가장 적합하거나 자격을 갖춘 사람이 아닐 수도 있고 또 다른 경우는 그 실무진이 속한 조직의 권한 밖이어서 문제를 해결하기에 부적절할 경우도 있다. 또한 상황이 변하지 않는다면 실무자가 계속 일을 진행하지 않을 수도 있다. 예를 들어, 라일라는 지역사회 복지담당자를 찾아와 하숙집에서 사는 다른 사람들과의 문제로 그녀가 이사할 수 있도록 도와줄 것을 요청했다. 하지만 그 복지담당자는 이전에도 똑같은 문제로 라일라가 세 번이나 이사하는 것을 도와주었으며, 지금은 라일라가 다른 사람들과 잘 지낼 수 있도록 도와주는 중재를 진행하고 있다. 이 복지담당자는 라일라의 이사를 도와주고 싶지만 먼저 이웃과 잘 지낼 수 있는 방법을 배우도록 권고하였다. 개인 역시 실무자와 논의 이후 일을 진행하지 않을 수도 있다. 너무 많은 노력이 현재 문제를 해결하는 데 필요하다거나 원래 마음에 두었던 활동이 논의 후에는 좋은 생각이 아니었다라고 결론을 내릴 수도 있다.

만약 실무자와 개인이 진행하기로 결정한다면 삶의 질 접근법에 근거로 한 공식적 평가가 이루어져야 한다(자세한 것은 제6장 참조). 실무자와 개인이 진행하기로 합의하게 되면 평가를 통해 합의 당시 설정된 목표와 선택이 수정되기도 한다. 그 이유는 원래 의도되어있던 계획을 재조명해 주는 새로운 정보가 평가를 통해서 드러나기 때문이다. 예를 들어, 야맹증을 가진 사이드는 일주일에 두 번 밤에 외출하는 것을 도와줄 자원자를 찾았다. 하지만 평가를 통해 사이드는 주중에 힘든 직업을 가지고 있기 때문에 이러한 일이 어렵다고 판단되어 생활방식이나 에너지 측면에서 주 1회가 더 적절하다고 결정되었다. 다른 상황이었다면 사이드가 일주일에 두 번 혹은 세 번까지도 도와줄 자원자를 선택했을 수도 있다.

제7장에서 더 많이 다루겠지만, 중재는 명확한 목표를 세우고 이러한 목표를 성취할 수 있는 방법을 가지고 시작되어야 한다. 중재는 가능한 개인의 소원, 결정, 견해를 따라서, 그리고 개인에게 힘을 불어넣을 수 있고 자아상을 향상시킬 수 있는 모든 기회

를 찾아 진행해야 한다. 중재의 결과는 신중히 평가되어야 하며 개인이 향상되기를 원했던 분야에서 얼마나 수행능력이 향상되었는지를 알아봄으로써 중재의 효과를 파악해야 한다. 만약 중재가 성공적이라면 향상된 수행능력으로 인해 개인이 살고 있는 환경 내에서의 삶의 질은 향상되어야 한다.

두 번째 중요한 중재 결과는 중재가 서비스를 향상시킨다는 것이다. 한 사람에게 성공적이었던 중재는 비슷한 중재를 받아야 하는 다른 사람들에게 동일한 목표와 전략을 제공한다. 예를 들어, 소냐는 강박신경증을 가진 사람들이 집을 떠나 직장에 나가는 것을 도와주는 10주 프로그램을 시행하여 많은 성공을 경험하였다. 그녀의 치료방법은 그녀가 소속된 기관에서 순수 성공률만으로 최고의 서비스 사례가 되었다. 이 향상된 서비스는 치료사인 그녀에게 유익했을 뿐만 아니라 그녀의 성공적인 치료방법에 도움을 받은 동료들에게도 유익했다.

삶의 질 개념을 평가와 중재에 반영하기

삶의 질 접근법을 이용하여 평가하고 그에 따른 중재를 계획하는 실무자는 삶의 질 개념을 자신의 모든 업무에 덧붙일 필요가 있다. 이를 위해 〈표 5-3〉에서 제시되었던 몇 가지 개념들과 [그림 5-2]의 여섯 가지 평가 및 중재 단계와 이후 장에서 다룰 몇 가지 주요 분야를 합하여 다음 표로 나타내었다. 조합된 내용들은 다음의 표에 제시되었다. 이 장의 이후에서 언급되는 상세한 내용들과 실무자들의 생각과 오랜 경험들이 덧붙여지면 구체적인 업무 현장에 더 잘 적용될 수 있을 것이다.

171

삶의 질 개념을 평가와 중재에 반영하기

개인과 환경을 보라.

- 개인자신의 삶에 대한 경험
- 대부분 사람들에게 일반적인 개인 영역
- 개인이 살고 있는 환경, 사회와 역사적 상태
- 대부분 사람들에게 일반적인 환경 영역

실천을 위한 우선순위를 정하라.

- 첫째: 기본 필수요건(의식주)
- 둘째: 중요한 삶의 영역에서의 만족감
- 셋째: 상위 영역에서의 만족감과 삶의 의미를 성취

초기 평가를 수행하라.

- 필요사항 결정
- 희망사항 결정
- 필요, 희망사항이 단기/장기 그리고 즉시/차후인지 결정

개인으로부터 다음 정보를 얻을 방법을 결정하라.

- 객관적 지표들
- 개인 인식
- 개인 중요성과 가치
- 개인 목표

두 가지 중요한 측면을 고려하라.

- 총체성/영역들

- 시간경과에 따라 바뀌는 삶의 양상

평가하고 적용할 것에 집중하라.
- 가치 있고 적절하고 중요한 것
- 만족감
- 향상될 기회
- 개인의 선택
- 자아상
- 권한

다른 실무 요인들을 고려하라.
- 가족과 지인들에 대한 영향
- 전문가적 고려
- 윤리적 문제
- 정책과 관리 문제

목표(종착점)를 살펴보라.
- 향상된 웰빙
- 향유/만족
- 개인적으로 의미 있는 삶
- 긍정적 자아상
- 사회적 소속감

실무자들은 우선 제시된 문제를 개개인이 살고 있는 환경의 측면에서 바라볼 필요가 있고 개인과 환경 두 가지 측면 모두에서 어떤 부분은 개인에게 유일하며 또 어떤 부분은 다른 사람들과 공유하는지를 고려해 보아야 한다. 예를 들어, 음악으로 자신을 표현하고 싶어하는 사람은 삶의 목표를 문화와 시간을 초월한 모든 사람과 삶의 목표를 공유하는 것이지만 백파이프처럼 아주 특별한 악기를 배우기 원하는 사람은 소수의 사람들만이 공유하는 어떤 사고를 표현하고 있는 것이다. 개인과 환경을 살피는 이 단순한 과정을 통해 실무자들은 제시된 문제 범주를 이해하는 데 도움을 받을 수 있을 것이다.

　다음으로 실무자들은 우선순위를 확정해야 한다. 첫 번째는 기본적인 필수요건에 있어야 하고 두 번째는 서비스 대상자에게 중요한 삶의 측면들에 대한 만족감에, 그리고 세 번째는 최상위 영역에서의 만족감과 삶의 의미에 있어야 한다. 실무자들은 이러한 정보—때로는 매우 빠르고 쉽게 파악될 수 있는 정보—를 바탕으로 더 나아가 상세평가를 하는 데 헌신할 수 있다.

　평가를 어떻게 수행하느냐는 매우 중대한 문제이며 상황에 맞게 대응할 필요가 있다. 예를 들어, 운동기능을 도와줄 보조도구를 찾는 사람에게는 간단한 인터뷰만으로도 충분하지만 전반적인 삶에 대처하는 것을 어려워하는 사람, 원하는 것을 명확하게 표현하지 못하는 사람, 또는 다수의 문제를 가진 사람을 돕기 위해서는 포괄적인 평가가 필요하다. 객관적 또는 공식적인 지표와 개인 인식을 탐색하는 정도는 임상적으로 아주 중요한 결정이다. 보통 몇 가지 평가정보의 출처가 도움이 되기도 하지만 모든 것은 개인의 삶에서 얼마나 중요하고 어느 정도 연관성이 있는지를 감안하

여 해석되어야 한다. 〈표 5-3〉의 원칙과 이념은 평가할 때 무엇에 초점을 맞추어야 하는지 결정하고 중재를 위한 청사진을 그리는 데 필요한 기초 틀을 제공한다. 하지만 이를 위해서는 개인, 가족 및 타인뿐만 아니라 그들 사이의 관계, 서비스 표준, 윤리, 정책과 경영에 있어서 현재 또는 미래에 미치게 될 영향을 모두 고려하는 것이 필수적이다. 마지막으로 평가를 실시하고 중재를 계획할 때 중요한 것은 향상된 웰빙, 개인이 중요하게 여기는 활동의 향유, 전반적 또는 특정 삶의 영역에서의 만족감, 개인적 삶의 의미, 향상된 자아상, 증가된 사회참여 기회 등의 변화가 있을지 미리 숙고해 보아야 한다는 것이다. 이러한 목표를 성취하는 것이 실무를 수행함에 있어서 삶의 질 접근법을 시도하는 바로 그 중요한 목적이다.

🍃 마지막 몇 마디

이 장에서는 실무에 있어서 삶의 질 접근법을 이용하는 간단한 모델을 소개하였다. 이 모델은 평가와 중재에 대해서 더 확대되어 제시되었는데 이는 이 두 가지가 대부분 실무자들의 업무에 중심이 되기 때문이다. 다음 장들에서는 이 모델의 하부 영역들, 즉 평가, 측정, 개인의 중재, 가족 내 중재, 전문적 실무와 정책, 윤리, 경영의 문제들까지 포함하는 수많은 내용을 제시하여 실무자들이 고려하고 사용할 수 있도록 도울 것이다. 서문에서 설명하였듯이 전문적 활동 중 다섯 번째 기반인 연구는 이 책에서 중점을 두어 다루지 않는다. 그러나 이 모델의 다른 영역들과의 관계에서 연구가 갖는 중요성은 결코 과소평가되어서는 안 될 것이다.

175

사고와 논의

1. 다음 주장에 대하여 찬성과 반대의 입장에서 논하고 결론을 요약하라. '개념적인 모델은 매일 현장에서 실무자들이 하는 일과는 별로 관련성이 없다.'

2. 이 장에서 우리는 삶의 질의 정의는 그 개념이 아직도 발전 되고 있기 때문에 지금 규정되어서는 안 된다는 입장을 취하 였다.

   (a) 이 장에서 언급된 다음의 개념들이 정의되어야 하는지, 만약 그렇다면 그 정의가 시간이 지남에 따라 변화할 수 있을지에 대해서 논하라.

   이동수단, 총체성, 사회적 소속감

   (b) 삶의 질을 정의하는 문제를 다시 생각해 보라. 그리고 현 재 삶의 질을 정의하는 것에 대해 찬성과 반대의 이유를 제시하라.

3. 당신 삶의 모든 다양한 영역과 당신이 살고 일하는 다양한 환 경들의 간단한 목록을 작성해 보라.

   (a) 이 각각의 영역들에서의 삶의 질이 당신 전체의 삶의 질 에 어느 정도 영향을 미치는가?

   (b) 이러한 분석이 총체성과 영역 사용에 대한 당신의 생각에 어떤 편견을 주는가?

4. 평가가 실무자로서 당신이 하는 일에 얼마나 중요한가? 당신의 업무 구조상 평가에 얼마만큼의 강조점을 두는가?

참고문헌

Bach, M., & Rioux, M. H. (1996). 'Social well-being: A framework for quality of life research.' In R. Renwick, I. Brown and M. Nagler (Eds.), *Quality of Life in Health Promotion and Rehabilitation: Conceptual Approaches, Issues, and Applications.* Thousand Oaks, CA: Sage.

Brown, R. I. (1999). 'Learning from quality of life models.' In M. P. Janicki and E. F. Ansello (Eds.), *Community Supports for Aging Adults with Lifelong Disabilities.* Baltimore, MD: Paul H. Brookes.

Brown, R. I., Bayer, M. B., & MacFarlane, C. (1989). *Rehabilitation Programmes: Performance and Quality of Life of Adults with Developmental Handicaps.* Toronto: Lugus.

Brown, R. I., Brown, P. M., & Bayer, M. B. (1994). 'A quality of life model: New challenges arising from a six year study.' In D. Goode (Ed.), *Quality of Life for Persons with Disabilities: International Perspectives and Issues.* Cambridge, MA: Brookline Books.

Cragg, R., & Look, R. (1992). *Compass: A Multi-perspective Evaluation of Quality of Life.* Birmingham, UK: Cragg.

Cummins, R. (1997). 'Assessing quality of life.' In R. I. Brown (Ed.), *Quality of Life for People with Disabilities: Models, Research and Practice, 2nd edition.* Cheltenham, UK: Stanley Thornes.

Cummins, R. A. (2000). 'Objective and subjective quality of life: An interactive model.' *Social Indicators Research, 52,* 55-72.

Dossa, P. A. (1989). 'Quality of life: Individualism or holism? A critical review of the literature.' *International Journal of Rehabilitation Research, 12*(2), 121-136.

Felce, D., & Perry, J. (1997). 'Quality of life: The scope of the term and its breadth of measurement.' In R. I. Brown (Ed.), *Quality of Life for People with Disabilities: Models, Research and Practice, 2nd edition*. Cheltenham, UK: Stanley Thornes.

Goode, D. A. (1988). *Quality of Life for Persons with Disabilities: A Review and Synthesis of the Literature*. Balhalla, NY: Mental Retardation Institute.

Goode, D. A. (1990). 'Thinking about and discussing quality of life.' In R. L. Schalock (Ed.), *Quality of Life: Perspectives and Issues*. Washington, DC: American Association on Mental Retardation.

Goode, D. A. (1997). 'Assessing the quality of life of adults with profound disabilities.' In R. I. Brown (Ed.), *Quality of Life for People with Disabilities: Models, Research and Practice, 2nd edition*. Cheltenham, UK: Stanley Thornes.

Heal, L. W., & Chadsey-Rusch, J. (1985). 'The Lifestyle Satisfaction Scale (LSS): Assessing Individuals' Satisfaction with Residence, Community Setting and Associated Services.' *Applied Research in Mental Retardation, 6*, 475-490.

James, O. (1997). *Britain's on the Couch: Why We're Unhappier Compared with 1950 Despite Being Richer: A Treatment for the Low Serotonin Society*. London: Century.

MacFarlane, C., Brown, R. I., & Bayer, M. B. (1989). 'Rehabilitation programmes study: Quality of life.' In R. I. Brown, M. B. Bayer and C. MacFarlane (Eds.), *Rehabilitation Programmes: Performance and Quality of Life of Adults with Developmental Handicaps*. Toronto: Lugus.

Parmenter, T. R. (1988). 'An analysis of the dimensions of quality of life for people with physical disabilities.' In R. I. Brown (Ed.), *Quality of Life for Handicapped People*. Beckenham, UK: Croom Helm.

Parmenter, T. R. (1994). 'Quality of life as a concept and a measurable entity.' In D. R. Romney, R. I. Brown and P. M. Fry (Eds.),

Improving the Quality of Life: Recommendations for People With and Without Disabilities. Dordrecht, The Netherlands: Kluwer Academic.

Parmenter, T. R. (2001). 'Intellectual disabilities–Quo vadis?' In G. L. Albrecht, K. D. Seelman and M. Bury (Eds.), *Handbook of Disability Studies.* Thousand Oaks, CA: Sage.

Renwick, R., & Brown, I. (1996). 'The Centre for Health Promotions conceptual approach to quality of life: Being, Belonging, and Becoming.' In R. Renwick, I. Brown and M. Nagler (Eds.), *Quality of Life in Health Promotion and Rehabilitation: Conceptual Approaches, Issues, and Applications.* Thousand Oaks, CA: Sage.

Rootman, I., Raphael, D., Shewchuk, D., Renwick, R., Friefel, S., Garber, M., Talbot, Y., & Woodhill, D. (1992). *Development of an Approach and Instrument Package to Measure Quality of Life of Persons with Developmental Disabilities.* Toronto: Centre for Health Promotion, University of Toronto.

Schalock, R. L. (1997a). 'Can the concept of quality of life make a difference?' In R. L. Schalock (Ed.), *Quality of Life, volume 2: Application to Persons with Disabilities.* Washington, DC: American Association on Mental Retardation.

Schalock, R. L. (1997b). 'The concept of quality of life in the 21st century disability programmes.' In R. I. Brown (Ed.), *Quality of Life for People with Disabilities: Models, Research and Practice, 2nd edition.* Cheltenham, UK: Stanley Thornes.

Schalock, R. L., & Verdugo, M. A. (2002). *Handbook on Quality of Life for Human Service Practitioners.* Washington, DC: American Association on Mental Retardation.

Schalock, R. L., Brown, I., Brown, R. I., Cummins, R., Felce, D., Matikka, L., Keith, K., & Parmenter, T. (2000). *Quality of Life: its Conceptualization, Measurement and Application: A*

Consensus Document. Document for the WHO-IASSID Work Plan. The Special Interest Research Group on Quality of Life. The International Association for the Scientific Study of Intellectual Disabilities. Available online at www.iassid.org

Schumaker, J. F., Shea, J. D., Monfries, M. M., & Groth-Marnat, G. (1993). 'Loneliness and life satisfaction in Japan and Australia.' *Journal of Psychology, 127,* 65-71.

Taylor, S. J. (1994). 'In support of research of quality of life, but against QOL.' In D. Goode (Ed.), *Quality of Life for Persons with Disabilities: International Perspectives and Issues.* Cambridge, MA: Brookline Books.

World Health Organization (1999). *International Classification of Functioning and Disability* (ICIDH-2). Geneva: Author.

제6장

삶의 질 평가와 측정

우리는 삶의 질이 무엇인지 그리고 삶의 질이 사람들의 삶에 얼마나 유용한 개념인지에 대해 배웠다. 삶의 질에 대한 접근은 전문가들에게 그 이상을 요구한다. 즉, 전문가들이 하는 일에도 유용하게 활용될 필요가 있다. 우리는 5장에서 삶의 질의 개념이 평가와 중재에 어떻게 사용되어질 수 있는지 배우기 시작했다. 우리는 이 장에서 삶의 질 접근방법을 통한 평가와 평가 내에서 삶의 질을 측정하는 부분에 대해 더욱 자세하게 고찰하고자 한다. 중재에 대한 평가 적용은 7장에서 더욱 자세하게 다룰 것이다.

평가와 측정은 무엇인가

장애인 전문 영역에서 삶의 질 접근 방법을 통한 평가 과정에는 다음과 같은 것들이 있다.

1. 어떤 특별한 이유로 인해 우리가 주목하게 된 상황에 대한 조사
2. 그러한 상황에 대해 가능한 많은 정보 수집
3. 상황의 긍정적인 면(삶의 질의 원천)과 그리고 부정적인 면(필요)에 대한 분석
4. 개인의 웰빙을 향상시키는 것을 도와주는 요인과 발전을 방해하는 요인에 대한 이해

각각의 네 가지 평가 단계는 중요하지만 두 번째 단계인 정보를 모으는 것은 어떻게 하면 삶의 질 접근법을 지속적으로 적절하게 사용할 수 있는지 이해하는 데 매우 중요하다. 따라서 정보 수집

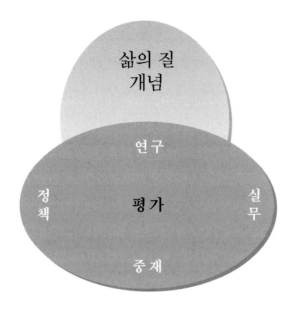

[그림 6-1] 삶의 질 접근: 평가

이 바로 6장의 주요 관점이다.

정보는 여러 가지 방법으로 수집될 수 있지만 체계적인 방법
으로 수집하는 것이 대체적으로 훨씬 더 좋다. 측정은 정보를 수
집하는 것을 묘사하는 용어다. 측정에는 여러 가지 유형이 있다.
예를 들면, 우리는 빵을 구울 때 매번 재료들의 부피를 측정한다.
또한 은행이나 부동산과 같은 자산을 추적하여 재정적인 성공의
정도를 측정한다. 그리고 우리는 사고 범위 내에서 우리의 말과
행동에 타인이 어떻게 반응하는지를 주목하고 그것들이 타인에
게 미치는 영향을 측정한다. 측정의 각 유형은 의도하는 목적에
따라 각각 다른 특성을 가진다. 예를 들면, 빵을 구울 때 우리는
맛을 좋게 하기 위해 계량컵과 계량스푼을 사용하여 정확한 비

율로 재료를 측정하는 것이 필요하다. 우리가 사용하는 측정 방식이 무엇이고 그 목적이 무엇이든지 공통된 특성은 어떤 구조나 체계를 제공하여 그 안에서 정보를 수집하고 기록할 수 있다는 것이다.

1단계: 상황 조사

장애인과 관련된 분야에서 일하는 실무자들은 여러 가지 이유로 평가가 요구되는 상황을 접하게 된다. 그러나 전형적으로 특별히 평가가 요구되는 한 가지 이유는 어떤 문제나 어려움이 지원, 중재, 방향 전환이나 실제적인 도움이 요구될 정도로 상당히 커지는 경우다. 종종 위급한 상황에서는 즉각적인 관심이 필요하기도 하고 때로는 그다지 위급하지 않지만 개인의 삶이 진보하거나 퇴보하지 않도록 관심이 요구되기도 한다. 또한 상황을 살펴보기 시작할 때 그렇게 행동한 이유와 위급한 정도를 이해하는 것은 필수적이다. 대상자들이 그 상황에 대하여 어떻게 느끼고, 평가와 반응에 어떻게 참여할 것인지를 이해하는 것도 필수적이다.

2단계: 정보 수집

특별한 이유로 우리가 관심을 가지게 된 어떤 상황에 대해 정보를 수집하는 것은 평가의 가장 중요한 측면이다. 정보의 수집은 다음 두 가지 특징을 가져야 한다.

• 진위성: 정보는 정확하고 상황의 실제적인 면을 반영해야 한

다. 또한 신뢰성이 있어야 한다. 즉, 여러 가지 상황과 여러 사람을 통해 그 진위성을 확인할 수 있어야 한다.

• 공정성: 정보는 상황에 가장 밀접하게 관련된 사람들의 관점으로부터 그 상황을 묘사할 수 있어야 한다.

정보는 다양한 방법으로 수집된다. 우리는 상황에 대해서 알기 위해 그리고 사람들이 상황에 대하여 어떠한 감정을 가지고 있는지, 그러한 감정에 영향을 주는 요소들이 무엇인지에 대해 알기 위해 그들과 대화한다. 우리는 사람들의 환경과 행동을 관찰한다. 우리는 다른 사람들에게 이야기, 사건, 반응 등을 듣는다. 우리는 시간이 지나면서 상황이 어떻게 바뀌고 사람들이 이러한 변화에 대해 어떻게 반응하는지에 주목한다. 삶의 질 접근법을 통해 정보를 수집하는 세 가지 주된 방법을 다음에 기술하였다.

기존의 평가 방법에 삶의 질 추가

실무자들은 그들의 수련과정과 전문적 실무에서 정보 수집이 필수적인 부분이기 때문에 매우 익숙하다. 오랫동안 지속적으로 실무자들이 사용해 온 몇 가지 일반적인 정보 수집 방법들은 다음을 포함한다.

• 당사자 면접 또는 대화
• 그 사람을 잘 아는 타인과 면접 또는 대화
• 타인과 대화하는 것 듣기
• 혼자 또는 타인들과 함께하는 행동 관찰
• 생활환경 관찰

185

- 구두 또는 설문지를 이용하여 당사자 또는 타인이 응답하도
  록 질문
- 표준화된 평가도구를 당사자 또는 타인이 응답하도록 질문
- 다른 전문가 또는 가족들이 작성한 보고서 읽기
- 일기, 차트, 주간 요약, 노트, 컴퓨터 데이터와 같이 정보기록
  을 목적으로 보관되는 자료 참고
- 표준화된 평가와 같은 공식적인 과정 수행

경험 있는 실무자들은 이미 이러한 방법을 사용하여 정보를 수집하는 것에 익숙하다. 학생들이나 이제 갓 실무를 시작하는 자들은 이러한 것들을 효과적으로 사용하는 기술을 축적해 나가게 될 것이다. 삶의 질 접근방법을 사용한 정보수집도 이와 같은 과정을 사용하지만 여기에 추가적으로 더 포함되는 개념들이 있다. 위에 기술된 각각의 방법을 사용할 때 실무자들은 다음에 기술한 여덟 가지 주요 개념을 얼마나 잘 적용하고 있는지를 그때그때마다 스스로에게 물어보면서 성과를 평가해야 한다.

● 공통적 개념
- 총체성: 단순하게 현재 당면한 문제보다 전체적인 삶과 환경
  을 보라.
- 삶의 단계에서의 적절성: 개인이 인생에서 어떠한 단계에 있
  는지 고려하라. 대상자가 자신의 삶의 단계를 어떻게 인식하
  고 있는지 탐색해 보라.

◉ 개인에게 특별한 개념

• 개인 중심   대상자의 관점으로부터 상황을 보고 무엇이 대상에게 가치 있고 중요한 것인지 고려하라.

• 감정적인 인식   대상자의 감정, 특히 상황에 대한 만족과 불만족의 정도를 주의 깊게 관찰하라.

• 선택의 가능성 인식   대상자가 행동에 대한 선택이 가능하다는 것과 현실적으로 달성할 수 있는지 알고 있는 정도를 이해하라.

• 개인적인 의사결정   대상자가 자신에게 부여된 상황에 대해 의사결정을 내리는 것을 어느 정도 권한 상승으로 여길지 아니면 스트레스나 도전적인 문제로 여길 수 있을지 가늠해 보라.

• 자아고취   어떻게 대상자의 자아상이 고취될 필요가 있으며 그 가능성이 있는지 주의 깊게 생각해 보라.

• 권한부여   현재 상황에서 반응하여 한 행동을 통해 어떻게 대상자가 권한을 얻을 필요가 있으며 그 가능성이 있는지 이해하라.

삶의 질의 직접적인 평가

삶의 질 접근방법을 통하여 정보를 수집하는 두 번째 방법은 개인의 삶의 질을 직접적으로 평가하는 것이다. 여기서 우리는 다양한 삶의 측면들이 서로 연결되어 있기 때문에 반드시 현재 당면한 문제뿐만 아니라 전체적으로 개인의 삶의 질을 평가하는 것이 중요하다고 가정한다. 지금 당면한 문제는 실무자가 인식하지 못한 다른 문제들과 연관되어 있을 수 있다. 다른 한편으로 그 문제는 개인의 삶에서 이미 존재하는 많은 긍정적인 삶의 질의 원천으로

187

부터 지원을 받고 있을 수도 있다. 이는 개인의 전체적인 삶의 질
을 보는 평가를 통하여 알 수 있다. 이러한 삶의 다양한 측면들의
관계는 상호 간에 도움이 될 수 있다는 것을 시사한다(다음의 예를
살펴보라).

삶의 질-평가의 예

조안은 자신이 임신한 것을 알았을 때 지역사회의 사회복지사를
찾아갔다. 그녀에게는 몇 가지 인지장애가 있었기 때문에 다른 사람
의 도움 없이 아기를 낳고 돌볼 수 있을지 확신할 수 없었다. 삶의
질에 대한 평가를 통하여 그녀에게 더 심각한 여러 가지 상황들이
발견되었다. 조안의 남편은 그녀를 육체적으로 학대했으며 그녀는
구조조정으로 직장을 잃게 될 상황이었다. 그러나 이 평가는 조안의
삶에서 몇 가지 삶의 질의 원천을 밝혀 주기도 했다. 그녀는 아파트
내에서 의지할 수 있는 몇 명의 친구가 있었고, 그녀의 부모는 정기
적으로 방문하여 실질적인 일들을 도와주었다. 그녀는 자신의 임신
에 관하여 더 알기 위해 다른 전문가들로부터 도움을 기꺼이 받아들
였고 학대하는 남편과 별거할 계획을 가지고 있었으며 그녀의 삶을
지탱해 준 종교적인 신앙이 있었다. 그리고 그녀에게는 최선을 다해
어려움을 극복하고자 하는 강력한 동기가 부여되어 있었다. 몇 가지
문제가 되는 심각한 현상들에도 불구하고 그녀와 사회복지사가 문
제들을 바로잡을 유용한 계획을 준비할 수 있다는 것이 조안의 질적
원천이었다.

◉ 개념구조

삶의 질 평가는 특별한 개념구조를 사용한다. 최근 이러한 개념구조의 여러 종류가 개발되었다. 이러한 방법 중 한 가지는 토론토 대학교의 건강증진센터에서 저자 중 한 명인 이반 브라운과 그의 동료들이 개발하여 사용하고 있다. 여기에 이와 같은 개념구조들이 어떻게 활용되는지 한 가지 예를 제시한다(Brown, Raphel, & Renwick, 1997 참조).

세 가지 삶의 영역

1. 존재 – 개인의 자아
2. 소속 – 개인 삶에서의 사람들과 장소
3. 활동 – 개인이 삶에서 하는 일

아홉 가지 삶의 하위 영역

1. 신체적인 존재 – 신체와 건강
2. 정신적인 존재 – 생각과 감정
3. 영적 존재 – 믿음과 가치
4. 신체적인 소속 – 사람이 살고 일하는 장소
5. 사회적인 소속 – 개인의 삶에서 만나는 사람들
6. 환경적인 소속 – 개인의 환경에서 얻을 수 있는 자원
7. 실제적인 활동 – 일상생활에서 하는 실제적인 활동
8. 여가 활동 – 재미와 오락을 위한 활동
9. 성장을 위한 활동 – 문제해결과 발전을 위한 활동

각각의 하위 영역에 대한 여섯 가지 질문 항목(전체 54개 설문항목)

예시: 신체적인 존재

1. 나의 외모 – 내가 타인에게 보이는 모습

2. 운동과 컨디션 유지

3. 개인위생

4. 음식과 영양

5. 신체적 건강

6. 성생활

각 항목에 대한 네 가지 중요한 질문

1. 이러한 삶의 측면이 본인에게 얼마나 중요한가(본인의 삶과 얼마나 관련 있는가)?

2. 이러한 삶의 측면에 대해 본인은 얼마나 만족하는가?

3. 이러한 삶의 측면에서 본인에게 주어지는 기회가 있는가?

4. 이러한 삶의 측면에서 본인이 원하는 대로 결정을 내리는가?

삶의 질 평가 구조는 개인의 삶에 대한 많은 양의 정보를 수집할 수 있도록 해 준다. 한 번에 아니면 여러 번에 걸쳐서 정보를 수집할 수도 있다. 모든 경우는 정기적으로 검토되고 지속적인 평가 과정으로 수정되어서 개인의 삶에서 변화하는 상황을 정확하게 반영할 수 있도록 해야 한다. 삶의 질은 계속 변화하므로 삶의 질 평가 또한 그 변화하는 본질에 따라 조정될 필요가 있다는 것을 명심하라.

● 개인의 관심, 활동, 필요 평가

브라운과 베이어(Brown & Bayer, 1992)는 삶의 질에 대한 재활 프로그램 연구에서 삶의 질 평가도구를 개발했다. 이 평가도구는 질적으로 매우 좋은 정보를 제공한다는 것이 알려져 세계 여러 국가에서 다양한 업종의 실무자들이 사용하고 있다. 이 평가도구는 일상적이고 격식없이 편안한 환경에서 시행하기 쉬우며 삶의 질과 관련된 풍부한 정보를 제공한다. 인터뷰 프로토콜은 가정, 고용, 여가를 포함하는 열한 가지 주요 삶의 영역을 포함한 등급평가와 개방형 답변으로 구성되어 있다. 질문 내용은 활동의 종류뿐만 아니라 활동량도 포함한다. 신뢰도는 2백 명 이상의 사람들에게 반복 측정되었지만 다른 사람들의 정보와 비교한 자료를 제공하지는 않았다. 오히려 삶의 질은 개인의 문제로 여겨지므로 부모나 다른 1차 간병인에게 동일한 설문을 실시하고 직접 비교하여 인식의 차이를 조명해 볼 수 있을 것이다.

● 삶의 질 측정

체계적인 방법으로 측정하거나 정보를 수집하는 것은 지난 몇 년간 매우 강조되어진 삶의 질에 대한 작업 영역이었다. 이에 우리가 사용할 수 있는 몇 가지 훌륭한 삶의 질 측정도구가 개발되었다.

개발된 측정 방법과 도구를 기술하기 전에 측정의 두 가지 측면—객관적/주관적인 측정법, 그리고 양적/질적 자료—을 이해하는 것이 중요하다. 다음 설명한 이 두 가지 측면은 특정한 상황에서 어떤 종류의 측정법이 가장 적합한지를 판단하는 데 도움이 될 것이다.

191

● 객관적/주관적 측정법

객관적인 측정법은 여러 시기에 여러 사람들에 의해 같은 방법으로 측정되어질 수 있기 때문에 '진실성', 즉 외적 타당도를 가지는 측정법을 묘사하기 위해 사용된 용어다. 예를 들면, 킬로미터 (km)를 사용하여 두 도시 간의 거리를 측정하는 것은 누가 측정하든 언제 측정하든 바뀌지 않는다. 객관적인 측정에는 무게, 높이, 인구 수, 투표율, 혈압, 휠체어 사용인구, 사실상 우리의 삶과 일등 수많은 영역에서 매우 다양한 종류의 측정 척도가 사용된다. 객관적인 측정은 또한 개인이 어떤 것에 대한 '진실성'을 이해하는지 여부를 입증하는 데 유용하다. 왜냐하면 같은 상황을 보는 모든 사람들은 같은 방식으로 질문에 응답할 수 있어야 하기 때문이다. 예를 들어, '밖에 눈이 오나요?'라는 질문에 현실 인식문제가 없거나 심각한 인지장애가 없다면 '네' 혹은 '아니요'라고 그들이 보거나 느끼는 대로 응답할 것이다.

한편 주관적인 척도는 다른 종류의 진실성 또는 정보를 기록한다. 이것은 사람들의 사물, 생각, 감정, 행동, 가치에 대한 인식을 기록하는 방법을 묘사하기 위해 사용한 용어다. 주관적인 측정 방법은 생각과 감정의 표현에 중점을 두고 정보를 기록하지만 다른 상황에서 다른 사람에 의해서도 표준화된 방법을 사용하여 신뢰성 있게 수집될 수도 있다. 사람과 사람의 삶의 변화에 대한 많은 특성들이 주관적으로 측정될 수 있고 이것들이 바로 측정이 필요한 특성들이다. 예를 들면, 조한이 아침에 출근하기 위해 집을 나섰을 때는 기분이 좋아 휘파람을 불며 버스를 타러 갔다. 그런데 오전 중에 그녀는 극도로 걱정스러운 일로 인해 난국 속에 헤매고 있었다. 그녀에게 8시부터 10시 30분까지 감정 상태에 대해서 주관적인 측정을 실시했다면 정말로 매우 다른 결과가 나왔을 것이다. 그러므로 주관적인 정보가 항상 똑같아야 한다는 기대는 할 필요가 없다. '진실성'은 사고와 감정이 얼마나 신뢰할 수 있도록 표현되었는가 하는 것이다.

주관적인 측정법은 척도(예, 1부터 10까지의 눈금)나 다른 체계적인 정보 기록 방법(예, 일기 혹은 주간일지)을 사용할 수도 있다. 주관적인 측정방법은 프로그램 평가와 같은 종류의 질문에는 증거로서 적합하지 않을지도 모른다[더 자세한 논의는 커민스(Cummins, 2002)를 참고].

주관적인 것은 항상 주관적인가? 객관적인 것은 항상 객관적인가?

우리가 항상 객관적이라고 생각하는 측정법은 어느 정도 주관성을 갖는다. 다른 것이 아니고 어떤 특정한 한 가지를 선택하여 측정한다는 그 사실 자체가 시작부터 주관성이 개입되었다는 것을 의미한다. 측정하고 분석하고 보고하기 위하여 선택된 방법들도 또 다른 종류의 주관성을 나타낸다. 객관적인 측정법은 더 직접적으로 주관적 요소를 가질 때도 있다. 예를 들면, 무지개는 객관적인 관점으로부터 일곱 가지의 기본 색깔—빨주노초파남보—로 구성되어 있다고 사람들은 일반적으로 이해한다. 그러나 어떤 사람들은 색맹이고 색맹의 종류도 다양해서 이 모든 색깔을 다 볼 수 없고 볼 수 있더라도 대부분의 사람들과는 다르게 인식한다. 색맹인 사람들은 당연히 그들 자신들의 시각에 따른 주관적인 관점에서 무지개를 다르게 묘사한다. 또 다른 가능성이 있는 주관적인 측면은 대다수의 사람들이 정확히 같은 방식으로 색깔을 본다는 증거가 없다는 것이다. 그러므로 무지개는 문자 그대로 수천 가지의 다른 색의 조합으로 보일지도 모른다.

이와 같이 우리가 주관적이라고 생각하는 측정법은 객관적일 수도 있다. 예를 들면, 어떤 사람으로부터 같은 의견이나 또는 감정의 표현을 들은 두 연구자는 같은 방법으로 그것을 기록할 수 있다. 어떤 평가도구들은 이러한 방법으로 타당성이 확인되고 또한 상당한 신뢰도를 가질 수 있다. 이 두 가지—타당성과 신뢰도— 는 객관적인 측정법의 특성이다.

객관적, 주관적 정보는 상호 공존한다

실생활에서 우리는 자주 객관적이고 주관적인 정보를 함께 사용한다. 마리카는 집에서 그녀의 엄마에게 체온이 높고 열이 나는 것 같다고 말했다. 그녀의 엄마는 그녀의 체온을 재어보고 정상보다 높은 것을 발견했다. 마리카의 엄마는 마리카의 주관적인 정보가 온도계라는 객관적인 측정으로 확인되었기 때문에 마리카가 정확하다는 결론을 내렸다.

간호사는 입원해 있는 안드레의 체온을 정기적으로 측정했다. 어느 날 아침에 간호사는 안드레의 체온이 높은 것을 발견했고 온도계가 정확한지 궁금했다. 그녀는 안드레의 이마에 손을 대어 보고 그에게 혹시 덥거나 아픈 곳이 있는지를 물어봤다. 안드레가 덥고 다리가 조금 아프다고 말했을 때 간호사는 객관적인 체온계 눈금이 주관적인 정보에 의해 확인되었기 때문에 온도계가 정확하다는 결론을 내렸다.

이를 확인하기 위해서 마리카의 엄마와 간호사는 잠시 후에 다시 한번 체온을 측정했고 마리카와 안드레에게 어떻게 느끼는지를 다시 물어보았다. 그들은 정보를 신뢰할 수 있기 위해서 정확성과 반복성이 갖추어져야 한다는 것을 알고 있었던 것이다.

누구의 주관적인 정보를 기록하여야 할까

한 학생이 요양원에 있는 제인의 삶의 질을 평가하였다. 제인은 학생에게 "나는 밤에 무서워요."라고 말했다. 그녀는 또한 보안에 대해 걱정한다고 말했다. 그 연구생은 이러한 주관적인 감정을 기록했다. 지나가던 간호사가 이 말을 듣고서 "그렇지 않아요 제인! 여기는 정말 안전해요. 문이 잠겨 있잖아요."라고 말했다. 그 학생은 제인의 말을 기록에서 삭제하고 대신 간호사의 말을 기록했다. 왜냐하면 그 학생에게는 그 요양 시설이 매우 안전하다는 간호사의 말을 더 신뢰했기 때문이었다.

그 이후 수업에서 다른 학생은 제인의 말을 지우지 말았어야 한다고 생각했고 세 번째 학생은 두 가지 말이 모두 기록되었어야 한다고 생각했다.

학생들은 이러한 질문에 대해 토론했다. 1. 이 경우에 '진실성' 있는 주관적인 정보는 무엇인가? (a) 제인이 무서워했다. (b) 제인은 무서워하지 않았다(그녀는 정말 안전했다)라고 한다면, 2. 학생에 의해 관찰된 객관적인 사실과 일치하지 않더라도 (a)가 신뢰할 수 있는 주관적 정보인가? 3. 만일 (a)와 (b)모두 주관적인 정보로 신뢰성이 있다면 그것들은 서로 상반되더라도 진실일 수 있을까?

◉ 인식 측정

1974년경 이 문제에 관심을 가졌던 초기 사회학자들 중 한 명인 앤드류는 사람들의 인식이 그들의 행동을 유발시키는 원동력이라고 생각했다. 이와 같은 견해가 오늘날 일반적으로 받아들이고 있고 삶의 질을 위해서 개인의 인식을 측정하는 것이 반드시 필요하게 되었다. 인식 측정은 신뢰할 수 있고 타당성 있으며 분명히 반복적인 측정이 가능하다. 그러나 그들은 외부적 현실을 반영하지는 못한다. 인식은 외부 현실과는 다른 체계이고 우리는 인식이 외부 현실과 정확하게 일치하는지 그렇지 않은지를 측정하려는 것도 아니다. 그보다는 인식을 개인의 생각과 감정의 척도로서 측정하는 것이다. 많은 연구자들은 경험을 통하여 그러한 인식이 매우 신뢰성이 있을 것이라는 것을 알게 되었다. 인식에 있어서 변화는 자주 일어날 수도 있지만 그것이 반드시 신뢰성이 없다는 것을 반영하는 것이 아니라 감정과 생각에서의 변화를 의미하는 것이다.

사람의 인식은 삶의 질을 이해하는 데 매우 중요한 요소다. 위에 기술한 제인의 예를 살펴 보면, 간호사에 의해 암시된 안전을 확신하는 객관적인 방법이 아니라 제인이 인식하고 있는 안전이 그녀의 행동에 영향을 미치게 될 것이다.

사람들 사이에서 인식이 일치하지 않는 예는 많이 있다. 트리카는 경중의 지적장애와 청력 소실이 있는 10대 소녀다. 트리카의 엄마는 트리카가 삶의 질 평가를 받는 동안 같이 동석하기를 요구했는데 이는 자신의 딸이 질문을 이해 못할때 엄마가 트리카 대신 원하는 것을 표현해 줄 수 있다고 믿었기 때문이었다. 그러나 인터뷰가 끝났을 때 트리카의 엄마는 눈물을 흘리고 있었다. 이전에는 알지 못했던 많은 것들을 트리카로부터 들었기 때문이다. 트리카는 학교에서 아무도 자신과 앉지 않으려고 하여 점심시간 동안 화가 나 있었다. 이러한 트리카의 인식에 대한 새로운 지식은 엄마의 인식에도 큰 영향을 미쳤다. 우리는 아이들의 필요와 희망을 우리가 알고 있다고 생각하려는 유혹을 받는다. 우리 자신의 아이들일 경우에는 특히 더 그렇다. 그러나 현실을 점검해 보면 관계된 모든 사람에게 도움이 될 인식의 변화가 일어날 수도 있다.

그럼에도 불구하고 특히 의사소통이 잘 되지 않는 사람들의 삶의 질을 측정해야 할 때 종종 드러나는 문제는 어떤 개인에 대한 다른 사람들의 인식을 우리가 받아들여야 하는지에 관한 것이다. 한 가지 관행으로 정보 수집의 대체적인 방법은 한 명 혹은 두 명에게 대상자의 삶에 대한 그들의 인식을 물어보는 것이다. 이러한 사람들을 '대리인'이라고 부르는데 이는 그들이 할 수 있는 한 최선을 다해 스스로 명확하게 말할 수 없는 대상자를 대변하기 때문이다. 실무자들은 대리인으로부터 얻은 정보가 유용할지 모르지만 대상자로부터 직접 얻는 정보와는 다르다는 것을 인식할 필요가 있다. 양쪽 모두 인식된 정보이지만 다른 사람의 인식으로부터 온 것이기 때문에 서로 다른 정보다. 이러한 이유로 대리인을 통해 측정하는 것은 항상 대리인의 인식으로 구별되어야 하고 이를 대상자의 인식이라고 가정되어서는 안 된다.

● 양적 그리고 질적 데이터

양적 데이터는 우리가 개발해 온 척도를 이용해서 '어떤 정도'를 기록한 정보다. 종종 객관적인 측정방법을 사용하는데 예를 들면, '시험에서 몇 점을 받았는가?' '달리기 선수는 얼마나 빨리 달렸는가?' '뇌성마비는 인구집단에서 몇 퍼센트를 차지하는가?' '내일 비가 올 가능성은 얼마인가?'와 같은 것이다. 그러나 양적 데이터는 주관적인 측정방법에서도 사용된다. 예를 들면, '당신의 직업을 얼마나 좋아하는가?' (5점 척도로 응답하라. 1점은 '전혀 그렇지 않다', 5점은 '아주 그렇다'), '나는 대통령이 일을 잘하고 있다고 생각한다.' (범주: 강력히 동의한다, 동의한다, 동의도 반대도 하지 않는다, 반대한다, 강력히 반대한다). 가장 객관적인 측정방법인 숫자와 가장 주관적인 측정방법인 서열범주의 생성을 통하여 위와 같은 질문이나 이와 유사한 수많은 다른 질문에 대해서 양적 데이터를 제공할 수 있다.

질적 데이터도 '어떤 정도'를 기록하지만 전혀 다른 방식을 사용한다. 질적 데이터를 기반으로 한 평가는 어떤 사람이나 상황, 사물의 진정한 본질, 특성, 배경, 환경 등 여러 측면의 묘사를 통해 파악하려고 한다. 또한 질적 연구는 사람들과의 관계, 근무조건이 어떻게 직업만족에 영향을 미치는지, 종교적인 의식이 특정 문화 집단에 어떻게 의미가 있는지, 정신적 장애가 있는 사람들이 어떻게 지역사회생활에 적응하는지 등과 같은 '방법'에 관심을 갖는다. 양적 접근이 복잡성을 줄이고 명확하고 이해 가능한 자료로 기록하는 것과는 대조적으로, 질적 접근은 의도적으로 상황의 풍부함을 깊이 캐내고 그 복잡성을 문서화함으로써 자세하게 묘사하고자 한다. 이와 같은 평가방법은 숫자보다 사고나 개념에 대하여 측정한다. 질적 데이터의 체계적인 수집을 신뢰할 수 있는 이유는 그 진정성과 세밀함 때문이다. 질적 자료의 진실성은 그 묘사의 넓이와 깊이에 있다.

● 질적 측정 방법

질적 연구 방법은 최근 몇 년간 점점 더 많이 수용되었지만 질의 평가와 측정에 제한적으로 적용되었다. 삶의 질을 조사하는 데 사용된 질적 측정방법의 좋은 예는 데이비드 구드(David Goode, 1994a)에 의해 수행된 청각과 시각장애 모두를 가진 소아의 삶의 경험에 대해 심층적으로 탐색한 연구다. 구드는 충분한 정보를 축적하기 위해 오랜 기간 동안 다양한 질적 방법을 사용하였다. 또 다른 질적 연구로는 가족의 삶의 질에 포커스를 맞춘 렌윅, 브라운과 라파엘(Renwick, Brown, & Raphael, 1997)에 의해 수행된 연구가 있다. 연구자들은 38쌍의 부모와 자녀를 두 시간씩 인터뷰했다. 이 연구는 많은 정보를 산출하였음에도 불구하고 다른 가족구성원이나 타인의 관점, 가족간 또는 가족과 타인과의 상호작용, 시간의 경과에 따른 연구자들의 관찰과 경험 등을 간과하였다. 이두 개의 연구는 질적 연구방법의 문제점 하나를 보여 준다. 자료가 충분한 시점은 언제인가? 본질적으로 개인의 전체 삶이 완전히 이해될 때까지는 충분하지 않다. 그러나 이것은 불가능하기 때문에 가능한 많은 정보를 얻는 것과 현실적으로 얻을 수 있는 것 사이에서 타협이 이루어져야 한다.

● 양적 측정 도구

여기에 많은 양적인 삶의 질 측정도구가 있다〈표 6-1〉과 커민스(Cummins, 1997) 참조]. 나열된 도구 중 몇몇은 질적 데이터를 수집하는 방법이 포함되어 있다. 지적장애 영역에는 다수의 측정 도구들이 있고, 정신건강 영역에서는 몇 개의 도구들이 있으며, 다발성경화증과 같은 신체장애와 관련된 것도 어느 정도는 있다. 노화와 장애에 관한 삶의 질 평가도구가 드물게 있지만 노인보다 전문가들에게 초점이 맞추어진 경향이 있다. 장애 유무와 상관없이 초등학생에 대한 설문지는 조금 있지만 미취학 아동에 대한 것은 거의 없다. 장애인 통합교육 영역에서는 거의 개발되지 않았다.

이러한 도구들 중 몇 가지는 건강증진센터를 위해 5장에서 기술된 한 가지와 같이 주어진 평가척도를 이용하여 응답자들이 각각의 항목에 대해 판단하도록 하는 개념적 구조로부터 시작되었

다. 예를 들면, 건강증진센터는 각각의 54가지 항목에 대해 중요
도와 만족도를 5점 척도로 응답하도록 하고 있다. 일부 항목은 객
관적인 응답을 요구하고 또 다른 일부는 주관적인 응답을 요구한
다. 다른 연구자들에 의해 개발된 도구들은 그 항목과 척도가 약
간씩 다르지만 모두 일반적인 방법으로 동일하게 적용된다.

　이러한 방법은 수행과 결과 해석이 상당히 쉽기 때문에 널리 사
용되고 있다. 게다가 양적인 삶의 질 측정도구는 대부분의 사람들
에게 중요한 삶의 여러 측면을 측정하는 것으로 널리 인식되고 있
다. 연구자들은 때때로 이러한 연구절차가 실제로 삶의 질처럼 복
잡한 것에조차 적용될 수 있는지 토론해 왔다. 개인마다 각각 다르
고 복잡한 삶의 질을 단순히 이러한 방법으로 측정함으로써 정말
사람들의 삶의 질에서 중요한 많은 부분을 놓치는 것이 아닌가 하
는 우려가 있다. 이것은 논리적으로 타당성이 있다. 이 책의 독자
들은 이와 같은 사실을 이전 장들에서 깨달았을 것이다. 그러므로
양적 측정 도구를 사용할 때 특히 개인을 평가하기 위해서는 다른
평가 정보에 의해 보완되어야 한다. 양적 측정 도구는 종종 그 자체
로서 연구를 목적으로 사용되지만 신뢰성 있는 연구에서는 저자들
이 사용한 평가도구 및 방법의 한계점을 기술하고 있다.

표 6-1　삶의 질 측정도구의 예

도구	설명
Comprehensive Quality of Life Scale (Cummins, 1993)	만족도와 중요도를 사용한 일곱 개의 주관적, 객관적 영역에 대한 측정 도구
Lifestyle Satisfaction Scale (Heal & Chadsey-Rusch, 1985)	생활 공간, 친구, 지역사회에서의 기회에 대한 개인의 만족도를 측정하는 도구

Quality of Life Interview (Lehaman, 1988)	만성적인 정신질환을 가진 사람의 삶의 질을 평가하는 도구
Resident Lifestyle Interview (Bellamy et al., 1990)	심각한 지적장애인과 간병인과의 관계에 대한 측정
The Resident Satisfaction Inventory (Burnett, 1989)	자기 보고를 통해 작성될 수 있다는 이점이 있음.
Rehabilitation Questionnaire: A Personal Guide to the Individual's Quality of Life (Brown & Bayer, 1992)	대상자를 평가하는 것과 별개로 '집안생활' '개인 활동' '가족과 친구'와 '자아상'을 포함한 11개의 영역에 대하여 가족이 응답하며 훈련을 받은 사람이 측정함.
Quality of Life Questionnaire (Schalock & Keith, 1993)	'환경적 활용도' '사회적 적응력' 및 '지역적 적응력' 영역에서 3점 척도를 사용
The Quality of Life Instrumnet Package for Adults with Developmental Disabilitis (Brown, Raphael & Rewick, 1998)	성인지적장애인을 평가하는 방법. '존재' '소속' '활동'에 대해 대상자, 가족, 전문가로부터의 정보 포함.
Quality of Life Interview Schedule(QUOLIS) (Oullette-Kuntz et al., 1994)	지지, 접근, 참여, 만족과 같은 분야를 지원. 건강, 주거, 안전, 사례관리 등 열두 개의 영역이 있으며 훈련을 받은 사람이 측정함.
Quality of Life Profile: Adult Version (Brown, Raphael & Renwick, 1997)	비장애인을 위한 삶의 질 설문으로 성인과 청소년을 위해 개발됨. 아홉 개의 하위 영역에서 각 항목에 대해 개인이 중요하다고 인식하는 정도, 개인적인 만족도와 통제력을 다룸.

M. P. Janicki와 E. F. Ansello가 편집한 지역사회 고령장애인을 위한 지역사회의 지원(Community Supports for Aging Adults with Lifelong Disabilities, 출판사: Baltimore, MD: Paul H. Brookes Publishing Co.) 중 '삶의 질 모델로부터 학습(Learning from Quality of Life Models).'을 R. I. Brown(1999)의 허가를 받아 발췌함.

◉ 가장 좋은 측정도구를 선택하는 기준

적합한 삶의 질 도구를 선택할 때 사용 목적에 잘 맞는 것을 고르는 것이 가장 좋다[이에 대한 자세한 논의는 커민스(Cummins, 1997)를 참조하라].

- 개인의 평가 도구는 문제상황과 관련된 생활방식, 웰빙, 생활 환경에 대한 정보를 제공해야 한다. 그러나 도구는 또한 인생의 넓은 영역에 대해 부가적인 정보를 제공해야 한다.
- 프로그램 평가 정보는 특정 문제에 초점을 두기보다는 평가 범위가 더 넓은 도구를 사용해야 한다.
- 집단에 대한 연구 연구자는 내용을 고려해야 할 뿐 아니라 타당성이 증명되고 표준화된 자료가 있는 도구를 선택해야 한다.

좋은 삶의 질 측정도구를 위한 일련의 평가 기준은 국제지적장애인 특별 관심 영역 연구팀으로 구성된 연구자 그룹에 의해 세계보건기구에서 개발되었다[샬록 등(Schalock et al., 2000)의 허가를 받아 인용함. 또한 샬록 등(Schalock et al., 2000)을 참조하라]. 이러한 평가 기준들은 사용하고자 하는 한 가지 도구를 선택할 때 매우 유용하다. 이는 다섯 가지 핵심 개념에 기초를 두고 있다.

1. 삶의 질은 사람들이 가치 있다고 여기는 의미 있는 삶의 경험 정도를 측정한다.
2. 삶의 질 측정은 사람들이 즐겁고 가치 있다고 여기는 의미 있는 삶을 향해 나아갈 수 있도록 돕는다.
3. 삶의 질은 각각의 삶의 영역들이 전체적이고 상호 연관된 삶

에 기여하는 정도를 측정한다.

4. 삶의 질 측정은 주거, 직장, 놀이공간 등 사람에게 중요한 환경 내에서 수행된다.

5. 개인의 삶의 질 측정은 인간의 공통된 경험과 개인의 독특한 삶의 경험 둘 다에 기초한다.

이 다섯 가지 핵심 원리 각각에 대해서 삶의 질 측정을 위해 합의된 가이드라인이 많이 있다는 것을 독자들은 알게 될 것이다.

원리1: 삶의 질은 사람들이 가치 있다고 여기는 의미 있는 삶의 경험 정도를 측정한다

• 측성구조는 넓은 의미에서의 삶의 개념에 대한 잘 정립된 이론에 기초한다.

• 이론적 구조는 포괄적이고 다학제적이다.

• 긍정적인 가치를 지닌 삶의 경험이 시간과 문화에 따라 다양하다는 사실을 인정한다.

• 측정구조는 삶의 긍정적 가치를 증명하는 명확한 방법을 제공한다.

• 평가 방법은 삶의 가치가 어떻게 인정되는지를 기술하는 영역 또는 용어를 제공한다.

• 측정은 삶의 경험이 긍정적 가치를 갖는 정도를 나타내는 용어를 사용함으로써 삶의 질을 명확히 기술한다.

• 삶의 질에 대한 양적 측정은 최선과 최악의 삶의 질 사이의 연속선상의 한 지점을 표시한다.

• 측정은 최선과 최악의 연속선상을 분명하게 연결할 수 있는

순서적인 관계나 용어를 사용하는 명확한 영역을 사용한다.
- 측정도구는 삶의 가장 좋은 측면을 한쪽 끝으로 삼고 삶의 가
  장 나쁜 측면을 다른 쪽 끝으로 삼아 삶 전체를 보여 준다.

**원리2: 삶의 질 측정은 사람들이 즐겁고 가치 있다고 여기는
의미 있는 삶을 향해 나아갈 수 있도록 돕는다**
- 측정은 향상될 수 있는 삶의 주요한 측면에 초점을 맞춘다.
  예를 들어,
    - 기본적인 욕구가 충족되는 정도
    - 물질적, 사회적 성취의 정도
    - 실현 가능한 선택과 기회
    - 환경이 삶을 개선시키는 정도
- 측정은 사람들이 더 나은 삶으로 옮겨 갈 수 있도록 지원하는
  명확하고 실제적인 목적을 위해 수행된다.
    - 측정은 향상된 정책, 서비스 혹은 개인적인 지원과 관련된
      명확한 목적을 설정한다.
    - 측정은 충족되지 못한 욕구를 파악하고 이를 달성하기 위
      한 방법을 제안한다.
    - 측정은 개인의 삶에서 질적으로 매우 좋은 측면들이 무엇
      인지 결정하여 그러한 측면들에서 삶의 질이 계속 지지되
      고 성장하며 유지되도록 돕는다.
    - 이는 사람들의 삶의 질을 높이기 위해서 수행하는 서비스
      전달 혹은 중재 평가에 있어서 사전, 사후 결과 데이터로서
      사용된다.
    - 측정은 이를 수행하는 목적에 따라 달라질 수도 있다(예, 교

육, 서비스, 주거, 고용).

- 측정은 잠재적으로 긍정, 중립, 부정이라는 구조 내에서 기술된다. 이는 가장 긍정적인 것을 향해 나아갈 수 있다는 것을 시사한다.
- 측정척도는 긍정, 중립, 부정의 정도/점수를 분명하게 보여준다.
- 측정방법에는 긍정, 중립, 부정의 범주를 기술하거나 그러한 용어를 사용한다.
- 측정결과는 인생 전체적 배경에서 해석된다.
  - 측정대상자의 연령대 범위 내에서 해석된다.
  - 측정결과는 삶의 한 단계에서 다음 단계로 자연스럽게 이동하는 것을 돕는다는 관점에서 해석된다.

원리3: 삶의 질은 각각의 삶의 영역들이 총체적이고 상호연관된 삶에 기여하는 정도를 측정한다

- 측정은 넓은 범위의 삶의 영역들, 즉 삶의 총체성과 상호 연관성을 나타내는 주요 지표로서 널리 인정되고 있는 영역들을 이용한다.
  - 영역들은 광범위한 분야에 있는 사람들의 합의에 의해서 타당성이 인정된다.
  - 영역들은 측정되어지는 모든 사람과 관련성 있는 것들이다.
  - 영역들은 삶의 질 구성체의 많은 부분을 포함하지만 각각 그 영역은 구별되어 있다.
  - 주요 영역들은 장애가 있는 사람이나 없는 사람에게 동일하지만 장애인을 위한 서비스와 같은 일부 영역은 집단(예,

행동장애 또는 정서장애가 있는 장애인)의 특별한 필요에 따라 다르다.

- 양적 측정은 어떤 특정 영역 내에서는 삶의 총체성과 상호연관성에 대한 중요한 지표를 사용한다.
  - 주요 지표들이 삶의 영역을 적절하게 반영한다는 것은 대중적 합의를 통해 인정된다.
  - 주요 지표들은 삶의 여러 단계에서 사람들에게 다양하게 나타날 수 있다.
  - 주요 지표들은 특정 문화적 환경 내에 있는 사람들에게 다양하게 나타날 수 있다.
  - 주요 지표들은 특별한 요구가 있는 사람들에게 다양하게 나타날 수 있다.
- 질적 측정방법은 각각의 영역 내에서 다양한 측면을 탐색하고 기술한다.

원리4: 삶의 질 측정은 주거, 직장, 놀이공간과 같이 사람들에게 중요한 환경 내에서 수행된다

- 대리인 측정(지적장애가 있는 사람을 위해 다른 사람이 측정을 받는 것)은 대상자의 삶에 대한 자신의 인식을 나타내는 지표로서는 타당하지 않다.
  - 스스로를 대변할 수 없는 사람들의 관점에서 삶의 질을 측정하려면 그들에게 적용하기에 가장 적합한 관찰이나 참여자 관찰의 방법을 사용해야 한다.
  - 다른 사람의 관점에서 특정인의 삶의 질을 측정하는 것은 자기 스스로 대변할 수 없고 다른 사람들이 그들 대신 삶의

결정을 내려야 할 상황과 같은 경우에서는 유용할지라도 그 측정은 다른 사람들의 관점이라는 사실이 분명하게 확인되어야 한다.

- 측정은 생태학적 접근방법을 사용하여 대상자와 그가 속한 생활 환경과의 상호작용을 이해한다. 결과는 개인 환경적 상황 내에서 해석된다.

원리5: 개인의 삶의 질 측정은 인간의 공통된 경험과 개인의 독특한 삶의 경험 두 가지 모두에 기초한다

- 측정은 객관적, 주관적(인식적) 측정을 모두 사용한다.
  - 측정은 질적 혹은 양적 방법 또는 이 모두를 사용한다.
  - 객관적 측정은 관찰 가능한 지표의 빈도와 양을 보고하는 양적 도구를 사용한다. 주관적(인식적) 측정은 삶에 대한 만족도 혹은 다른 주관적 평가, 또는 대상의 삶에 대한 기술을 표현하는 정도를 사용한다.
  - 주관적 측정에는 인지적, 감정적인 요소가 모두 포함되어 있다.
- 측정은 개인 혹은 단체의 중요도 또는 가치에 따라서 영역과 중요 지표에 가중치를 둘 수 있다. 만약 가중치를 둘 수 없을 때 삶의 질 측정결과는 각 개인의 가치와 중요도를 감안하여 해석할 필요가 있다.
- 측정은 개인 혹은 단체의 문화적인 삶의 경험을 반영하기 위해 가중치를 둘 수 있다.
- 대부분의 경우 영역의 점수와 기술은 분리되어 있는 영역 데이터로부터 통합된 총점과 기술보다 더 효과적이고 더 많은

의미가 있다.

🍐 3단계: 삶의 질 원천과 필요 분석하기

대상과 상황에 대한 정보를 모두 수집한 이후 실무자는 이 정보가 어떻게 하면 앞으로의 진행 방향에 대해 최선의 결정을 내리는데 도움이 될 수 있을지 숙고하여 분석할 필요가 있다. 그러기 위하여 일반적으로 다음 과정들이 필요하다.

- 수행해야 할 일이 무엇인지 이해하기 전형적으로 서비스 대상자와 실무자가 함께해 온 이유는 해결해야 할 어떤 특정한 문제 또는 일련의 문제들이 있었기 때문이다. 물론 현재 직면한 문제 자체를 간과하면 안 되지만 실무자들은 또한 개인의 삶과 상황을 전체적으로 고려해야만 한다. 현존하는 문제와 관련된 삶의 측면들이 삶의 질을 높이거나 저해하기 때문에 해결되어야 할 필요가 있다
- 시작하기 가장 좋은 곳 이해하기 실무자는 때로는 대상자와 논의를 통하여 가장 좋은 시작점에 이를 수 있을 것이다. 그러나 어떤 경우에는 전혀 다른 곳에서 시작할 필요가 있을지도 모른다. 예를 들면, 위험이 있거나 해로울 수 있는 곳, 혹은 윤리적 결정이 이끄는 곳, 사전 조치가 이루어져야 하는 곳 등이 있을 수 있다.
- 서비스 대상자의 관점 이해하기 대상자의 관점을 이해하는 것은 효과적인 행동을 취할 수 있도록 하는 데 매우 필수적이다. 일반적으로, 사용되는 자원들은 대상자의 관점에 따라 상

황을 개선시키는 활동에 투입될 필요가 있다. 그러나 불법적, 비윤리적 또는 해로운 활동은 제외된다. 이러한 경우에 실무자들은 일을 진행해서는 안된다. 그렇지만 실무자가 이에 따라 어떠한 조치를 취할지라도 대상자의 관점을 완전히 이해해야 하며 가능하면 그 해당 대상자 자신도 이를 인식하는 것이 중요하다.

• 다른 사람들의 관점 이해하기 다른 사람들의 관점은 대상자를 위한 최선의 행동방향에 대해 합의를 얻는데 도움이 되기도 한다. 게다가 다른 사람의 관점은 행동의 결과에 영향을 미칠 수 있으므로 이를 이해하고 고려할 필요가 있다.

• 법률적, 정책적, 윤리적, 경영적 구조 이해하기 이러한 문제는 10장과 11장에서 다루고 있다. 이 장에서는 실무자들의 업무가 그들의 법적 관할지역의 법률, 그리고 그들이 속한 조직, 전문가 및 다른 실무 단체와 연관된 규범들에 위반되지 않을 필요가 있다는 것을 이해하는 것이 중요하다.

🍎 4단계: 인과관계 이해하기

평가에 대한 최종 단계는 웰빙의 향상을 돕는 요인과 이를 방해하는 요인을 아는 것이다. 이러한 요인들은 다양한 정보 자료로부터 도출되고, 다양한 평가와 측정방법을 사용한다. 이 요인들은 문제를 해결하는 데 도움을 주거나 장애가 될 수도 있기 때문에 그것들을 이해하는 것이 무척 중요하다. 이 요인들은 다음과 같다.

- 모든 사람 또는 대부분의 사람들에게 공통적인 요인
- 개인적으로 특별한 요인

💧 이 장을 마치며: 인간의 만족의 크기

삶의 질에 기초한 평가와 측정에 영향을 미치는 인간의 특성 중 하나는 우리가 가진 환경을 최대한 이용하지만 그와 동시에 결코 주어진 환경에 만족하지 못한다는 것이다. 이러한 특성은 삶의 만족에 대한 수많은 연구에서 보고되었다. 삶의 만족을 측정하는 것에 있어서의 문제점은 사람들이 단순히 나쁜 상황을 최대한 이용하고 보상하는 방법을 발견해 왔다는 것이다

약간의 지적장애를 가진 로브는 감옥에 있는 것이 좋았었다고 말했다. 왜냐하면 음식도 좋고 이야기할 사람들도 많았기 때문이다. 작은 아파트에서 친구가 거의 없이 살았던 그에게 사람들과 사귈 기회와 음식은 좋아 보였을지도 모른다. 실제로는 그는 감옥에 갇혀 있었고 자신의 삶에 대해서 아무것도 자기 맘대로 할 수 없었던 명백한 사실을 간과하고 있었던 것이다.

이런 경우 삶의 질 평가에서 삶의 여러 측면 혹은 총체적인 삶의 만족도가 좋다고 할 수 있을지 모르지만 선택, 자아상, 권한 등과 같은 삶의 중요한 다른 측면들이 그만큼 높게 평가되지 못할 것이다. 모든 삶의 질의 개념들은 평가 시 신중하게 고려되어야 하고, 대상자의 총체적인 삶이 어떻게 향상될 필요/가능성이 있는지 생각할 때 주의 깊은 저울질이 필요하다.

🍎 사고와 논의

1. 삶의 질을 평가하고 측정하는 방법이 삶의 즐거움을 향상시킬 수 있는 방법에 어떻게 영향을 미칠 수 있겠는가?

2. 자신의 관점을 표현하기 어려운 사람을 한 사람 생각해 보라. 대리로서 행동하는 제3자가 대상자를 위해서 어느 정도까지 신뢰성 있게 대변할 수 있으며, 당신은 개인의 감정과 인식을 측정할 수 있는 방법을 어떻게 개발할 수 있는가?

3. 당신 개인이나 그룹별로 어떤 사람과 관련 있는 특정한 문제를 선택해 보라. 첫째, 당신이 알고 있는 다양한 통상적인 방법을 사용하여 이 문제를 평가한 후 이러한 방법에 삶의 질 접근을 추가해 보라. 둘째, 처음부터 삶의 질 개념화를 사용하여 문제를 평가해 보라. 각각의 방법의 이점은 무엇인가?

4. 삶의 질 측정을 가장 잘 활용하는 것에는 어떤 것이 있는가?

참고문헌

Andrews, F. M. (1974). 'Social Indicators of Perceived Life Quality.' *Social Indicators Research*, *1*, 279-299.

Bellamy, G. T., Newton, J. S., Lebaron, N. M., & Horner, R. H. (1990). 'Quality of life and lifestyle outcomes. A challenge for residential programs.' In R. L. Schalock (Ed.), *Quarterly of Life: Perspectives and Issues*. Washington, DC: American Association on Mental Retardation.

Brown, I., Raphael, D., & Renwick, R. (1997). *Quality of Life Profile: Adult Version*. Toronto: Centre for Health Promotion, University of Toronto (www.utoronto.ca/qol/profiel/adultVersion.html).

Brown, I., Raphael, D., & Renwick, R. (1998). *Quality of Life Instrument Package for Adults with Developmental Disabilities*. Full Version. Toronto: Centre for Health Promotion, University of Toronto (www.utoronto.ca/qol). (Also see versions for children, adolescents and seniors.)

Brown, R. I. (2000). 'Learning from quality of life models.' In M. P. Janicki and E. F. Ansello (Eds.), *Community Supports for Aging Adults with Lifelong Disabilities*. Baltimore, MD: Paul H. Brookes.

Brown, R. I., & Bayer, M. B. (1992). *The Rehabilitation Questionnaire: A Personal Guide to the Individual's Quality of Life*. Toronto: Captus Press.

Burnett, P. C. (1989). 'Assessing satisfaction in people with an intellectual disability living in community based residential facilities.' *Australian Disabilities Review*, *1*, 14-19.

Cummins, R. (1993). *The Comprehensive Quality of Life Scale-Intellectual Disability, 4th edition* (ComQol-ID4). Melbourne,

Australia: School of Psychology, Deakin University.

Cummins, R. (1997). 'Assessing quality of life.' In R. I. Brown (Ed.), *Quality of Life for People with Disabilities: Models, Research and Practice.* Cheltenbam, UK: Stanley Thornes.

Cummins, R. A. (2002). 'The validity and utility of subjective quality of life: A reply to Hatton and Ager.' *Journal of Applied Research in Intellectual Disabilities, 15,* 261-268.

Goode, D. (1994a). *A World Without Words: The Social Construction of Children Born Deaf-Blind.* Philadelphia: Temple University Press.

Goode, D. (1994b). *Quality of Life for Persons with Disabilities: International Perspectives and Issues.* Cambridge, MA: Brookline Books.

Goode, D. (1997). Assessing the quality of life of adults with profound disabilities. In R. I. Brown (Ed.), *Quality of Life for People with Disabilities: Models, Research and Practice.* Cheltenham, UK: Stanley Thornes.

Hatton, C., & Ager, A. (2002). 'Quality of life measurement and people with intellectual disabilities.' *Journal of Applied Research in Intellectual Disabilities, 15,* 254-260.

Heal, L. W., & Chadsey-Rusch, J. (1985). 'The Lifestyle Satisfaction Scale (LSS): Assessing individuals satisfaction with residence, community setting, and associated services.' *Applied Research in Mental Retardation, 6,* 475-490.

Keith, K. D. (1996). 'Measuring quality of life across cultures: Issues and challenges.' In R. L. Schalock (Ed.), *Quality of Life volume 1: Conceptualization and Measurement.* Washington, DC: American Association on Mental Retardation.

Landesman, S. (1986). 'Quality of life and personal life satisfaction: Definition and measurement issues.' *Mental Retardation, 24,*

141-143.

Lehman, A. F. (1988). 'A quality of life interview for the chronically mentally ill.' *Evaluation and Program Planning, 6,* 143-151.

Ouellette-Kuntz, H., McCreary, B. D., Minnes, P., & Stanton, B. (1994) 'Evaluating quality of life: The development of the Quality of Life Interview Schedule (QUOLIS).' *Journal of Developmental Disabilities, 3,* 2, 17-31.

Renwick, R., Brown, I., & Raphael, D. (1994). 'Quality of life: Linking a conceptual approach to service provision.' *Journal on Developmental Disabilities, 3,* 2, 32-44.

Renwick, R., Brown, I., & Raphael, D. (1997). *The Family Quality of Life Project: Final Report.* Report to the Ontario Ministry of Community and Social Services. Toronto: Centre for Health Promotion, University of Toronto.

Schalock, R., & Keith, K. (1993). *Quality of Life Questionnaire.* Worthington, OH: IDS Publishing Corporation.

Schalock, R. L., Brown, I., Brown, R. I., Cummins, R., Felce, D., Matikka, L., Keith, K., & Parmenter, T. (2000). *Quality of Life: Its Conceptualization, Measurement and Application: A Consensus Document.* Document for the WHO-IASSID Work Plan. The Special Interest Research Group on Quality of life. The International Association for the Scientific Study of Intellectual Disabilities. Available online at www.iassid.org.

Schalock, R. L., Brown, I., Brown, R., Cummins, R. A., Felce, D., Matikka, L., Keith, K. D., & Parmenter, T. (2002). 'Conceptualization, Measurement, and Application of Quality of Life for Persons with Intellectual Disabilities: Report of an International Panel of Experts.' *Mental Retardation, 40,* 6, 457-570.

제7장

삶의 질 기반 중재

💧 중재 시 삶의 질 고려하기

우리는 6장에서 평가와 정량적 측정에 대한 논의를 통해서 실무에 직접 삶의 질에 대한 접근법을 적용하기 시작했다. 이제 7장에서는 평가와 측정 이후 다음 단계로서 그 결과를 중재에 적용하는 단계를 다룬다.

재활 분야에서 효과적인 중재 방법을 개발하고 개선하는 데 있어서 당면하는 어려움 중 하나는 진부해진 기존 중재 형태에서 새로운 형태로 이동하면서도 기존의 형태 중 지속적으로 가치가 있는 부분은 유지해야 한다는 것이다. 만약 이 과정을 생략하고 새로운 중재 방법을 진행한다면 효과적인 재활에 대한 중요한 개념과 지식을 상실하게 될 것이다. 또한 새로운 실행 방법을 개발하는 일 역시 많은 시간과 노력이 필요하므로 처음부터 '바퀴를 다시 발명하거나' 바퀴의 일부를 발명하는 일에 에너지를 많이 소비하지 않는 것이 중요하다.

과거의 재활 지식과 실행 방법 중 부분적으로 그 가치를 상실한 사례는 다음과 같다.

- 격리수용 한때 매우 일반적이었으나 현재는 전 세계적으로 불명예를 안고 상당히 감소되었다. 이는 많은 부모들과 기관들이 지원과 적절한 중재 선택을 하는 데 어려움을 겪게 하였다.
- 지능검사 이 검사는 많은 사람들의 눈살을 찌푸리게 해 왔으나 열악한 환경에서 선천적인 지적장애를 가진 이들의 생후 30년 동안 인지 변화에 대한 증거를 제시하는 등 많은 이점을 가지고 있다[흥미롭게도, 앤과 알란 클라크(Ann & Alan Clarke,

2003)가 50년대와 60년대부터 이 연구의 일부를 편집하여 재발표하였다.

- **사회적 기술훈련** 평가 패키지와 프로그램이 개발되었지만 다양한 장애를 가진 사람들의 성공적인 사회적응에 대한 요구에도 불구하고 현재는 많이 사용되고 있지 않다.

이들을 비롯한 다른 관행들은 정상화, 집단수용시설의 해체, 교육적 포용 등과 같이 그 자체적으로 매우 중요한 것들로 대체되었다. 하지만 이들도 사라질 것이다. 새로 구축되거나 부분적으로 미래의 어느 시점이 되면 서비스 네트워크의 한 부분이 될 수도 있다. 시간이 흐르면서 이들 개념의 개발, 소실 및 이후 재구축에 대해 슬론과 스티븐슨(Sloan & Stevens, 1976)의 저서 『관심의 한 세기: 미국 정신박약협회의 역사 1876~1976[10]』에 상세히 다루고 있다.

삶의 질이 이들 모두에게 무엇을 가져다 주는가? 삶의 질은 포괄적인 범위의 개념이며 이 책에서 배운 대로 다양한 하위개념과 사고로 구성된다. 이는 어떤 일련의 중재 활동을 적용할 때 유용하다. 사실 삶의 질 개념과 사고는 시대를 초월하는 총체적/인간적 가치에 근거하므로 다른 활동 적용에서 유익을 얻는 데 사용될 수 있다. 포괄적 개념으로서의 삶의 질은 모든 중재의 목적이 사람들의 삶 가운데서 삶의 질을 최대화하는 시도라는 견해를 결합시킴으로써 다른 일련의 관행들을 함께 묶는다.

---

10) A Century of Concern: A History of the American Association on Mental Deficiency

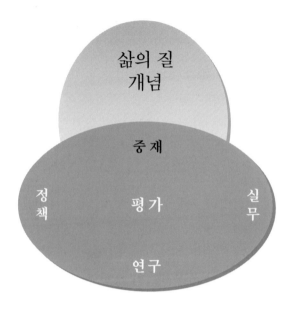

[그림 7-1] 삶의 질 접근방법: 중재

   이 장에서는 삶의 질 개념과 사고를 중재에 적용할 때 실무자가 취할 수 있는 단계들을 제공한다. 즉, 장애인 당사자 중심 활동 4단계와 전문가 중심 3단계를 말한다. 이들 단계는 대부분 장애 관련 분야에서 실행하는 포괄적 중재에 적용될 수 있다. 이 단계들은 장애와 관련된 분야에서 수행되는 중재에 아주 폭넓게 적용될 수 있다. 그러므로 이 책의 독자 자신들이 흔히 사용하는 중재 방법을 살펴보고, 어떻게 삶의 질의 관점이 그들의 중재 활동 가운데 더 효과적으로 적용될 수 있을지 고려하기를 권한다.

   삶의 질 개념과 사고를 중재에 적용하는 단계를 설명하기 위해 우리는 다양한 삶의 경험에서 비롯되는 상황 사례를 포함하였다. 이 책에 포함된 이야기들은 다양한 사람들의 실제 경험을 보여 준다. 독자 입장에서 일부 내용에 대해 놀랄 수도 있겠지만 대부분은 몇 개의 나라로부터 기록된 공통적인 사실을 보여 주고 있다.

교육기관/서비스 기관 내에서 수행되는 중재의 성공 여부는 적어도 어느 정도는 실무자가 따르게 되는 정책과 관리 과정에 달려 있다. 삶의 질을 고려하지 않은 정책과 관리 환경에서 설정된 중재에서 삶의 질 접근법을 이행하려면 어려움에 직면할 수 있다. 정책, 관리 및 중재에 삶의 질 적용과 관련된 문제가 매우 많아 이 부분은 11장에서 따로 다루고자 한다.

삶의 질 기반 중재란 무엇인가

'중재'란 다양한 분야에서 사용되는 용어로서 타인이 다른 이의 삶을 개선하는 데 도움을 줄 목적으로 취하는 의도적인 일련의 활동을 일컫는다. 중재란 실무자 또는 재활팀의 입장에서 보면 대상자에게 가장 적절하게 혼합된 중재의 개념과 아이디어를 찾고 개발하는 전문성을 암시하기도 한다. 삶의 질 기반의 중재는 이 책의 앞 부분에 나온 중재의 원리와 개념을 따르는 것을 말한다.

중재는 한 개인의 삶에서 특정한 면들을 개선하기 위해 취한 활동 혹은 일련의 활동으로 재활, 특수교육, 치료, 카운셀링, 의학적 처치라고도 부른다. 삶의 질의 중심 개념은 많은 중재 방법들의 일부로서 자연스럽게 내재되어 있으나 삶의 질 접근법에 기반을 둔 중재에서는 명시적인 핵심 개념으로 포함된다.

삶의 질 기반 중재는 다른 중재 방법보다 사람들의 삶을 더 높

은 수준으로, 때로는 더 빨리 개선하는 것을 추구하기도 한다. 최
근 몇 년 동안 일부 실무자들과 연구자들은 장애에 관련된 많은
특정 분야에서 이를 실행하는 방법을 연구해 왔다. 이러한 연구는
지적장애나 기타 발달장애가 있는 사람을 대상으로 광범위하게
실행되었으나 삶의 질 접근법에 관련된 공식적인 중재는 뇌손상이
나 정신건강 문제, 자폐증,[11] 신체적 감각적 장애가 있는 사람과
HIV(인체면역결핍바이러스)[12]를 가진 채 살아가는 사람들, 노인 및
기타 문제가 있는 사람들을 대상으로도 기술되고 있다. 이 연구를
수행했던 저자들에 대한 부분은 참고문헌 부분에서 확인할 수 있
다(Brown & Bayer, 1992; Janicki & Ansello, 2000; Keith & Schalock,
2000; Mercier, 1994; Ory & Cox, 1994; Renwick, Brown and Nagler,
1996). 삶의 질은 학교나 다양한 의료기관 및 건강증진기관, 직업
프로그램, 미술, 레저 및 레크리에이션 프로그램 등에서 중재에 대
한 일반적인 개념으로 소개되어 왔다. 독자는 브라운과 브라운
(Brown & Brown, 1999), 피들러와 벨드(Fidler & Velde, 1999), 워렌
(Warren, 1997) 등에서 그 사례를 찾아볼 수 있을 것이다.

　일선의 재활인력, 심리학자, 재활 카운셀러, 교육자, 의사, 간호
사 및 요양원이나 병원의 인력들, 작업치료사나 물리치료사 등 많
은 전문의료인 등을 비롯한 다양한 전문가가 삶의 질 적용 방법을
개발하여 소개하고 있다.

---

11) 자폐증: 신체적, 사회적, 언어적으로 상호작용에서 이해 능력의 저하를 일으키는
　　신경발달의 장애를 말한다.
　　출처: 두산백과
12) HIV: 인간의 몸 안에 살면서 면역기능을 파괴하는 바이러스로, 에이즈를 일으
　　킨다.
　　출처: 두산백과

🍂 장애인 당사자 중심 활동 4단계

삶의 질 기반 중재는 이 책에서 지금까지 배운 가치와 원리를 포함한다. 최상의 적용을 위해 우리는 장애인 당사자 중심 활동 4단계를 제공하고 있는데, 이들 단계는 각각 서로의 기반위에 구축되며, 효과적인 중재를 계획하고 이행하려면 그 단계들을 따라야 한다. (다음에 제시된) 실생활 사례를 살펴보면 어떻게 그 활동 단계가 이행될 수 있는지 그리고 어떤 제한을 두어야 하는지를 알 수 있다. 7장의 후반부에서 우리는 추가적으로 전문가 중심 활동 3단계를 제시할 것이다.

장애인 당사자 중심 활동 4단계
1. 장애인 당사자가 가장 중요하다고 인식하는 부분부터 시작한다.
2. 진행방법은 당사자의 선택을 따른다.
3. 자기관리를 통한 권위향상을 격려하고 지지한다.
4. 개인의 자아상을 높일 수 있는 방식으로 중재를 형성해 간다.

존: 가장 중요하다고 인식하는 부분부터 시작하기

존은 철도회사에서 일하다가 큰 사고를 겪고 두 다리를 잃게 되었다. 오랫동안 병원 신세를 졌으나 마침내 의족을 통해 걸을 수 있게 되었다. 그 당시 병원의료진은 존에게 새로운 일자리를 알아보라고 권유하면서, 앉아서 일하는 직업을 제안했다. 존은 자신이 다시 일을 한다는 것은 생각조차 하고 싶지 않았기 때문에 이 제안에 무척 화가 났다. 그는 병원에 있는 동안 자신의 삶이 너무 많이 변했다고 말했다. 그는 더 이상 아래쪽 다리가 없고, 또한 그의 아내도 두 자녀를 데리고 그를 떠났다. 그는 자신의 삶이 산산조각 났다고 느꼈기 때문에 일하는 것을 고려하기 전에 정서적인 안정부터 필요하다고 했다.

병원 의료진은 직업 형태를 바꾸는 것이 우선순위라고 파악하였으나 존의 생각은 매우 달랐다. 그는 다른 문제들부터 해결할 필요가 있었고, 아직까지는 새로운 일자리를 통해 자신의 삶을 개선할 준비가 되지 않았다.

삶의 질 접근 방법은 존이 자신의 출발점을 인정하는 부분부터 시작하는 것이 중요하다는 것을 말해 주고 있다. 이 사례에서는 그의 정서적이고 개인적인 삶이 우선 정리되어야 할 필요가 있었다. 그는 어떻게 할지 알고 있거나 알지 못할 수도 있으며, 이와 같은 순서로 문제를 해결하는 것이 타인들에게는 가장 적절한 방법이 아닐 수도 있다. 하지만 이는 중요하지 않다. 존은 자신이 겪은 사고와 가족의 변화로 인해 발생한 감정적인 삶에서 주요한 변화들을 받아들였고, 이때가 중재를 시작할 시점이다.

존과 같은 사람들이 자신의 출발점을 인식하는 시점에서 시작할 수 있도록 돕는 전문가들은 다음 주요 세 가지 사항을 실행해야 한다.

- 실질적인 신체적 문제해결 조력 관계에 있는 전문가들은 존이 살게 될 장소와 독립적인 삶을 사는데 필요한 지원을 얻는 방법 등 존의 인생에서 실용적인 부분을 가능한 빨리 다뤄야 할 수도 있다. 이런 부분은 존의 실질적인 복지에 당장 시급한 필요 요건으로 반드시 중재의 한 부분이 되어야 하지만, 현재

존의 가장 큰 관심사는 아니다. 이런 이유로 조력 관계에 있는 전문가들은 존이 자기 문제의 핵심으로 여기는 정서적인 문제에 중요성을 두는 것을 존중하면서 그의 실제적인 문제를 해결하는 데 민감해야 한다.

- **필요한 지원활동** 전문가들은 다른 부분도 중재의 중추적인 부분에서 너무 소외되지 않도록 종종 대상자 모르게 지원 활동을 취할 수도 있다. 예를 들어, 어떤 서비스 기관의 중추적인 의무가 고용을 보장하는 것일 수도 있다—기관의 운영자금확보가 서비스 대상자에게 성공적인 고용을 찾아주는 데에 달려있을 수도 있다—그러나 삶의 질이 최상의 방법으로 성취되기 위해서는 이 의무사항이 도움 받는 사람의 필요보다 우선할 수는 없다.

- **기술적인 상담제공** 세 가지 이유에서 숙련된 상담이 필요하다. 첫째 가장 중요한 부분으로서, 상담자는 도움이 필요한 사람이 하는 말을 들어야 한다. 종종 재활인력, 기타 인력, 가족 및 타인들은 요구가 없는 환자/고객/소비자를 더 선호한다.

  로이 브라운과 그의 동료들은 이런 유형의 재활을 '사람들을 조용하게 하는 기술'이라 불렀다. 물론 환자의 이야기를 듣는 것만 강조하다 중재 자체가 무시되지 않도록 주의를 기울여야 하겠지만, 재활이 필요한 사람이 말하는 것을 듣는 것이 효과적 중재의 시작에 필수적이다. 둘째, 존은 정서적이고 개인적인 문제를 스스로 찾고 그 문제를 효과적으로 다루는 방법을 개발하는 데 도움이 필요하다. 마지막으로, 상담을 통해 그가 현재 가지고 있는 정서적이고 개인적인 문제 속에 숨겨져 있는 근본적인 문제를 찾을 필요가 있을지도 모른다. 사

람들이 그들 자신의 중재의 시작점을 인식할 때, 비교적 근본
적인 문제(문제에 가려진 문제)를 우선적으로 혹은 동시에 다
룸으로써 보다 총체적 성격의 중재 효과가 나타나도록 할 필
요가 있다는 것을 종종 간과한다. 존은 우리 모두와 마찬가지
로 강점과 약점, 희망과 절망이 있는 자신만의 독특한 배경을
지니고 있다. 현재 그가 가지고 있는 트라우마는 지금까지 그
의 인생에서 가장 심각한 것일 수도 있고 다른 사건보다 덜
심각할 수도 있다. 만일 후자인 경우로 확인된다면 제공된 중
재와 서비스는 매우 달라야 할 것이다. 어떤 경우라도 이 가
능성은 상담 중 확인이 필요하다. 그의 현재 문제는 그의 과
거와 현재의 전체 삶의 관점에서 조명되어야 한다.

일부 사례에서 부모나 배우자들처럼 존의 재활에 참여한 다른
사람들도 그들의 견해를 묻고 정보를 제공할 목적뿐만 아니라 존
자신이 인식한 상황을 그들 또한 이해하도록 돕기 위해 이 상담과
정에 참여시킬 수 있다. 상담은 오랫동안 지속되어 온 가족 관계
문제들을 통해 수행됨으로써 가족 구성원 각자에게도 도움이 될
수 있으며, 더 나아가 재활을 받는 본인에게 자신 곁에 지지해 주
고 이해해 주는 가족이 있다는 사실을 더 잘 알게 해 주는 장점이
있다. 존이 중요하다고 인식한 것으로부터 시작하면서 이 팀은 자
신들이 알고 있고 여러 가지 철학적 관점에 기초한 다양한 중재
기법을 사용하였다. 그러나 이들의 전체적인 삶의 질 접근법은 존
자신의 인식과 목표에 가치를 두는 데 초점이 맞추어져 있었다.
그들의 다양한 중재 전략들이 중요한 것, 즐길 수 있으며 권한을
부여하는 것, 가능한 여러 선택 안들과 자신감을 심어줄 수 있는

것 등에 중점을 두었다면, 그들의 중재는 강화되고 성공 가능성을 더 높일 수 있었을 것이다.

아더: 개인적 선택에 따른 권한부여 및 향상된 자아상

아더는 37세에 뇌색전증[13]을 겪었다. 그에게는 돌보아 주는 아내와 딸 하나가 있었으며, 의료적으로 필요한 치료를 받고난 이후, 자신의 삶을 다시 되찾고자 하였다. 담당의사는 신체적으로 가능한 모든 치료를 다 했다고 확신했다. 아더는 생각을 말로 표현하는 데 어려움이 있었으며 그가 표현한 말들은 뒤죽박죽이어서 알아듣기 어려웠다. 손과 팔이 많이 떨렸으며 손발의 힘이 상당히 약해져 있었다.

사고 당시 아더는 자신의 집 뒤쪽에 데크(deck, 휴식공간)를 만들고자 했지만, 당시로서는 불가능한 일로 보였다. 그때 이 일을 할 수 없을 것이라는 생각에 슬퍼하고 있었으나 언젠가 데크를 완성할 수 있을 거란 희망을 가지고 있었다. 재활팀은 그의 선택을 수용했고 아더를 도와 데크를 만드는 일을 자신들이 해결해야 할 과제로 인식했다. 재활과정은 데크를 만들고자 하는 아더의 목표와 아더의 지침대로 계획되고 착수되었다. 아더의 아내는 '그런 일은 지금 그가 할 수 있는 일이 아니다' '또 다른 사고를 당할 지도 모른다' 등의 여러 가지 이유로 반대하였고, 게다가 담당 의사는 이에 대한 확신이 서지 않았다. 재활팀은 스트레스와 위험을 막는 방법, 데크를 구축하도록 사람들에게 지시하고 그 일에 기여

---

13) 뇌색전증(cerebral embolism): 심장에서 생긴 혈전(血栓)이 벗겨져 혈중(血中)에 흘러들어 그것으로 뇌혈관이 막힘으로써 발생되는 질환
   출처: 두산백과

하는 방법, 그리고 동시에 신체적 운동능력을 개선할 방법 등에 대해 아더에게 상세하게 설명해야만 했다. 아더의 오랜 꿈이었던 데크 구축에 대한 집중은 또한 그에게 커다란 정서적으로 기분이 상승되는 효과를 가져왔다. 서서히 데크가 모양을 갖추어 갔다. 도움을 제공하는 사람과 자원봉사자들은 아더 자신의 계획에 따라 톱질과 망치질을 했다. 아더는 손가락으로 가리키거나, 의견을 제시하고, 잘못된 점을 지적하면서 가능한 만큼 도왔다. 점차 그는 더 적극적으로 참여하기 시작했다. "망치가 어디 있나요?"와 같이 자원봉사자들이 아더에게 질문하면 아더는 손가락으로 가리켜서 자신의 운동능력을 더 높이고 말로 설명을 하면서 말하는 능력을 더 높이려고 노력했다. 그는 점차 더 많은 행동과 단어를 사용하기 시작했다. 그의 참여가 증가하면서 신체적 능력과 함께 자아상도 더욱 개선되었다. 데크 구축에 참여하고 지시하면서, 그는 자신이 완전히 무능력하지 않다는 것을 알게 되었다. 또한 조금 다른 방식이기는 하지만 지금까지 그의 삶의 일부였던 가치, 생각과 꿈 등을 여전히 실현할 수 있다는 것을 깨달았다.

재활 계획은 아더가 어떻게 자신을 바라볼 수 있는지를 위해 중심에 있는 가치, 생각, 꿈을 잘 나타낼 수 있는 하나의 핵심 활동(집 뒤뜰에 데크를 만드는 일)을 중심으로 수립되었다. 이는 아더가 신체적, 감정적, 정신적으로 스스로를 개선하도록 도왔고 동시에 변화된 자신이 삶의 주인으로서 자신의 삶을 이끌고 개선할 수 있다는 긍정적인 감정을 발달시켰다.

이 중재에서는 삶의 질 접근법의 다음 네 가지 행동 단계가 잘 드러나 있다.

1. 중재는 아더가 가장 중요한 것으로 인식하는 부분부터 시작해야 한다. 신체적 재활보다 데크 구축에 재활의 초점을 맞추기로 한 결정은 일부 사람에게는 무모한 것으로 비칠 수 있지만 이는 아더가 재활을 시작하는 데 필요한 방법이었다. 아더는 신체적 재활과 더불어 미래의 꿈과 가족에 대한 그의 가치를 나타내는 재활에 집중하는 것이 중재의 성공에 중요한 것임을 분명하게 알고 있었다. 재활 상담자들이 여러 번의 상담세션을 통해 동일한 결론을 얻어 낼 수도 있었을 것이다. 그러나 이 사례에서 재활팀은 아더 스스로가 깨닫고 표현한 것을 귀 기울여 듣고, 그것이 가장 적절한 행동 과정이라는 그의 인식을 존중하는 것 이외는 더 이상 필요치 않았다.

2. 중재는 계획과 수행에 대한 아더의 선택에 따랐다. 재활팀은 그의 데크 구축에 도움을 줘야 하기 때문에 자신들의 역할에 대해 융통성 있게 생각할 필요가 있었다. 또한 재활팀은 데크 구축이라는 바쁘고 계속 변화하는 상황 가운데서도 아더의 재활에 필요한 신체 및 언어 훈련을 시켜 주는 방법을 생각해내야 했으므로 창조적일 필요가 있었다. 때때로 이들은 아더에게 무언의 '지시'를 받고 최상의 대응법도 생각해야 했다. 결국 이들은 삶의 질 관점으로부터 최고의 재활 중재를 시행했다. 이들은 아더가 선택한 전반적인 선택과 이에 따른 여러 가지 작은 선택들을 바탕으로 그들 중재의 과정들을 조합했다.

3. 중재는 아더에게 자신에 대한 통제와 자기관리를 장려하여 그에게 권한을 부여하는 방향으로 진행했다. 데크 계획은 아더가 색전증을 겪기 이전에 세워졌고 재활팀원들은 그에게 '작업반

장' 직을 주었는데 이는 현명한 결정이었다. 모든 업무는 그의 지도 아래 그가 지시한 대로 이행되었다. 팀원들이 "난간은 어디에 놓을까요?"라고 물었을 때, 아더는 말과 손동작으로 그들에게 지시를 내리는 용기를 얻고, 또한 자신이 책임자라는 인식이 더욱 강화되었다. 게다가 팀원들은 동시에 아더가 원하는 대로 계획을 수정할 수 있도록 해 주었다. 따라서 아더에게 권한부여는 두 가지 요소―하나는 그의 소망 중 한 가지를 이루는 행위로부터, 그리고 다른 하나는 데크를 만드는 동안 나타난 부수적 과정으로부터― 에서 도출되었다.

하지만 일반적으로 개인들은 다른 사람을 포함하는 환경 내에서 권한부여의 느낌을 갖게 된다. 그래서 가정 환경 내에서 아더 부인의 견해는 그의 권한부여에 대한 느낌에 영향을 미치는 매우 중요한 요소였다. 재활프로그램이 데크 구축을 통해 성공적으로 실행되자, 아더의 아내는 그 이점을 깨닫고 걱정이나 자신이 통제해야 된다는 생각이 점차 바뀌었으며 이 일을 통하여 무엇인가 얻을 수 있다는 희망을 갖게 되었다. 요컨대, 아더의 아내 역시 상당한 권한부여를 받은 셈이다.

4. 중재는 아더의 자아상을 개선하는 방식으로 구체화되었다. 결과적으로 아더는 사고 후 아주 나약해졌던 자아상이 크게 개선되었다. 말하는 것과 신체적 능력이 개선되면서 아더는 빠른 속도로 자신이 충분한 능력이 있고 자신의 희망에 따라 삶을 영위할 수 있다고 생각하게 되었다. 이와 같은 자아인식은 다시 그에게 말과 행동을 더욱 잘 할 수 있다는 자신감을 부여하였고 이것은 재활에 더욱 도움이 되었다. 개선된 자아인식은 아

더의 사기를 북돋아 주었고, 정신적으로 자신의 본래 모습을 되찾을 수 있도록 상당한 도움을 주었다. 또한 부정적 사고가 줄고 긍정적 사고 및 개념 형성, 그리고 명확한 표현력이 증가했다. 아더는 아프기 전에 쉽게 걸어갈 수 있었던 집안의 모든 부분에 새롭게 접근할 수 있는 방법을 생각하기 시작했다. 그는 전과는 다르지만 자신의 아내와 딸과 대화할 수 있는 효과적인 방법을 시험해 보기 시작했다. 또한 일상의 자가관리와 가사일을 해내는 대안을 생각하기 시작했다. 삶의 질 관점에서 중재를 받는 사람들은 종종 중재 대상에서 제외되었던 삶의 측면을 개선한다. 이는 스스로의 선택에 따른 성공이 자아 이미지를 개선하여 간과될 수 있었던 다른 활동을 시도하도록 동기유발을 하기에 충분하기 때문이다. 자아 이미지의 개선은 자신감을 더욱 높여 줌으로써 다른 부분에서도 능력 향상의 결과를 낳게 된다.

자신에 대한 개선된 자아상에 있어서의 중요한 측면은 현재 자신이 살고 일하는 환경이 여전히 살아가고 일을 하고 성장하고 행복을 경험할 수 있는 기회로 가득 차 있다는 사실을 인식하는 것이다.

이는 아더에게도 분명 해당되는 경우다. 그는 여전히 많은 좌절과 어려움을 견뎌야 했지만, 자신의 환경이 자신에게 많은 기회를 제공한다는 것을 깨닫게 해 준 긍정적인 자아상은 어려운 상황 속에서 불행을 대처하고 앞길을 헤쳐 나가는 데 사용할 강력한 무기가 되었다. 이와 같은 변화는 앞으로 다가올 많은 시간 동안 그의 가족과 가정생활에 대한 아더의 전망을 밝게 해 줌으로써 단기적으로뿐만 아니라, 장기적으로도 도움이 될 것이다.

● 참 여

아더의 이야기는 장애 분야에서 종사하고 있는 이들의 역할에 대해 또 다른 면을 보여 준다. 독자들은 아마 지금까지 읽으면서 그 점에 대해 의문을 가졌을 것이다. 재활 관련 종사자들이 아더의 재활팀처럼 직접적으로 참여하는 것이 바람직 하느냐의 문제다. 종종 일선의 재활 관련 종사자들이 중재 수행을 하는 전략으로서 직접 일이나 활동에 참여해야 할 수도 있다. 쉽게 말해 이들이 직접 팔을 걷어붙이고 도움을 제공해야 할 순간이 있다. 아더의 팀은 데크 모형을 만들고, 직접 작업하여 보여 줌으로써 아더의 행동을 유도하기도 하고 그의 근육과 목소리를 더 많이 사용하도록 독려하면서 이를 실현했다. 이 과정에서 이들은 아더가 소망을 이루어가는 일을 도울 수 있었다. 이 자체만으로도 굉장히 만족스러운 성과였다.

활동 단계를 분별력 있게 사용하기

삶의 질 모형의 활동 단계는 중재에 적절하게 적용되어야 한다. 전문가, 가족, 기타 지지자들은 부정적 결과에 이를 수 있는 위험 요소와 행동과정들을 주의해야 하고 이러한 부정적인 결과와 중재의 잠재적인 이점을 잘 비교해야 한다.

팔다리에 심각한 사고를 입은 도나는 퇴원해서 집으로 가고 싶어 했다. 그녀의 재활을 위해서는 집중적인 물리치료가 필요했으나 도나는 집으로 돌아가기를 선택했으므로 재활팀은 그녀가 원하는 대로 집에서 자가 운동/치료하도록 허락하였다. 그러나 아쉽게도 그녀는 처방된 치료 스케줄을 따르지 않았고 결국 경련성 강직이 시작되었다.

재활 환자에게 어디서부터 시작하고 어떻게 진행할 것인지 알려주는 것은 그에게 자신의 미래에 대하여 스스로 선택할 권한을 부여하고 자아상을 높여 주는 효과가 있다. 하지만 때로 재활 환자는 자신이 선택한 대로 수행하지 못할 경우가 있다. 물론 여기에 관계된 재활종사자는 이와 같은 사실에 대하여 항상 솔직히 인정해야만 한다. 네 가지 활동단계에 기반한 삶의 질 중재는 건전하고 믿을 만한 재활기관에서 설정되어야 한다. 도나의 사례에서 병원을 퇴원하여 집으로 돌아가고자 한 그녀의 첫 번째 선택은 물리치료 프로그램이 가정에서 정기적으로 점검되고 지원된다는 것을 전제로 허락되었을 것이다. 이런 특성의 지원을 제공하려면 재활 전문가 입장에서 창조적 작업이 필요할 수 있다. 병원의 일반적인 의무사항에 속하지 않는다면 특히 그렇다. 만일 병원에서 도나에게 재택 치료를 제공할 수 없다면, 집으로 돌아가려는 도나의 선택을 허락하는 것은 적절하지 않을 것이다. 도나의 경험처럼 부정적인 결과가 초래된다면 그런 개인적인 선택은 용납되어서는 안 된다. 재활을 지원하는 종사자들은 대상자에게 해를 끼치는 것이 명백하다면 개인적 선택을 수용하지 않을 책임도 있다.

한 가지 딜레마는 해를 끼치는 것이 무엇인지를 아는 일이 때로는 너무 어렵고 힘이 든다는 사실이다. 어떤 경우에는 환자에게 해로운 것이 무엇인지 우리는 전혀 알 수가 없다. 해롭다는 확실한 근거가 없다면 환자의 선택을 따르는 편이 낫다. 왜냐하면 많은 재활 환자들은 충분한 의지가 있다면 외부적 지원과 함께 어려움을 극복해 나갈 수 있기 때문이다. 실무자들은 이와 같은 상황에서 임상적 판단과 경험에 의존할 필요가 있다.

● 개인의 현 상태를 알려줄 수 있는 조직을 이용하라

중재가 성공하려면 이들을 지지하는 어떤 조직이 필요하다. 그 조직 속에는 개인이 기능하는 정도나 개인이 보여 주는 불안정성의 정도(예, 스트레스를 받으며 일하거나 새로운 것을 학습하는 사람들은 종종 성취결과가 불안정하다)는 물론 개인의 강점과 문제에 대한 지식(예, 피로감 없이 개인이 얼마나 오래 수행할 수 있는지) 등에 대한 인식을 담아야 하다. 이러한 특성들은 어떤 선택의 수행을 둘러싼 조직의 크기에 영향을 미친다. 실무자는 자신이 다루는 사람과 그 상황에 따라 지원 및 통제의 크기, 그리고 조직의 다른 측면을 변화시켜야 할 필요가 있다.

선택에 관련한 조직에는 언제 어디에서 활동이 이루어질 것인지, 누가 이 대상자를 치료할 것인지 어떻게 할 것인지 등 중요한 외적 요소들이 있다. 예를 들어, 어떤 사람은 아침에 컨디션이 가장 좋을 수 있다. 또한 어떤 사람은 친숙한 환경에서 가장 잘 적응하지만 개인적인 이유로 다른 환경을 선택할 수도 있다. 혹은 자신이 선택한 친밀한 사람에게 치료받는 것이 최상이라면 '사적인' 조직을 제공할 수도 있다. 이 중 일부 그리고 그들과 관련된 항목들은 학습의 전략적 측면에 해당되지만, 여기에서는 개인의 선택을 존중한다는 측면에서만 적용되고 있다. 브라운과 허슨(Brown & Hughson, 1993)은 이와 같은 학습과 관련된 몇 가지를 심도 있게 다루었다.

개인의 선택을 더욱 존중해 주면 일반적으로 더 폭넓은 선택의 기회가 열리게 된다. 예를 들어, 28세인 린은 읽기를 배우고 싶어 했다. 그녀는 과거에는 성공하지 못했지만, 그것이 자신의 선택이라고 고집스럽게 주장했다. 전문가들은 지역의 대중교통 수단을 사용하는 법을 배우는 등 다른 기술을 학습하는 일이 더욱 적절하고 받아들이기 쉬울 것이라고 생각했다. 하지만 결국 린의 선택은 수용되었고, 이는 린이 또 다른 선택을 하도록 요구하였다. 그녀가 면접을 통해 자신을 가르쳐 줄 사람을 직접 선택해야 하는가? 그녀가 자신이 배울 장소를 선택해야 하는가? 이 두 가지 측면 모두가 치료 프로그램에 포함되었다. 린은 글 읽는 것을 배웠지만 읽기 자체보다 그 과정에서 다른 것을 더 많이 배웠다. 그녀는 지원자들을 면접하고 자신에게 글을 가르쳐 줄 교사를 고르는 경험을 했다. 자신의 성취에 대해 자부심을 가지게 되면서 그 이후 장애를 덜 느끼게 되었다. 따라서 다른 형태이긴 하지만 선택을 학습 패러다임 속에 포함시키면 중재 효과를 강화하게 된다. 이와 같은 선택 참여가 자아의식과 자아상의 개선으로 인해 다른 영역에까지 일반화시키는 효과를 높여 준다는 증거가 있다. 브라운 등(Brown et al., 1992)은 이 점을 보다 상세하게 논의하고 있다.

● 잘못된 기대수준을 높이지 마라

이 장에서 말하는 활동단계는 중재에서 사용될 때 대상자의 삶에 긍정적으로 부가될 수 있으나 미래에 대한 잘못된 기대치를 심어 주지 않도록 주의해야 한다. 중재의 긍정적 결과를 지나치게 강조하면 삶의 질 활동 단계를 부적절하게 적용한 것이 된다. 재활 중재를 지지하는 사람들은 환경에 대한 실제 통제 가능성과 발

233

생활 가능성이 거의 없는 희망을 심어 주는 상황 간에 차이를 구분할 줄 알아야 한다. 동시에 도움이 필요한 재활환자들은 종종 상황이나 결과가 바뀔 것이라는 믿음 때문에 좌절하기도 한다. 경험이 많은 실무자들은 목표가 환자의 기대 수준보다 높더라도 환자가 현실적으로 달성 가능한 정도를 지적해 줄 것이다. 실무자가 개인이 가능하다고 믿는 바를 인식하여 이런 목표를 구체적으로 그림을 그려 표현하는 것은 기대되는 성취 정도를 보여 줄 수 있는 중요한 방법이다. 또한 이는 실제 달성 가능한 수준보다 낮을 수도 있지만, 대상자 스스로가 기대치를 높일 수 있다고 봄으로써 동기를 크게 부여하고 자아상을 향상시킬 수 있다(예, '보세요, 제가 해냈어요. 내가 할 수 있으리라고 생각 못했는데……'.)

전문가 중심 3단계

앞에서 논의한 대상자 중심 4단계에 대한 삶의 질 기반 중재에 전문가 중심 3단계를 더하고자 한다. 다시 말해서 실생활 사례를 사용하여 실무자들이 실제 중재에서 어떻게 활용할지를 설명한다.

세 가지 단계는 다음과 같다.
1. 철학적 관점 유지
2. 논리적인 수행과정
3. 적합한 전문기술 사용

철학적 관점 유지

삶의 질은 중재를 견고하게 구축하는 철학적 토대를 제공한다. 이 방법에 기초한 중재를 진행할 때 실무자는 그 개념과 원칙을 유지하도록 유념해야 한다. 삶의 질은 실무자에게 익숙한 다른 중요한 철학적 개념과 원리에 대부분 일치하는 포괄적이고 광범위한 접근방법을 제공한다. 예를 들어, 중재에 대한 삶의 질 접근방법은 사회구조적 문제로서의 장애에 대한 시각과 일치한다. 이는 또한 우리의 현재 사고에 매우 많은 영향을 주었다. 대서양을 가로지르는 세계 각지에서 장애에 대한 주장과 학설들을 대표하는 마이클 올리버, 렌 바튼, 마샤 리우 등은 장애의 사회적 요인을 인정하는 이 책의 주제를 개발한 저자들이다. 다른 사례로서 '포용'이라고 하는 개념의 상당 부분이 삶의 질 접근법과 잘 융화된다. 따라서 실무자들은 철학적 접근법으로서 삶의 질에 중점을 둘 때, 보완적인 철학적 접근법을 염두에 두고 그것을 자신들의 전반적인 철학적 사고 내에 수용할 것이 권장된다. 이를 수행하는 방법을 포용이라는 개념을 사용하여 다음에 제시한다.

포 용

장애 분야에서 중요한 실행 철학의 하나는 포용 정신이다. 이 개념은 수용, 접근, 평등권, 사회참여와 같은 하위개념은 물론 다양한 다른 부분도 포함하고 있다. 삶의 질 기반 중재는 장애를 가진 사람들이 그들이 사는 환경에 있는 사람들과 장소들에서 삶을 온전히 경험할 가능성과 권리를 의미하므로 포용을 강력한 철학적 도구로 사용할 수 있다. 포용은 지난 수십 년 동안 정상 혹은 정규 교육 시스템에 장애아동들을 포함시키고 전 연령층의 장애인들이 일상활동을 즐길 수 있도록 하는 것을 의미했다.

그 반대 개념인 배제를 통해 포용에 대해 더 많이 이해하는 데 도움이 될 수도 있다. 배제란 아주 오래 전부터 이행된 것으로 오늘날 사회에서도 정도의 차이는 있지만 여전히 널리 사용되고 있다. 다음 페이지의 박스 부분은 배제가 여러 가지 형태를 가지고 있다는 점을 보여 준다. 일반적으로 배제는 사회적 계층제도를 지지하고, 계층 내 임의적으로 책정된 지위에 따라 일부 사람들의 참여를 제한하면서 또 다른 어떤 사람들은 우대하는 일련의 규칙과 가치로 입증된다. 배제는 일부에게만 이로움을 제공하고 그 외의 사람들에게는 제공되지 않으며, 선택된 사람들에게만 배타적으로 삶의 어떤 측면들을 누릴 수 있도록 하기 위해 고의적으로 취한 조치다.

포용은 배제의 반대 개념이다. 배제와 같이 포용은 일련의 규칙과 가치이지만 이번에는 그 반대의 이유에서다. 그 목적은 계층을 부수고 장벽을 제거하여, 사람들이 자신이 사는 환경의 삶에 완전히 참여하도록 하는 것이다. 포용은 장소, 장비, 정보, 인력 등에 대한 접근성을 의미한다. 학교에 다니기는 하지만 수업이나 휴식, 점심시간 중 다른 아이들과 격리되는 아이들에게는 접근성이 있다고 할 수 없다. 청각장애가 있어 수화를 사용하는 한 학생은 점심시간에 아무도 옆에 앉지를 않아서 더 고립감을 느꼈다고 했다. 또한 포용은 자기계발과 수행능력을 높여 주는 개념과 활동을 의미하기도 한다.

배제되는 부분

배제가 일어날 수 있는 측면들은 다음과 같다.

- 신체적
- 사회적
- 정신적
- 개인 혹은 단체
- 세대 간
- 단기 혹은 장기
- 가정, 지역사회, 서비스 및 기관 내

포용되는 부분

다음의 측면에서는 포용이 요구된다.

- 접근성
- 의식적 인식 및 통찰
- 권한부여, 접근성, 차별없는 사회
- 상호관계
- 삶의 다양성
- 비 계층적 사회구조
- 개인적 선택과 통제

포용은 최근 수년 동안 수많은 부모나 전문가 그룹, 봉사, 교육 현장에서 중심 가치로 부상하였다. 이 중 일부는 교육제도 내에서 아동의 교육에 대한 권리와 모든 연령의 장애인들을 위한 지역사회 자원, 서비스, 장소에 대한 접근성에 강하고 역동적으로 기여하고 있다. 이 강력한 철학적 도구는 수많은 사람들의 삶의 질을 개선하는 데 도움을 준다.

　장애가 있는 모든 사람들이 완전한 포용을 향유할 수 있을까? 야셀디케[14]와 같은 일부 저술가들은 그럴 수 있을 뿐만 아니라 그럴 필요가 있고 완전한 포용을 실현하는 것이 요구된다고 믿는다. 또한 야셀디케는 만일 우리가 완전한 포용에 이르지 못한다면 문에 쐐기를 박아서 문을 영구적으로 조금만 열어놓는 것과 같다고 믿는다. 이럴 경우 장애가 있는 사람들은 항상 배제될 것이다. 그러나 북미에서 강력한 포용운동이 일고 있기는 하지만 모든 이들이 이 견해에 동의하는 것은 아니다.

　포용은 물리적, 사회적, 심리적 측면에서 접근성을 요한다. 이와 같은 환경을 소유할 수 있다는 것은 개인의 선택 권한을 높여주고 자신들이 살고 있는 환경에 대한 지배력을 제공하기 때문에 삶의 질을 현저하게 증가시킨다. 그 결과 개인의 자아상과 권한은 강화되는 것이다. 접근성을 창출하면 장애인 당사자들이 보다 다양한 대안을 갖도록 하여 활동의 통합성 혹은 총체성을 개선한다. 예를 들어, 금융정보가 물리적으로 쉽게 접근할 수 있고 개인적으로 직접 얻을 수 있는 형태라면, 그리고 은행 창구 직원이 친절하게 도움을 주는 태도로 이들을 대하면(사회, 심리적 접근성), 장애

_____

14) 야셀디케(J. E. Ysseldyke): 미국의 장애아동 교육 고위 관리자

인들은 자신의 편리에 따라 다양한 서비스를 선택할 수 있으므로 은행을 더 많이 이용하게 될 것이다. 이는 장애인 자신의 금융관리권한과 그들이 참여할 수 있는 활동의 다양성을 증가시킨다. 이들은 지역사회에도 포함되어 또 다른 사람들과도 접촉할 수 있게 될 것이다. 일단 이런 유형의 접근이 가능해진다면 수많은 다른 것들도 가능해진다. 독자는 장애인들이 현재 앞에서 제시된 활동들에 참여하고 있지 않을 가능성이 많으므로 그러한 활동들과 장점들에 대한 목록을 작성해 놓는 것이 좋을 것이다.

지역사회 교류활동을 통하여 부정적이거나 부적절한 교류 활동을 방어하는 능력이 향상된다. 예를 들어, 지역사회 활동에 익숙한 장애인은 그럴 기회가 거의 없는 장애인에 비하여 부적절한 방문 판매원에게 별로 반응하지 않을 것이다.

도리스는 55세로 다운증후군을 앓고 있다. 그녀는 자신보다 나이가 좀 더 많은 다운증후군인 여자친구와 주택에 살고 있다. 이들은 집안에서는 문제없이 지내지만 누군가 벨을 누르면 문을 열어 아무나 집안으로 들어오게 한다. 이들을 돌보는 사람들은 이들이 부적절한 외부인들에게 취약하다고 느낀다. 이 여성 두 명은 다양한 사람들을 구별하거나 대응하는 방법 혹은 이들의 행동이 적절한지 평가하는 법을 배우지 못했다. 그들의 경우 오랫동안 자기 자신의 집에서 살아본 적이 없기 때문일 수도 있다. 그들은 보호 관리 직원이 항상 지켜보고 있는 공동생활에 익숙하다. 그들은 가정을 돌보는 데 필요한 대부분의 일을 수행할 수 있고 자신의 집에서 행복하게 살고 있지만, 결국 과잉보호로 인해 그들이 독립적으로 살아가는 데 필요한 중요기술을 습득하지는 못했다.

만일 우리가 삶의 질을 포용에 적용한다면 삶의 질의 원칙은 포용을 기존보다 훨씬 확장된 형태, 즉 전체적이고 삶의 전반에 걸친 개념으로 보게 된다. 학교에서 포용은 아동이 가정과 지역사회에서 때때로 긍정적으로, 또는 부정적으로 포용되는지에 영향을 준다. 종종 '배제'라고도 일컬어지는 포용의 반대 측면은 상세하게 다룰 필요가 있다. 그래야만 포용을 온전히 더 총체적으로 이해할 수 있을 것이기 때문이다. 그런 다음에야 비로소 우리는 어떻게 이러한 과정들이 포용으로 반전될 수 있을 것인지를 보게 될 것이다. 이는 결코 쉽지 않은 과업이다. 삶의 질 방법을 중재에 적용하는 교육과정 중에 있는 한 전문가가 쓴 성찰의 글에 그 이유를 묘사하고 있다.

장애지원인력의 목적은 장애인이 자신의 목표와 희망을 찾도록 격려와 지원을 하고 이들이 그 목표와 희망을 향해 나아갈 수 있도록 돕는 것이다. 오늘 삶의 질 수업 중 이 문제에 관한 토의를 통하여 내 자신의 가치관에 대해서 돌아보고 숙고할 수 있었다. 나는 포용적 사고와 방법을 사용하는가? 아니면 배제적 사고와 방법을 사용하는가? 내가 돌보고 있는 한 아이 엄마의 행동에 나는 놀라곤 한다. 하지만 그 엄마처럼 나도 종종 가능한 방법을 설명하기보다 왜 안 되는지에 집중하고 있다는 것을 알게 되었다. 그리고 나 역시 이 지역사회에서 만연하고 있는 배제적 신념을 공유하고 있음을 알게 되었다. 이런 신념은 악의에서 나온 것이 아니라 아이를 보호하고 양육하고자 하는 마음에서 나오는 것이다. 이런 논의가 내가 가진 신념들을 깊이 성찰해 보게 하여, 내가 더 나은 장애지원인력이

되도록 도울 것이다. 삶의 질 접근방법은 매우 개인화된 것이고, 그렇게 되기 위해서는 작은 지역사회에서 변화가 일어나야 한다. 우리는 지금까지 공정성을 유지하기 위해서 개인들로 구성된 그룹들의 서비스/프로그램을 제공하는 데 초점을 맞추었어야 했지만, 이제 개인에게 맞추어진 재활계획이 이루어지기 위해서는 사고의 변화가 먼저 일어나야 할 것이다.

삶의 질 접근방법은 포용의 원리에 약간의 변경을 요하는데 그 이유는 비록 삶의 질이 포용의 방향으로 추진되기는 하지만 개인 및 사회와 관련된 특정한 과정이 고려되어야 하기 때문이다. 예를 들어, 개인들은 자신의 경험과 희망에 따라 다른 선택을 하고 싶어 할 수도 있을 것이다. 궁극적으로 삶의 질은 개인에게 최고의 이익을 가져다줄 결정을 따르는 것이지만, 그러자면 때로는 포용의 원리와 부딪치기도 한다. 보통은 삶의 질과 포용 사이에 갈등이 거의 없으나 예외도 발생한다. 삶의 질 원리와 포용 간에 균형을 찾고 제공하는 일이 일선 재활전문가의 일이다.

◉ 사회적 역할 가치설정

과거 20년 동안 장애 분야에서 널리 수용된 또 다른 철학적 접근방법은 정상화다. 이는 볼프 볼펜스버거가 '사회적 역할 가치설정'으로 개념을 재정립하였다. 이 접근방법 내의 개념들은 많은 중요한 변화를 불러일으켰다.

이제는 장애를 가진 사람이 자신의 환경에서 정상적인 경험이 필요하고 정상적이며 사회적으로 수용될 수 있도록 처우해야 한다는 것이 인정되고 있다. '일탈자 병치'[15]와 같은 개념들을 바탕으로 다양한 장애 집단과 범죄자와 같은 사회적 일탈집단을 위한 인력 혹은 서비스가 동일한 장소에 공존하고 다양한 장애인 그룹들을 포함하는 변화가 있도록 많은 노력을 하고 있다. 비록 볼펜스버거 자신은 사회적 역할 가치설정으로부터 삶의 질 개념이 발전된 것이라는 인식을 수용하지 않았지만, 그 많은 개념들은 우리가 서술한 삶의 질 접근방법에 명확히 드러나 있다. 하지만 이 포용의 사례와 같이 삶의 질 접근방법은 선택, 자아상, 권한부여가 사회적 역할 가치설정의 원리 중 일부로부터 변형을 요할 수도 있다. 이는 다음 사례에서 보여 주고 있다.

베릴은 다운증후군을 앓고 있다. 그녀는 자신의 트레이닝 프로그램에서 신체 장애를 가진 한 남자를 만나게 되었다. 그는 직장을 얻었으나 베릴은 그렇지 못했다. 이들은 서로 사랑하게 되어 결국 결혼하였고, 몇 년 동안 지역사회에서 행복하게 살고 있다. 남편은 직장에서 일을 하고, 베릴은 집에서 가사를 돌본다. 이들은 사회적 모임에 참여하는 등 여러 활동을 함께하고, 다양한 많은 활동들 가운데 서로에게 분명히 의지할 수 있어 행복하다고 말한다. 베릴은 남편보다 더 사교적이라 이 부부가 사람들과 함께 있을 때 주로 말하는 편이다. 하지만 남편에게 질문을 통해서 사람들과의 대화 속으로 끌어들여 그의 자아상을 잃지 않도록 지지해 준다. 이들이 결혼했을 때, 일부 전문가들은 그녀가 장애가 있는 다른 사람과 결혼하는 것은 '정상화'가 아니라고 반대하였다. 자신들의 목표를 달성하는 과

---

15) 일탈자 병치(variancy juxtaposition): 다양한 장애 집단과 범죄자와 같은 사회적 일탈집단을 위한 인력 혹은 서비스가 동일한 장소에 공존해야 한다는 개념.

정에서 스스로 복지를 증진시키기 위한 방법을 찾고 선택하는 자유
는 베릴과 그녀의 남편에게 매우 중요하며 이는 또한 삶의 질 접근
방법에도 없어서는 안 될 요소다.

논리적인 수행과정 따르기

철학적 관점을 유지하는 것 외에, 재활전문인들은 삶의 질 기반
중재를 이행할 때 논리적 과정을 따르는 것 또한 중요하다. 재활
전문인들은 적어도 다음의 세 가지 논리적 수행 기본 원리를 고려
해야 한다. 즉, 중재를 위한 세부 계획을 수립하고, 일관성 있게
실행하기 쉽도록 중재를 이행하며, 개인의 행동에서 지속적인 변
화를 기록 및 평가해야 한다. 이 세 가지 각각은 특히 중요한 삶의
질 기반 중재 측면을 강조할 목적으로 여기에서 간략하게 설명하
고 있다.

◉ 중재를 위한 세부 계획 수립

아주 초기 단계의 계획으로부터 환자 본인의 관점에서 수행하
고 그에 따라 진행하는 것이 필수적이다. 일반적으로 많은 실무자
들은 이 업무에 능숙하기 때문에 계획을 먼저 신속하게 수립한
후, 중재 시에 대상자를 포함시켜 그의 관점으로 진행하려고 한
다. 때때로 아무리 경험 많은 실무자라도 저항에 부딪치게 되어
종종 놀라는 경우가 있다. 이 저항을 극복하는 데 상당한 노력을
허비하기도 한다. 하지만 이러한 저항은 종종 개인의 중요성, 선
택 또는 희망을 반영하지 못하는 중재에서 기인한다.

실무자들은 상세한 계획 수립의 중요성을 알고 있다. 그러나 삶

의 질 기반 접근방법에서는 시작부터 종료까지 해당 개인을 완전하게 포함하는 것 또한 중요시한다. 긴급할 때 혹은 위기 시와 같이 당사자에게 묻지 않고 자신의 생각에 따라 신속하게 처리가 필요하다고 인식해야 할 때가 있다. 물론 그렇지 않은 경우도 있다. 너무 많은 선택은 사람들에게 혼선과 좌절감을 주고, 너무 많은 시간을 계획 수립에 소모하게 되면 반드시 해야 할 일과는 거리가 먼 부분을 강조하게 될 수도 있다. 때로는 전문가들이 개인 자신이 동의할 수 있는 활동을 제안해 주기를 바란다. 실무자들도 계획 단계에서 개개인이 포함되는 정도의 '적절한 수준'을 찾는데 정확한 판단력을 발휘할 필요가 있다.

◉ 일관성 있고, 실행 가능한 중재

개인의 선택을 따르는 것 외에도 중재는 해당 개인을 충족시켜야 하고 이들이 자신의 삶을 더욱 잘 운영하고 긍정적 자부심을 갖도록 지원해야 한다. 많은 중재에서 전반적인 목표 방향에 맞는 일련의 긍정적 단계들을 통해 가장 잘 이행된다. 무엇보다도 이 단계들은 개인에게 일관성 있고 논리적으로 보일 필요가 있다. 일관성 있고 논리적인 것이 무엇인지에 대해 개인의 생각은 실무자의 생각과 다소 다를 수 있으므로, 계획은 개인에게 일관성 있고 논리적이 되도록 수정될 수 있어야 한다. 또한 각 단계들은 개인이 실행하기 쉬어야 한다. 너무 급하게 적용된 중재를 통한 변화는 혼돈이나 불만으로 이어질 수 있고, 권한부여나 자존감도 떨어뜨릴 수 있다. 신중한 실무자는 중재의 진행속도나 논리성을 지속적으로 모니터링하여 되도록 개인에게 적합하도록 해야 한다.

◉ 개인의 행동에서 지속적인 변화의 기록 및 평가

실무자는 행동과 기능에 대한 중재 결과와 절차를 상세하게 기록하는 일이 매우 중요하다는 것을 알고 있다. 그리고 대상자의 동의를 받아 정기적으로 각 대상자에게 적합한 기능행동지표를 선택하고 측정 데이터를 기록해야 한다. 이는 중재 대상 개인 또는 가족처럼 영향을 받는 다른 이들의 주관적 인식에 대한 평가도구가 포함되어야 한다. 이에 더하여 상세한 질적 데이터를 수집해야 하는데 이는 서술과 설명을 위해 얻어진 풍부한 정보 자료로서 특별히 유용하다. 혁신적인 당사자 중심 삶의 질 기반 중재에서 이와 같은 기록은 특별히 주의하여 관리해야 한다.

자신의 평가에 참여하는 일은 비록 쉽지 않더라도 권한부여의 경험이 될 수 있다. 가능하다면 대상자가 절차, 인식, 변화를 추적하고 기록하며 결과를 해석하는 팀의 일원이 되도록 하는 것이 좋을 것이다. 대상자는 중재의 효과에 대해 자신의 견해를 말할 뿐만 아니라 필요한 변화를 요구할 수 있어야 한다. 이는 실무자의 기록과 평가에 관심을 전적으로 두지 말라는 것이 아니며 중재 대상자가 이 과정에 참여할 수 있도록 해야 한다는 의미다.

🍐 적합한 전문기술 사용

삶의 질 접근방법은 중재를 이행하는 많은 방법들을 제공하지만 올바른 전문기술을 활용하는 방식으로 수행되어야 한다. 두 가지 전문기술인 카운셀링과 서비스 코디네이션('사례관리'라고도 함)은 다음에 예를 들어 설명하고 있다. 독자들은 사례들을 읽은 후 삶의 질 기반 중재에 효과적으로 사용될 수 있는 다른 전문기술도 생각해 보기 바란다.

◉ 상 담

상담은 정도의 차이는 있지만 거의 모든 중재에서 사용되고 있다. 종종 삶의 질을 촉진하도록 개인에게 사용되거나 가족 구성원에게 중점을 두어 가족의 삶의 질을 높여 주기도 한다. 어떤 조력관계에서든지 지속적인 정서적 지원은 고객과 전문가 간의 관계에서 중요한 측면이겠지만, 삶의 질 접근방법에도 아주 중요한 것으로 여겨진다.

사람들은 자신이 무엇을 좋아하는지 표현하기 위해서는 효과적으로 의사소통을 할 수 있어야 한다고 생각한다. 그러나 어떤 장애인들은 대화할 때 비장애인이 자신들을 이해하는 능력이 부족하다고 가정한다. 따라서 효과적인 상담자와 조력자가 되는 첫 번째 단계는 개인이 전달하는 언어적, 비언어적 메시지를 이해하는 것이다. 두 번째 필수 단계는 개인의 선택과 메시지를 듣고 존중하는 것이다. 이를 이행하면서, 상담자는 장애인 상담 대상자 자신들이 고려하고 있는 선택이 어떤 것인지를 이해하는 정도와 그들이 고려하고 있는 선택의 범위를 평가할 필요가 있다. 기회가 적은 제한된 환경 때문에 신중한 선택이 이루어지지 않을 때도 있다. 상담은 가능하면 어디서든지 대안이나 새로운 경험을 찾을 기회를 제공하고 촉진해야 한다. 마지막으로 선택의 정확한 본질과 미치게 될 영향도 당사자와 함께 분명히 이해되고 탐색되어야 한다.

● 서비스 코디네이션

대부분 중재의 다양한 면을 총괄하는 일은 중재를 받는 많은 사람들보다 훨씬 높은 수준의 기술을 요한다. 이런 이유로 이 책임은 도움을 제공하는 위치에 있는 실무자가 맡아야 한다. 효과적인 코디네이션 기술은 적절한 때에 중재가 필요한 사항들을 함께 이끌어 모으는 동시에 당사자를 그 과정에 포함시키는 것이다. 다시 말해서, 효과적인 서비스 코디네이터는 중재에서 실질적이고 때로 다양한 작은 부분들에 관심을 가지며 이행되도록 하지만, 해당 개인의 동의와 충분한 지식을 갖추지 않고서 수행하지 않도록 한다. 또한 대상 장애인을 위하거나 대신하고 그들의 자립, 자존, 및 긍정적 자아상을 강화하도록 지원을 제공하는 방식으로 항상 행동해야 한다.

✿ 맺는 말

본 장에서 우리는 삶의 질 접근이 다양한 원칙과 활동을 융합할 수 있는 방식들을 소개함과 동시에, 삶의 질의 가장 원초적이고 중요한 원칙들 몇 가지를 강조하여 기술하였다. 이 내용은 단순히 제시에 그치지 않고 독자들이 자신의 사례를 살펴서 다양한 장애 및 문제를 표현하는 사람들을 돕는데 우선적이고 체계적인 삶의 질 접근방법을 구축할 수 있도록 하였다.

✿ 사고와 논의

1. 사례를 통하여 개인의 선택을 수용하는 것이 어떻게 중재를

강화시킬수 있는지 설명하라.

2. 삶의 질 접근방법이 중재를 어떻게 조직화시킬 수 있는가? 이런 조직화는 중재의 성공을 어떻게 도울 수 있는가?

3. 삶의 질 접근방법은 장애를 가진 사람을 포용하는데 어떤 도움을 주는가?

4. 중재의 목적은 사람들의 삶을 개선하는 것이다. 모든 중재가 그러한가? 중재가 이들의 삶을 개선하는 데 도움이 되지 않은 때가 있는가?

5. 우리는 장애를 가진 사람이 가장 중요하다고 생각하는 것에서부터 중재를 시작하는 것이 중요하다고 배웠다. 실무자들이 정당한 이유로 다른 측면에서 중재를 시작한다면, 어떤 것들이 있는가? 세 가지 사례를 생각해 보자. 또 정당한 이유는 무엇이었는지 설명하라.

6. 때로는 중요하게 여겨지지 않았지만 실질적인 문제를 해소하는 것이 중재에 중요한 조직을 제공하고 중재의 성공을 도울 수 있다. 독자가 알고 있는 이 경우에 해당하는 다른 사람의 상황을 설명하라.

Barton, L., Ballard, K., & Folcher, G. (1991). *Disability and the Necessity for a Socio-political Perspective*. Monograph 51. Durham, NH: University of Hew Hampshire.

Brown, I., & Brown, R. I. (Eds.). (1999). *Exceptionality Education Canada,* vol. 9, special issue on inclusion and quality of life, parts 1 and 2.

Brown, R. I., Bayer, M. B., & Brown, P. M. (1992). *Empowerment and Developmental Handicaps: Choices and Quality of Life*. Toronto: Captus Press.

Brown, R. I. (1992). 'Challenges in counselling.' In S. E. Robertson and R. I. Brown (eds). *Rehabilitation Counselling*. London: Chapman and Hall.

Brown, R. I. (2000). 'Learning from quality-of-life models.' In M. P. Janicki and E. F. Ansello (Eds.), *Community Supports for Aging Adults with Lifelong Disabilities*. Baltimore, MD: Paul H. Brookes.

Brown, R. I., Brown, P. M., & Bayer, M. B. (1994). 'A quality of life model: New challenges arising from a six year study.' In D. Goode (Ed.), *Quality of Life for Persons with Disabilities: International Perspectives and Issues*. Cambridge, MA: Brookline Books.

Brown, R. I., & Hughson, E. A. (1993). *Behavioural and Social Rehabilitation and Training*. Toronto: Captus Press.

Clarke, A. M., & Clarke, A. D. B. (2003). *Human Resilience: A Fifty Year Quest*. London: Jessica Kingsley Publishers.

Fewster, G., & Curtis, J. (1989). 'Creating options: Designing a radical children's mental health program.' In R. Brown and M. Chazan

(Eds.), *Learning Difficulties and Emotional Problems*. Calgary, Canada: Detselig.

Fidler, G. S., & Velde, B. P. (1999). *Activities: Reality and Symbol*. Thorofare, NJ: Slack.

Frazee, C. (2003). *Thumbs Up! Inclusion, Rights and Equality as Experienced by Youth with Disability*. Available online at www.laidlaw-fdn.org Children' sAgenda/Resoureces/Working Papers series.

Hughes, C., Hwang, B., Kim, J., Eisenman, L. T., & Killian, D. J. (1995). 'Quality of Life in Applied Research: A Review and Analysis of Empirical Measures.' *American Journal on Mental Retardation 99*, 623-641.

Janicki, M. P., & Ansello, E. F. (Eds.). (2000). *Community Supports for Aging Adults with Lifelong Disabilities*. Baltimore, MD: Paul H. Brookes.

Keith, K. D., & Schalock, R. L. (eds). (2000). *Cross-cultural Perspectives on Qualtiy of Life*. Washington, DC: American Association on Mental Retardation.

Mercier, C. (1994) 'Improving the quality of life of people with severe mental disorders.' *Social Indicators Research 33*, 165-192.

Oliver, M. (1990) *The Politics of Disablement*. London: Macmillan.

Ory, M. G., & Cox, D. M. (1994). 'Forging ahead: Linking health and behaviour to improve quality of life in older people.' *Social Indicators Research 33*, 89-120.

Raphael, D. (1996). 'Quality of life of older adults: Toward the optimization of the aging process.' In R. Renwick, I. Brown and M. Nagler (Eds.), *Quality of Life in Health Promotion and Rehabilitation: Conceptualizations, Issues and Applications*. Thousand Oaks, CA: Sage.

Renwick, R., Brown, I., & Nagler, M. (Eds.). (1996). *Quality of Life in*

250

Health Promotion and Rehabilitation: Conceptualizations, Issues and Applications. Thousand Oaks, CA: Sage.

Renwick, R., Brown, I., & Raphael, D. (1994). 'Quality of life: Linking a conceptual approach to service provision.' *Journal of Developmental Disabilities 3*, 2, 32–44.

Rioux, M. H. (1996). 'Overcoming the Social Construction of Inequality.' In R. Renwick, I. Brown, and M. Nagler (Eds.), *Quality of Life in Health Promotion and Rehabilitation: Conceptual Approaches, Issues and Applications*. Thousand Oaks, CA: Sage Publications.

Romney, D. M., Brown, R. I., & Fry, P. S. (1994). *Improving the Quality of Life: Recommendations for People With and Without Disabilities*. Dordrecht, The Netherlands: Kluwer Academic.

Schalock, R. L. (Ed.). (1997). *Quality of Life, volume II: Application to Persons with Disabilities*. Washington, DC: American Association on Mental Retardation.

Schalock, R. L. (2001) *Outcome-based Evaluation*. New York: Kluwer Academic/Plenum.

Sloan, W., & Stevens, H. A. (1976). *A Century of Concern: A History of the American Association on Mental Deficiency 1876-1976*. Washington, DC: American Association on Mental Deficiency.

Warren, B. (1997) 'Change and necessity: Creative activity, well-being and the quality of life for persons with a disability.' In R. I. Brwon (Ed.), *Quality of Life for People with Disabilities: Models, Research and Practice, 2nd edition*. Cheltenham, UK: Stanley Thornes.

Wolfensberger, W. (1972). *Normalization: The Principle of Normalization in Human Services*. Toronto: National Institute of Mental Retardation.

Wolfensberger, W. (1992). *A Brief Introduction to Social Role Valorization as a Higher-Order Concept for Structuring Human Services*. 2nd (revised) edition. Syracuse, NY: Training Institute for Human Planning, Leadership and Change Agentry (Syracuse University).

제8장

가족의 삶의 질

내 아들의 삶의 질에 우리 가족은 매우 중요한 역할을 한다. 하지만 내 아들의 장애 역시 우리 가족의 삶의 질에 큰 영향을 미친다.

– 라이언(11세)의 엄마 –

장애를 가진 아이들과 어른들은 그들의 혈육과 동료들이 있는 가정, 학교, 직장 및 지역사회 생활에 온전히 포용되어야 한다는 것이 요즘 널리 인식되고 있다. 이러한 포용과 관련된 원칙에 충실한다면 사회적 격리, 지역사회 활동으로부터의 배제, 열악한 서비스, 고비용 그리고 무엇보다도 우리 사회에서 장애가 환영 받지 못한다는 지배적인 인식과 같은 심각한 문제를 해결할 수 있을 것이다. 포용의 원칙들은 국제적으로 점차 받아들여지고 있으며, 그 결과 대부분의 장애 아이들은 가족과 같이 거주하면서 인근 지역의 학교를 다니고, 수많은 성인 장애인들 또한 가족과 함께 또는 혼자서 지역사회에 거주하게 되었다.

46세인 페트리샤는 어릴 때 다른 도시에 있는 시각장애 아동을 위한 특수학교에 보내졌다. 그녀는 학교생활을 즐겼으며, 학창시절 동안 사귄 몇 명의 친구들은 아직도 만나고 있지만 여동생이 다녔던 학교를 다니지 못한 것에 대하여 섭섭해 하고 있다. 또한 그녀는 부모가 '다른 도시에 살았기 때문에 진정한 의미의 부모가 아니다'며 섭섭해 한다.

더 포용적인 지역사회에 산다는 것은 대부분의 가족들이 장애아동, 때로는 성인 장애인, 특히 성인 지적장애인들을 돌보는 주된 책임을 지는 것을 의미한다. 장애인 자녀를 둔 어머니들은 특별히 부가적인 책임에 따른 부담감을 느끼게 될 것이다. 가족들은 거의 대부분 부가적인 책임을 기꺼이 부담하며, 그로 인해 종종 뿌듯함을 느끼기도 한다. 그러나 많은 사람들이 가족으로서의 책임을 적절히 수행하기 위해 실질적, 정서적 또는 재정적인 지원이 필요하다. 장애인 가족을 돕는 서비스 기관들은 장애인을 직접 돌보기보다는 장애 가족들을 지원하는 것이 자신들의 역할이라고 생각한다. 이로 인해 장애인 가족들이 지원기관과 지원인력에 대응하는 부가적인 일을 해야 하기 때문에 가족의 책임은 증가하게 된다. 이러한 이유로 서비스 기관이 올바른 형태의 지원을 제공하는 것이 더욱 중요하다. 그래서 그들의 가족이 돌보는 장애아동 및 성인 장애인들에게 가족은 삶의 질을 좌우할 뿐 아니라, 그 안에서 삶의 질을 체험하는 점차 중요한 환경이 되어간다. 그러므로 가족 내의 삶의 질을 점검하고 이를 높이는 것이 특히 중요하다.

데니스와 셜리는 자폐 증세를 가진 현재 20세의 아들이 있다. 이들 부부는 아이가 어렸을 때 주의와 보살핌이 많이 필요했기 때문에 엄마가 직장을 그만두고 아들과 함께 집에 있기로 결정했었다. 데니스는 셜리가 아들을 돌보는 일로부터 쉬는 것이 필요하다는 것을 깨달았기 때문에 지난 20년 동안 매년 데니스는 휴가를 사용하여 그의 아들을 돌보았고, 셜리가 몇 주 동안 집을 떠나 쉴 수 있도록 해왔다.

동시에, 장애를 가진 가족이 있다는 것은 전체 가족생활 뿐만 아니라, 가족 개개인의 삶에 다양한 방법으로 영향을 준다. 이러한 사례를 보여 주는 많은 가족 이야기들이 글이나 구두로 전해지고 있다. 장애 관련 연구자 및 학술기관에서 가족의 삶의 질 연구에 지금까지 관심을 거의 기울이지 않았다는 사실은 독자들에게는 놀랍게 여겨질 것이다. 가족의 삶의 질은 새로운 분야로서, 본 장에서는 개요만을 다룬다. 가족의 삶의 질을 연구하는 것은 분명히 복잡한 일이지만 우리는 이 분야가 연구와 실무에서 아주 중요한 부분이 되어가고 있다고 믿는다. 우리 사회가 가족과 기능, 지원활동에 미치는 장애의 영향을 인식하지 못한다면, 연령이나 장애유형과 무관하게 자신의 집에 살기를 원하는 장애인들을 지원하고 있는 현재의 경향은 성공적이지 못할 것이다. 우리는 장애 가족들이 높은 수준의 웰빙을 경험하려면 어떤 지원이 요구되는지를 이해할 필요가 있다. 가족의 삶의 질에 대한 지식은 향후 수년간 급격히 확대될 것이며, 따라서 본 장에 기재된 내용은 조만간에 수정, 확대될 가능성이 크다는 것을 명시할 필요가 있다. 최근 수년간 부각된 가족 내의 삶의 질 관련된 몇 가지 새로운 아이디어를 소개한다.

가족이란

가족은 사회가 형성되면서부터 존재해 왔다. 가족의 유형은 무척 다양하면서도 흥미로워서, 가족과 가족 체계에 대한 연구는 여러 학문 연구 분야들, 특히 인류학, 사회학 및 사회심리학에서 주된 관심 대상이 되어왔다. 가족은 장애 연구에서도 관심을 갖는 분

야다. 그 이유는 가족이란 많은 장애아동과 성인 장애인의 삶에 있어서 특히 중요한 측면이 되기 때문이다. 가족과 가족 체계에 대한 구체적인 설명은 앞에서 열거한 학문 분야에서 찾을 수 있다.

가족의 규모와 구성 및 가족 구성원의 역할은 시대나 지역에 따라 매우 달랐다. 가족의 규모는 부부 또는 편부모와 한 자녀와 같은 2인 가족에서부터 대가족에까지 다양하다. 어떠한 형태의 가족이라도 가족은 역할, 책임 및 특권을 내포하고 일반적으로 타인 및 가족 자체의 구성원에 의해서 가족으로서 인정되는 사람들끼리의 조합을 의미한다.

모든 가족들은 일반적으로 동일한 몇 가지 이유 때문에 존재한다. 이 책의 저자들은 2002년 단행본 『국제적인 시각에서 본 가족의 삶의 질(Family Quality of Life: An International Perspective)』의 한 장에서 인간의 다양한 문화와 수백 년 이상 지속된 인간 활동 중 변하지 않는 세 가지 가족에 대한 주요 기능―아이들을 낳고 그들이 독립할 때까지 양육하는 기능, 신체적 및 감정적인 애정을 다른 사람들에게 표현하는 기능, 가족이라는 기본적 구조를 중심으로 다른 사회적 및 물리적 구조들을 세워갈 수 있도록 하는 기능―을 제시하였다.

최근 들어서 가족 구조는 가족 구성원들의 역할, 의무, 특권 등과 더불어 점차 공식적으로 규정되어져 가고 있다. 이 규정은 다양한 법률이나 정책 문서 형식을 띄기도 하며 범위가 다양하기는 하지만 대체적으로 가족 구성원의 정의, 재정적 또는 기타 의무사항, 특권 등을 정하는 것을 기초로 한다. 이러한 형식의 틀을 갖춘 가족에 관한 정의들은 시간이 지남에 따라 추가되거나 퇴색되기도 하지만 대부분의 법률적 관할 범위 내에서는 부분적 변화가 정기적으로 이루어지고 있다.

우리의 가족관을 최근 혁신적으로 변화시킨 몇 가지 예를 들자면, 피입양자의 생부모 확인에 대한 권리, 동성 커플의 법적 인정, 직장 내 출산/양육 휴가, 부친이나 모친이 가족을 떠날 경우 아이들의 양육을 위한 재정 지원 의무 등이 있다.

캔자스 대학교의 '가족과 장애 연구 센터(Beach Center for Family & Disability Studies)'의 연구원들은 가족의 정의에 대하여 대규모 의견조사를 실시한 결과, 학자들과 가족들은 모두 '가족'을 다양하게 정의하고 있다는 것을 발견했다. 이 센터 연구자들은 가족의 삶의 질을 연구할 때 가족의 정의에 대하여 연구자와 가족이 서로 일치되도록 하는 것이 매우 중요하다는 신념을 갖게 되었다. 이와 같은 이유에서 이들은 가족을 다음과 같이 정의하였다. 가족은 혈연, 결혼, 혹은 기타 이유를 불문하고 스스로를 가족의 일부로 여기고 일상적으로 서로를 지지하는 자를 포함한다. 이러한 관점에서 보면 인간은 그들이 가족이라고 말하기 때문에 가족이 되는 것이다. 어떤 경우에는 같은 집에 살지 않을 수도 있다. 그러나 중요한 점은 가족의 구성이 가족 구성원 자체에 의하여 결정되는 것이고, 실무자 또는 연구자에 의해서 결정되는 것은 아니라는 것이다.

가족의 정의는 장애인 가족을 도와 일하는 실무자들에게 매우 적절해 보인다. 이는 대상 가족 자체의 관점을 존중하며 각 가족의 독특한 구조와 기능에 따라 다르게 반응한다는 점에서 가족 중심적이라고 할 수 있다. 가족 중심의 관점을 수용한 실무자들은 가족의 삶의 질에 긍정적인 근본원리 확립에 도움을 준다.

그러나 실무자들이 가족 중심의 정의에 따르게 되면, 가족들 스스로가 내린 가족의 정의와 법적 또는 서비스 대행 기관이 규정한 가족의 정의 간 충돌을 간혹 경험할 것이라는 점을 인지할 필요가 있다. 이러한 경우, 실무자들은 특별히 고려될 사항을 위해 대변하거나 특정 상황에서 취해야 할 가장 최선의 행위가 무엇인지 결정하는 어려운 윤리적 결정을 내릴 필요가 있다. 이 책의 10장에서는 이러한 윤리적 결정에 대하여 좀 더 자세히 다룬다.

가족의 삶의 질 이해

가족의 삶의 질은 두 가지 방식으로 이해될 수 있다. 각 가족 구성원 각각의 삶의 질이 서로 만나는 장소로, 혹은 가족 전체에 영향을 미치는 요소들이 만나는 장소로 이해하는 것이다. 우리는 이 두 가지 이해 방식을 절충하는 것이 더 좋을 것 같다고 생각한다. 다음에서 우리는 '가족과 장애 연구 센터(Beach center)'의 수행 연구결과를 기초로 이 두 가지 방식을 개별적으로 설명한 후 이를 통합하였다.

가족 개개인의 삶의 질이 만나는 장소

가족의 삶의 질은 가족 개개인의 삶의 질이 서로 만나는 장소로 생각할 수 있다. 이러한 관점이 적용되는 예를 보여 주는 것이 도움이 될 것이다. 마니는 그녀의 남편 짐과 선천적 장애(fragile X-Syndrome)를 가진 아들 셰인 그리고 그녀의 어머니 페기와 살고 있다. 그녀는 은행의 대부 업무 관리자로 일하고 있으며, 친한 친구 몇 명이 있고, 다른 가족 구성원이 가진 것과 다른 몇 가지 취미를 가지고 있다. 즉, 마니의 삶 일부는 그녀 가족의 삶과 관련되어 있지만 또한 삶의 다른 부분은 가족 이외의 사람, 활동, 관심들과 관련되어 있기도 하다. 짐, 셰인 그리고 페기 역시 비슷하며, 이들 각각은 개별적으로 묘사될 수 있는 삶의 질을 가지고 있다([그림 8-1]에 표현). 네 개의 회색원은 각 가족 구성원의 삶의 질이 부분적으로는 가족 구성원들과 공유하는 가족 경험에 의해 규정되며 또한 다른 부분에서는 가족 밖에서 그들이 공유하는 경험에 의해 규정된다는 것을 나타낸다.

그러나 마니, 짐, 셰인 그리고 페기는 그들 각자의 삶의 질의 일부를 가족에게 다시 가져온다. 가족의 삶의 질은 가족 구성원들이 그들 스스로의 삶의 질을 가족에게로 가져와서 공유하는 가족 내의 '만남의 장소'로 간주될 수 있다([그림 8-2] 참조).

그러므로 가족은 가족 구성원 각각의 삶의 질에 기여하고, 각 가족 구성원은 지속적으로 가족 전체의 삶의 질에 기여하게 된다.

이는 가족과 가족 구성원 사이에 역동적으로 영향을 주고받는

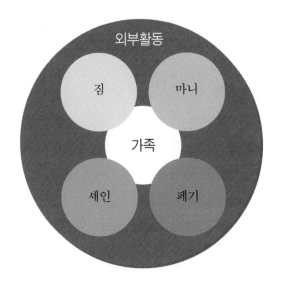

[그림 8-1] 가족과 외부 경험으로 구성되는 개인의 삶의 질

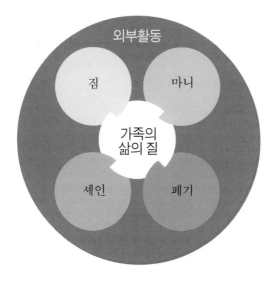

[그림 8-2] 가족의 삶의 질: 가족 구성원 자신의 삶의 질을 외부에서 가져와
공유하는 장소인 가정 내의 만남의 장소

순환 관계를 형성하도록 한다([그림 8-2] 참조). 그 결과 보통은 만족
스런 개인의 삶의 질을 경험하는 가족 구성원은 만족스런 가족의
삶의 질 또한 경험하게 된다. 물론, 반대로 만족스럽지 못한 개인
의 삶의 질은 만족스럽지 못한 가족의 삶의 질을 야기할 수도 있다.

**가족 전체의 삶의 질에 영향을 주는 가족 구성원 각각의 삶의
중요한 영역들**

가족 개개인이 가족의 만남의 장소로 가져오는 가장 중요한 것
들은 무엇인가? 현재까지 완료된 연구에 따르면 가족의 삶의 질을
설명하는데 특히 중요한 일곱 개의 개인적인 삶의 영역들이 제안
되었다. 〈표 8-1〉에 그 목록이 제시되었으며, 이 책의 4장에서 좀
더 자세히 설명되었다.

표 8-1 가족의 삶의 질을 위한 개인 삶의 중요한 영역들

개인의 웰빙	
신체적 웰빙	신체적 건강
정서적 웰빙	사고, 감정
환경적 웰빙	시간을 보내는 장소
사회적 웰빙	당신의 삶 속의 사람들
개인의 활동	
사회참여	신념이 성취되도록 활동에 참여하는 것
여가생활	일상생활 외에 의미 있는 경험을 즐기는 것
생산활동	가정, 학교, 직장에서 하는 일들

　마니, 짐, 셰인 그리고 페기에게는 이러한 일상의 일곱 개 분야
는 가족 내에서 그 중요성 혹은 해당 정도가 각각 다르다. 예를 들
어, 짐은 호텔 식당 주방의 요리사로 일하고 있기 때문에 다른 가
족 구성원과 함께 공유할 수 있는 음식에 대한 좋은 아이디어를
가족에게 자주 가져오곤 한다. 하지만 은행의 대부 업무 관리자인
마니는 자신의 직장 업무에 대하여 다른 가족 구성원과 공유할만
한 것을 거의 집으로 가지고 오지 않는다. 이러한 상황을 [그림 8-
3]에 표현하였다. 작은 원은 각 가족 구성원을 의미하며, 이것은
일곱 개 영역으로 나뉘어져 있다. 그러나 이 일곱 개 영역들은 각
자 개별적으로 분할되며 이는 각 가족 구성원이 가족과 만나는 장
소, 즉 집으로 가져오는 정도가 다르기 때문에 일곱 개 분야의 비
율을 다르게 표시하였다. 또한 가족 구성원들은 자신의 삶의 어떤
부분들은 사적이고 전체 가족의 경험과는 상관없다고 생각하여
가족과 공유하지 않는 선택을 할 수도 있다. 예를 들어, 페기는 건

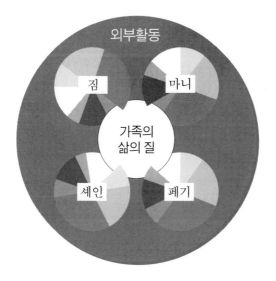

[그림 8-3] 가족 구성원마다 각기 독특한 삶의 일곱 가지 중요한 영역의 비율
〈표 8-1〉 참고)

강상 문제가 있다. 그러나 페기는 이 문제를 가족의 핵심사항으로 만들기를 원치 않기 때문에 그녀의 담당 의사와만 세부적인 사항을 협의하기를 원한다. 이러한 모든 것이 일을 좀 복잡하게 만든다. 가족 구성원들은 자신에게 중요하고, 관련성 있다고 여기는 것들 전부가 아니라 부분만 집으로 가지고 오고 그 가져오는 패턴도 각자 독특하다. 뿐만 아니라 일을 더 복잡하게 하는 것은 이러한 패턴이 다양한 영향 요소에 의하여 시간이 지남에 따라 변화한다는 점이다.

우리가 이해하기 쉽도록 가족의 삶의 질에 대한 관점을 단순화시킬 수 있다. 더 단순화된 관점은 가족 구성원 각자가 서로의 삶의 질에 미치는 영향을 평가하는 데 특히 유용하다. 각 가족 구성원이 가족 전체 삶의 질에 얼마나 기여하였는지를 규명하기 위해

263

서 어떤 한 시점에서 삶의 일곱 가지 영역에 대하여 가족 구성원
들에게 다음과 같은 질문들을 할 수 있을 것이다.

1. 이 삶의 영역이 당신에게 얼마나 중요성/관련성이 있는가?
2. 이 삶의 영역이 자신에게 얼마나 만족스러운가?
3. 당신은 이 영역의 삶을 얼마만큼 가족과 공유하는가?

가족 전체에 영향을 미치는 요소들이 만나는 장소

가족의 삶의 질에 관하여 생각할 수 있는 두 번째 방법은 가족
전체에 미치는 영향들을 고려하는 것이다. 마니와 짐은 모두 만족
할 만한 급여를 제공받는 직장에서 일을 하고 있으며, 이들은 수
입을 가족 모두를 위한 예산으로 합하여 사용하기 때문에 가족 구
성원들은 재정 문제로 고생을 할 필요가 없고 생활비를 어떻게 충
당할지 걱정할 필요도 없다. 마니와 짐은 가족 모두 개인별로 자
신의 공간을 가질 수 있을 만큼 충분히 큰 집을 소유하고 있다. 가
족들은 상점들, 공원, 대중교통 순환 노선 및 셰인의 학교에서 가
까운 거리에 위치한 한 조용한 동네에서 살고 있다. 그러나 이들
은 최근 이 도시로 이사하였으며 폐기를 제외하고 마니와 짐의 가
족과 그들의 오랜 친구들은 타 도시에 살고 있다. 집안 식구 외에
는 셰인을 돌보는 것을 도와줄 수 있는 다른 사람이 없으며, 셰인
을 돌보는 문제로 폐기에게 과도한 부담을 주고 싶지 않기 때문에
둘 중 한 사람은 셰인과 항상 같이 있어야 한다. 이러한 면이 가족
전체에 영향을 미친다.

〈표 8-2〉에 가족 전체를 위한 삶의 중요한 일곱 가지 측면을 간
단히 정리하였다. 이 또한 '가족과 장애 연구 센터(Beach Center)'

와 이 책의 저자들의 연구 결과로부터 도출된 것이다. 가족 전체에
영향을 미치는 요소를 중심으로 고찰한 가족의 삶의 질은 [그림 8-4]
에 나타내었다. 여기서 가족의 삶의 질을 표현하는 원은 가족이 일
곱 개 요소 각각에 의하여 영향을 받는다는 것을 나타낸다.

그러나 위와 같은 '일곱 개의 파이 조각'은 가족 내에서 그 중요
성의 크기가 항상 동일하지는 않다. 마니의 가족에게는 타인에게
서 도움을 받는 것, 서비스로부터 지원을 받는 것, 부모의 역할을
하는 것들이 가족간의 교제, 일상의 가족생활 및 재정적인 웰빙보
다 더 중요하다. 또한 일곱 개 요소는 가족에 따라 그 중요성의 정
도가 각기 다르기 때문에 '파이 조각들'의 크기도 가족 별로 다르
다. 이는 [그림 8-5]에서 마니의 가족과 그녀 이웃의 가족을 예로
보여 주고 있다.

표 8-2 가족 전체를 위한 중요한 생활 측면

가족의 웰빙	
재정적 웰빙	가족의 필요를 충족할 재정자원
타인으로부터 지원	가족 외의 타인으로부터 실질적 도움과 정서적인 지원
복지서비스기관으로부터 지원	가족에 도움이 되는 복지서비스 기관이나 단체로부터의 지원
사회로부터 지원	가족에 도움이 되는 관련 법률, 가치, 태도 및 숙박시설
가족이 할 수 있는 일	
일상생활	가족원들이 서로 공유하는 일상의 일들과 활동
가족원 간 교제	가족원 서로 간에 소통하는 방식
부모의 역할	가족 내 지도력과 책임감실현

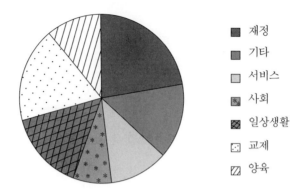

[그림 8-4] 가족 전체의 삶의 질에 영향을 주는 일곱 가지 중요 요소들

마니의 가족

이웃의 가족

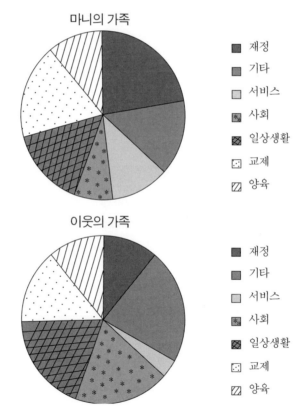

[그림 8-5] 일곱 가지 가족 요소가 두 가족의 삶의 질에 미치는 고유한 영향

두 가지 아이디어의 통합

앞에 설명한 가족의 삶의 질에 대한 두 가지 관점은 각각 부분 만을 보여 주고 있기 때문에, 가족의 삶의 질의 전체 그림을 보려 면 두 가지 관점을 통합할 필요가 있다. 가족의 삶의 질은 부분적 으로는 각 가족 구성원의 삶의 질이 만나는 장소이며 또 다른 면 에서는 가족 전체에 영향을 미치는 요소들이 만나는 장소이기도 하다. 그 두 관점들이 만난 결과 일어나는 상호작용은 각 가족에 따라 차이가 있다. [그림 8-6]은 이러한 두 가지 아이디어가 통합 되는 것을 시각적으로 보여 준다.

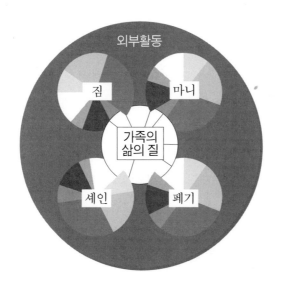

[그림 8-6] 가족의 삶의 질: 가족 전체의 삶의 질에 영향을 미치는 각 가족 구성원의 삶의 질과 가족 전체에 영향을 미치는 요소들이 만나는 장소

267

🍎 실제 사례로 본, 가족의 삶의 질에 대한 세 가지 예

위에서는 가족의 삶의 질에 대해서 누구와 무엇을 살펴볼 것인지를 설명했다. 다음 세 가지 예에서는 가족의 삶의 질이 실제로 어떻게 유용하게 사용될 수 있을지에 대해 살펴볼 수 있을 것이다. 7장에서 논의했던 중재에 대한 원칙과 전략은 가족에게도 적용되지만 본질적으로는 두 가지 점에서 그보다 더 복잡하다. 우선 여러 사람의 관점을 함께 고려해야 한다는 것이다. 때로는 한 가족 구성원의 관점이 다른 구성원의 관점과 다를 수도 있고 때로는 같을 수도 있다. 둘째, 각 가족 구성원이 전체 가족의 삶의 질에 영향을 미치는 어떤 일을 하기로 선택하거나(예를 들어, 부모가 가족을 위해 시간을 더 낼 수 없는 직업을 선택한 것), 또는 가족 전체가 각 가족 구성원의 삶의 질에 도움이 되지 않는 무엇인가를 해야만 하는 경우도 있다(예를 들어, 가족이 다른 도시로 이사해서 10대 청소년인 딸이 친구와 매일 만날 수 없는 경우). 그러므로 종종 가족 내에서 선택과 타협이 이루어져야 할 필요가 있고, 선택과 타협은 전체 가족의 삶의 질뿐만 아니라 가족 구성원의 삶의 질에도 영향을 미친다.

캐티와 그녀의 엄마

인지장애가 있는 12학년(고등학교 3학년)인 캐티는 엄마와 소통할 때 감정적으로 격한 분노를 표현하곤 했다. 캐티의 엄마는 딸이 너무 버거워 죽여 버리고 싶을 정도라고 자신의 생각을 표현하곤 했다. 캐티 엄마는 외부의 도움이 필요한 것처럼 보였지만 이 사실을 보고 받은 학교 상담전문가는 자신의 일상적인 업무 범위를 벗어났다고 생각해서 여기에 관여하는 것이 불편했다. 그녀는 자신이 이런 상황에 잘 대처할 수 있도록 충분한 교육이나 훈련을 받지는 않았지만 신중히 인터뷰를 수행하였고 캐티의 생명이 위험할 정도는 아니라는 결론을 내려 일시적 위탁 서비스를 권장했다. 그녀는 캐티의 엄마에게 지침과 함께 연락처 정보를 남겼지만 엄마는 연락하지 않았다.

◉ 캐티와 그녀의 엄마에 대한 의견

이 사례로부터 캐티의 행동은 그녀의 엄마에게 상당히 부정적인 영향을 미친 것이 확실하다. 그 결과로 그들 가족의 삶의 질에 문제가 생긴 것 같다. 서비스기관 실무자라면 누구나 캐티와 엄마를 도울 때, 그 상담 교사와 마찬가지로 캐티와 엄마에게 도움과 지원이 필요하다는 사실을 즉각적으로 인식할 것이다. 이때 삶의 질 관점에서는 각 가족 구성원의 희망사항으로부터 진행해 나가는 것이 항상 최선이다. 이 사례의 경우 캐티의 상담 교사는 그렇게 하지 않았는데, 그럴 만한 충분한 이유가 있었을지도 모른다. 캐티의 엄마가 자신의 처지에서 생기는 스트레스로 너무 무력화되어 위탁서비스 도움을 권장받았지만 이를 수용하지 않았다는 사실을 상담교사가 인식했을 수도 있기 때문이다.

이러한 경우는 드문 사례가 아니다. 종종 부모와 다른 가족 구성원이 가족 내에서 일어나는 스트레스의 본질 또는 장애가 미치는 영향 등에 대해 인지하지 못하는 것을 알 수 있다. 삶의 질과 장애에 대해 연구하는 한 대학원생은 캐티 이야기와 같은 가족 내의 문제에 대한 여러 예를 검토한 후, "부모가 자신들 집안은 문제없다고 말하거나 도움을 거절한다고 할지라도 스트레스와 불안 수준이 매우 높을 가능성이 있다는 사실에 새롭게 눈을 뜨게 되었다."라고 하였다. 실무자들은 이럴 가능성을 인식하여 가족이 필요한 도움을 받았는지 여부를 모니터할 필요가 있다.

캐티와 그녀의 엄마와 같은 가족을 돕는 복지기관 실무자들은 〈표 8-1〉과 〈표 8-2〉에 열거된 열네 가지 삶의 영역 각각에 대해 질문뿐만 아니라 고유한 가족의 상황에 대한 정보를 듣고 그로부터 더 상세한 삶의 질에 대한 질문들도 해야 한다. 다음은 그 예다.

- 캐티와 그녀의 엄마에게 있어 가장 중요한 가족의 삶의 영역은 무엇인가?
- 캐티의 인지장애는 그녀와 엄마 사이에서 겪는 어려움과 어떻게 관련되는가?
- 가족 밖에서 캐티 엄마의 삶은 어떠한가? 그녀의 삶의 질의 원천은 무엇인가?
- 학교에서 그리고 그녀 친구들과 관계에서 캐티의 삶은 어떠한가? 그녀의 삶의 질의 원천은 무엇인가?
- 캐티와 그녀의 엄마는 그들의 외부 생활에서 긍정적인 측면을 가족에게 가져올 수 있는가?
- 캐티 엄마는 금전적인 걱정이나 집과 관련된 문제 등 가족의 복지에 대해 걱정하는가?
- 캐티와 캐티의 엄마는 어느 정도까지 가족 외부 사람이나 서비스 기관의 지원을 받는가?
- 캐티 엄마가 캐티를 양육하는 데 있어 조언을 받으면 가족의 삶의 질에 도움이 될 것인가?
- 캐티와 그녀의 엄마가 캐티의 장애에 대해 더 많이 배운다면 가족의 삶의 질에 도움이 될 것인가?

● 조부모, 형제 자매 그리고 다른 친척에 대한 견해

앞에 제시된 캐티 이야기의 일부는 아니지만 조부모나 다른 친척도 캐티의 엄마에게 도움이 될 수 있다. 일부 가족의 경우 만족스러운 삶의 질을 유지해 나가는 데 있어 친척이 매우 중요한 부분이기도 하다. 하지만 조부모, 형제자매와 다른 친척이 장애가족에게 도움이 되기 위해서는 외부의 도움을 받아야 하는 경우도 있다. 예를 들어, 어떤 할머니는 프레더윌리증후군을 가진 손녀에게 아이의 엄마가 스낵을 주지 않는다는 이유로 무식하고 형편없는 엄마라고 생각했다. 프레더윌리증후군의 한 가지 주요한 특징은 과식하려는 욕구와 낮은 열량 섭취로도 체중이 늘어나는 경향이다. 할머니에게 이러한 장애를 가진 아이에게 미치는 과식의 결과를 이해시키기 위해 도움이 필요하였다. 또 다른 예로, 장애가 있는 오빠가 있다는 것 때문에 학교에서 괴롭힘을 당하는 여동생의 삶의 질이 손상을 입은 경우다. 이 아이는 오빠를 무시하려고 노력했고 자신은 그와 관련이 없는 척했다. 이 아이는 상담을 받고 오빠의 장애를 받아들이는 것이 중요하다는 것을 더 잘 알게 되었다. 천천히 이 아이는 태도를 바꾸게 되었고 오빠를 도와주기 위해 최선을 다하기 시작했다. 결과적으로 이 아이는 자신의 상황을 더 긍정적으로 이해하고 자신이 많은 것을 알게 되었다고 생각하였다. 그 밖의 다른 친척들은 장애아 가족들을 어떻게 도와야 하는지 모르거나, 이를 부모의 문제로 간주하는 등 다양한 이유로 도움주기를 꺼려한다. 그들은 장애가 있는 아이의 집에 방문하지도 않고, 그 아이의 생일을 무시하기도 하고, 잠깐 동안이라도 봐주지 않을 수도 있다. 친척들이 장애가족을 도울 수 있는 방법을 배울 수 있도록 지원해 주면 가족의 삶의 질이 상당히 개선되기도 한다.

● 지역사회 지원에 대한 견해

캐티의 엄마는 지원 서비스 기관과 연계되어 있지도 않았고 다른 지역사회 지원도 받지 않고 있었을 것이다. 그러한 지원은 장애 아동이 있는 가족 전체의 삶의 질에 필수적인 요소가 된다. 다양한 여러 지원 기관으로부터의 적극적으로 표현된 지지와 이해가 필요하다. 가끔은 숙련된 서비스 실무자나 끈기 있는 가족 구성원이 이들을 찾아 적극적인 지원을 요청하는 경우도 있긴 하지만, 그러한 지원은 대부분의 지역사회에서 요청하는 사람에게만 제공된다. 또 다른 경우, 지역사회 단체가 필요한 지원을 제공하도록 하기 위해 목소리를 높일 필요가 있을 때도 있다. 최근에 한 호주의 부모를 인터뷰하면서 이러한 예를 발견했다(Turnbull, Brown, & Turnbull, 2003. 참조). 인터뷰한 가족은 그들의 필요가 지역사회 그룹들과 기관들에 의해 잘 지원되지 않는다고 응답했다. 한 장애아의 어머니는 그녀가 다니는 교회에 대해 다음과 같이 진술하였다. "그들은 부모가 교회에 나갈 수 있도록 아이를 돌봐주는 서비스를 제공하긴 하지만 우리 아이는 너무 다루기 어려워서 받아줄 수 없다고 말해요."

제니스

제니스는 당뇨병, 간질, 그리고 경미한 지적장애가 있다. 37세인 제니스는 세 명의 다른 여성과 함께 사회복지기관에서 소유한 주거시설에 살고 있다. 제니스의 부모는 모두 사망하였으나 세 명의 자매와 두 명의 형제가 있고 그들 모두는 제니스가 거주하는 주거시설과 가까운 곳에 살고 있다. 제니스는 자신의 가족이 다섯 명의 형제자매와 자신뿐이라고 생각한다.

그녀가 자라는 동안 그녀의 가족은 많은 문제를 겪었다. 두 부모 모두 알코올중독으로 인하여 한 직장에 오래 다니지 못했다. 그녀의 가족은 많은 사람이 밀집해 사는 빈민가 셋집의 이곳저곳을 이사 다니며 살았다. 그녀의 두 형제는 어렸을 때 근처에 사는 성인 남자에게 성적으로 학대를 당했다. 이러한 문제와 다른 많은 사소한 문제들이 하나둘 더해져서 결국 가정의 일상생활, 즉 식탁을 차리고 아이들을 학교에 보내는 등의 일을 유지하는 것도 어려워질 정도가 되었다. 가족 구성원 간의 관계는 깨어지고 이 시기 동안 제니스의 가족에 대한 기억은 서로에게 소리 지르는 것으로 가득했다.

가족은 제니스의 장애 문제를 다루는 데 특히 어려움을 겪었다. 결과적으로 그녀는 아홉 살 때 특수 장애시설에 맡겨졌다. 그 이후 제니스는 주말과 휴일에 가족의 품으로 돌아갔지만 매일같이 가족과 함께 지내지는 못했다. 가족 문제는 계속되었고, 얼마 지나지 않아 제니스의 큰 언니가 열다섯 살에 가출했다.

현재, 제니스는 자매 중 한 명하고만 연락을 하고 있다. 그녀의 큰언니는 제니스와 다시 연락하고 싶어하지만 다른 가족에게서 제니스가 큰언니를 좋아하지 않는다는 말을 들었다. 하지만 제니스는 그렇지 않다고 주장한다. 또한 그녀의 두 형제와 다른 자매는 약물중독의 문제가 있고 나머지 가족들과 어울리지 않으려고 한다.

◉ 제니스에 대한 의견
• 어디에서 시작해야 할까 제니스의 사례관리는 지역사회복지사인 테드에게 할당되었다. 그가 담당한 일은 그녀의 모든 개

인적, 지역사회적 필요에 대해 그녀를 지원하는 것이 포함되었다. 첫 번째 만남에서 제니스는 테드에게 가족과 밀접한 관계를 가지고 싶다(그녀의 표현에 따르면 "다시 가족이 되고 싶어요.")는 사실을 명확히 했다. 테드는 그녀 가족의 다른 구성원을 알지 못했지만 제니스의 희망이 실현되도록 노력하는 것이 중요하다고 생각했다. 그래서 그는 '이러한 노력을 위하여 어디에서 시작할 것인가?'라는 질문에 직면하게 되었다.

지역사회복지사는 처음 접촉하는 사람부터 시작해야 한다. 테드는 그녀 가족이 아닌 제니스를 위한 지역사회복지사로 할당되었고 제니스의 이야기를 듣고, 원하는 것이 무엇이고, 어떤 선택을 할 수 있는지를 우선 이해하는 것이 필요했다. 하지만 그는 시작하는 바로 그 시점부터 제약을 받게 되었다. 왜냐하면 테드의 역할은 제니스의 희망인 가족 간 밀접한 유대 관계를 맺도록 하는 것을 대변하는 것이고, 그녀 가족의 희망을 대변하는 것은 아니기 때문이었다.

• 어떻게 진행할 것인가 테드는 제니스를 지원하도록 고용되어 임금을 받기 때문에 가족 전체 또는 다른 가족 구성원이 아닌 그녀의 관점에서 일을 시작해야 했다. 그러므로 테드는 제니스가 이 일을 진행하는 계획을 세우도록 도왔다. 테드는 제니스의 바람과 더불어 긍정적인 결과를 가져올 가능성이 가장 큰 방향을 택하는 것이 최선이라는 것을 알았다. 테드와 제니스는 그녀가 연락하고 있는 한 자매를 먼저 만나고, 이후 밀접한 유대관계를 맺고 싶어 하는 자매, 그런 다음 맨 마지막으로 다른 자매와 두 명의 오빠에게 차례로 연락하는 계획을

세웠다.

한 명의 가족 구성원의 희망에서 시작된 중재 과정은 당사자와 그의 가족 전체를 위한 선택과 그 결과들에 관한 흥미로운 의문을 갖게 한다. 이는 제니스가 그녀의 자매와 오빠와 밀접한 유대관계를 발전시키려고 했지만 그들은 대응하지 않았으며, 테드와 제니스는 그런 시도를 통하여 부정적인 결과를 얻게 되었다. 이 선택은 그들의 본심이 아니거나, 이러한 시도가 그들에게 중요하지 않거나, 또는 밀접한 유대관계가 긍정적인 결과를 가져다 줄 것이라는 확신이 부족했기 때문에 초래된 것이라고 보였다. 테드는 형제자매가 초기에 내린 부정적인 선택이 최종 선택이 아닐 수 있다는 점을 깨달았다. 그녀의 형제자매들이 그 제안을 파악하고 익숙해지는 데 더 많은 기회와 시간을 필요로 했을 수도 있다. 또한 그들은 밀접한 관계로부터 나오는 작은 긍정적 결과를 단계적으로 조금씩 경험할 필요가 있었을 수도 있다. 위와 같은 이유로 테드와 제니스는 그녀의 형제자매 중 한 명과 시간을 같이 보낼 수 있는 일련의 작은 기회들을 계획했다.

하지만 유능한 장애인 복지 관련 실무자는 그녀의 선택이 제대로 효과를 발휘하지 못하고 부정적인 결과를 초래할 수도 있다고 예상한다. 제니스의 바람이 가족을 위해서는 좋은 생각이 아니라고 여기기 때문에 밀접한 유대관계를 구축하는 것에 제니스의 형제자매가 절대 동의하지 않을지도 모른다. 그들이 이런 선택을 했다면 결국 이러한 선택도 존중되어야 할 것이다. 이후 테드와 제니스는 제니스가 모든 개선 노력에 실망하고 만족하지 못해서 그녀의 선택들은 '아무 소용이 없다'고 믿게 되거나 다른 선택을 결정하도록 제안하는 과정에서 자신감 결여가 생기게 될 가능성에 대해 대처해야 한다. 유능한 실무자들은 선택이 가져올 가능한 결과들을 예측하고 그 결과들에 건설적으로 대처할 수 있도록 계획을 세운다. 이 사례는 삶의 질 접근법의 생애 전반에 미치는 장기적 영향의 측면도 강조한다. 이는 가족이 하나의 조직으로 기능을 수행할 수 없는 상황까지 가족 문제가 계속 누적되어 온 사례다.

이러한 문제 상황은 제니스에게 그리고 우리가 예상할 수 있듯이 그녀의 형제자매 모두에게 장기적으로 영향을 미칠 것이다. 반대의 경우였다면, 즉 만약 제니스의 가족이 지금까지 긍정적인 가족 경험을 가졌다면 긍정적인 영향도 오래 지속되었을 것이고 삶의 전반에 제니스에게 지속적인 삶의 질의 원천이 되었을 것이다.

제인과 존

제인은 60대이고 다발성경화증이 있다. 그녀의 남편인 존은 제인보다 나이가 많으며 은퇴했고 제인의 주요 지지자 및 간병인 역할을 하고 있다. 그들은 서로 헌신적인 부부다. 자식들은 집을 떠나 각자의 가족을 구성하였다. 제인과 존은 가능한 오랫동안 자신들의 집에서 살고 싶어 하지만 제인은 자신의 질병이 점점 더 악화되어 남편에게 짐이 될까 걱정한다. 그가 말은 안하지만 제인이 보기에 존이 추가적인 간병일들에 대해 점점 지쳐가고 있는 것이 분명하다.

존은 대부분의 쇼핑을 하고, 세수와 목욕하기, 옷 입기와 식사 등 일상적인 모든 그녀의 신체적인 활동을 돕고 있다. 그들은 가사일에 대하여 약간의 도움을 받고 있기는 하지만 이러한 도움이 충분치 않아 보인다. 제인은 존이 결국 지칠 것이라고 생각한다. 그들의 딸은 시간이 나는 대로 방문하고 있지만 그녀도 남편과 어린 아이 셋이 있는 자신의 가정이 있다. 딸은 엄마가 요양 시설로 들어갈 것을 제안하곤 한다. 정부지원 기관에 따르면 현 시점에는 가족지원 서비스를 더 많이 제공할 수 없다고 한다. 제인은 남편이 쉬기를 바라지만, 그럴 수 있는 돈이 없으며, 남편이 딸과 함께 살 수는 있지만 그러면 집이나 제인을 위한 지원에 대한 다른 문제가 야기될 것이다.

● 제인과 존에 대한 의견

장애 서비스의 관점에서 볼 때 이 부부는 잘 대처하고 있다. 그들의 가족은 잘 융화되어 있고 그들의 딸이 좀 떨어져 살고 있으나 가능할 때마다 지원과 위로를 준다. 제인은 그럭저럭 잘 살아가고 있고 의료적 지원도 적절하지만 문제가 되는 것은 현 상태에 대한 사회적, 심리적 측면으로 이는 대체적으로 다른 사람들이 볼 수 없는 영역이라는 점이다.

여기에는 여러 가지 어려운 문제가 있으나 그중 네 가지가 특히 강조된다. 첫째, 대부분의 사람에게는 제인과 같은 신체적 건강 문제가 가족 구성원 모두를 정서적으로 고갈시키는 스트레스의 근원이 된다. 이러한 문제는 추가적인 집안일 수행이 필요함으로 인해 다른 가족 구성원에게 신체적 스트레스도 준다. 존은 제인을 돌보고 집안일을 하는 데 상당한 시간을 보내고 있다.

둘째, 제인은 자신이 사람들과 나누는 이야기들과 그녀와 남편의 활동들의 점점 더 많은 부분이 장애와 연관되고 있다는 것을 인식한다. 이러한 상황은 드물지 않게 발생한다. 장애 아동 또는 심각한 뇌손상을 경험한 아버지가 있는 가족에서도 비슷한 시나리오가 발생한다. 예를 들어, 가족 구성원 중 누군가 장애가 있다면 가족의 삶은 점점 그 장애를 가진 사람 위주로 돌아가게 된다. 가족의 삶의 질은 심각하게 영향을 받고, 점차 만성적으로 영향을 받게 된다. 장애가 더 심각할수록 가족의 삶은 점점 더 장애가 있는 가족의 필요를 충족시키는 방향으로 나아가게 될 것이다. 가족 구성원은 삶의 질을 위한 사회적, 생산적, 여가 또는 종교적 활동에 많은 시간을 보낼 수 없게 되고 가족의 삶의 질에 부정적인 영향을 미치게 된다.

셋째, 가족 구성원 중 한 명이 심각한 건강상 질병(또는 장애)이 있는 경우 가족의 일상적인 삶은 급변할 수 있다. 제인과 존의 관계는 동등한 파트너로부터 간병인과 환자의 관계로 크게 변화하였다. 일상생활 중 많은 부분이 제인의 다발성경화증으로 인하여 변화될 수밖에 없었다. 부부가 함께 했던 많은 일들이 변했고 그들은 여가 시간을 보내는 동안 즐거움을 찾는 새로운 방법에 익숙해져야 했다. 그들이 관계를 맺고 있는 사람들도 변했다. 제인이 친구집을 방문하기 힘들기 때문에 친구를 덜 만나게 되었고 대신 의사나 치료사를 더 자주 만나게 되었다. 이러한 모든 새로운 활동과 관계가 가족에게 긍정적인 결과를 낳는다 할지라도(물론 많은 경우 그렇게 되지 않지만), 이 부부에게 이러한 새로운 활동과 관계에 익숙해지기 위해 요구되는 에너지는 그 자체가 가족의 삶의 질에 영향을 미치는 연속적인 긴장을 야기한다.

마지막으로 제인의 장애로 인해 그녀의 미래에 대해 결정을 내릴 필요가 있었다. 이것은 제인과 존에게는 어려운 결정이고 그들

에게 상당한 불안을 초래할 수 있는 결정이었다. 제인이 신체적으로 필요한 부분을 더 잘 보살펴 줄 수 있는 장기 요양 시설에 들어간다면 집에서 사는 삶과 그와 관련된 많은 것들을 버려야 한다는 것을 의미할 것이다. 당시에는 제인과 존이 이러한 결정을 내리는 과정이 부담이 될 수는 있지만 모든 것을 감안할 때 이사 후 그들의 삶이 더 좋을 것인지 그렇지 않을 것인지의 여부는 오랫동안 심사숙고 해 봐야 할 문제다. 그렇지만 이런 문제가 없는 가족은 그러한 결정을 내려야 할 필요가 없다.

부부가 원해서가 아니라 서비스를 제공받기 위한 요건을 충족시킬 수 있는 유일한 방법으로 배우자와 이혼하거나 별거하는 경우도 있다(예를 들어, 캐티가 혼자 살 경우, 정부의 주택 보조와 지원 서비스를 받을 수 있다). 이는 정부 정책과 가족의 삶의 질에 필요한 지원이 어떻게 충돌할 수 있는지를 확실히 보여 주는 예다. 호주 및 캐나다와 같은 선진국에서는 고령의 배우자들이 함께 살 수 있는 적절한 주거 시설이 없기 때문에 별거하는 경우가 많다.

의지가 없는 가족 내에서 심각한 문제가 일어날 경우 어떻게 해야 하는가

장애가족을 돕는 모든 서비스 실무자들은 때로는 매우 심각한 문제에 직면하기도 한다. 때로는 가족 구성원들이 문제를 해결하는 데 협력하기를 원치 않는 경우가 있다. 최근 캐나다에서 발생된 사례를 보면 부모들이 한 아들에게 빈번히 심한 체벌을 가하여 몸에 심한 상처를 입은 경우가 있었다. 부모들은 이 가족의 사례를 담당하게 된 사회복지사와 함께 문제를 해결하기를 원치 않았으며 실제로 문제의 많은 부분을 그 복지사가 모르도록 숨기려고 했다. 현장에 있었던 아빠가 아이 엄마의 심각한 폭력 행위를 모른척하였고 결국 이 아이는 사망에 이르렀다.

이 사례는 매우 드문 경우이지만 모든 국가에서 일어나고 있다. 이러한 문제 상황을 접한 실무자들은 반드시 적절한 조치를 취해야 하며, 때때로 그 지역의 사법권에서 정한 법률과 소속기관에 의해 부여된 권한에 따라 매우 신속하게 조치를 취해야 한다. 이와 같은 사례는 가족의 삶의 질에 극단적이고 부정적인 예이므로 삶의 질에 대한 원칙이 적용되어야 한다. 그러나 아이들을 보호하고 불법적인 행위에 대응하는 것과 같은 한층 더 심각한 문제를 다루기 위해서는 의료복지 실무자들이 때때로 통상적인 가족 지원방식을 부분적으로 또는 전적으로 보류할 필요가 있다.

🍀 맺는 말

최근 대부분의 국가에서 장애인과 가족이 함께 사는 추세로 인해 장애가 가족의 삶의 질에 미치는 영향이 특히 시기적절한 문제로 중요하게 대두되고 있다. 어떤 측면에서 보면 이러한 영향이 부정적인 것만은 아니다. 이 책의 저자들과 다른 연구자들이 많은 가족을 인터뷰해 본 결과, 장애가 가족의 삶에 풍요로움을 줄 수도 있다는 사실을 발견했다. 또 다른 연구에 따르면 인간은 자신이 처한 상황에 적응하는 뛰어난 능력을 가지고 있고 그들의 삶의 질은 상황과 무관하게 안정적으로 유지되는 것이 분명하다. 로버트 커민의 분석에 따르면 연구가 수행된 국가의 약 4분의 3에 해당하는 사람들은 환경과 관계없이 그들의 삶의 질에 만족하는 것

으로 보인다. 이와 같은 사실은 아마 장애가족에게도 적용될 수 있을 것이다.

하지만 다른 관점에서 보면 우리는 가족 중 장애로 인해 가족 구성원에게 미치는 추가적인 고충이 많다는 것을 인식해야 한다. 너무 많은 도전적인 요소가 존재한다면 가족은 효과적으로 상황에 대응하고 그들의 상황에서 풍요로움을 찾을 수 있는 능력의 전부 또는 일부를 상실할 수 있다. 로이 브라운과 그 동료들이 수행한 가족에 대한 최근 호주의 연구사례를 보면 열악한 재정상황, 서비스에 대한 지식이나 접근 부족, 적은 지역사회 지원, 충족되지 못한 종교적 및 여가활동 욕구는 모두 자신의 삶의 질에 대해 만족스럽지 못하다는 인식과 상관관계가 있음을 알 수 있다.

장애인가족이 어려움을 잘 극복하고 있는 것처럼 보일지라도, 장애가족과 관련된 어려움은 그들의 삶의 질을 상당히 떨어뜨릴 수 있으므로, 복지서비스 실무자들은 그들에게 지원과 서비스가 필요하지 않다고 가정해서는 안 된다. 가족 중 한 명이라도 장애인이 있는 대부분 지원과 서비스가 필요하다. 편부모 가족은 책임이 더해지기 때문에 더욱 이러한 서비스가 필요하다. 가족에 대한 지원과 서비스 필요성을 평가할 때 실무자는 엄마, 아빠, 형제자매와 다른 가족 구성원이 가족 내에서 장애를 서로 다르게 이해할 수 있다는 사실을 알아야 한다. 예를 들어, 엄마는 아빠와 다른 방식으로 스트레스를 표출하고, 스트레스는 장애가 존재할 때 대체적으로 나타날 수 있다는 증거가 있다.

장애 서비스 기관에서 장애가 있는 개인의 필요뿐만 아니라 가족의 필요를 고려해야 한다는 것이 가족의 삶의 질의 핵심이다. 특정한 가족을 돕는 일에 이러한 핵심이 포함되면 실무자는 매우 인격적으로 가족의 삶의 질을 개선하는 데 도움을 줄 수 있다. 또한 가족의 삶의 질을 높이려면 지역의 사회적 인식 개선에 노력하며 장애에 대하여 보다 보편적인 지원을 할 필요가 있다는 점이 강조된다.

세계 여러 나라에서 '굿 네이버스'와 다른 사회운동그룹들이 이러한 활동의 실질적인 사례를 제공하고 있다. 이들이 협력하게 된다면 경제적으로 실현 가능한 가족의 삶의 질을 효과적으로 증진할 수 있다고 생각된다. 복지 서비스 실무자는 지역사회 활동에 대한 지속적인 옹호 및 촉진을 통하여 장애인을 포함하고 있는가족의 삶의 질이 증진되도록 도울 수 있을 것이다.

🌰 사고와 논의

1. 당신은 누구를 당신 가족의 구성원이라고 생각하는가? 왜 그들을 가족으로 생각하였는가?

2. 당신 자신의 인생을 생각해 보라. 자신의 가족 내 삶과 가족 외 삶의 어떤 측면들이 당신의 삶의 질에 기여하고 있는가? 또 어떤 측면들이 당신의 삶의 질을 떨어뜨리는가?

3. 당신이 알고 있는 가족 중 특별한 어려움이 있는 가족을 생각해 보라. 이러한 역경이 가족 전체의 삶의 질에 어떻게 영향을 미쳤는가?

4. 당신이 알고 있는 대가족을 선택하고 또한 아주 작은 소가족을 선택해 보라. 이 두 가족에 대하여 각 가족의 구성 형태가 삶의 질에 어떻게 영향을 미치는가?

Braddock, D. (1999). 'Aging and Developmental Disabilities: Demographic and Policy Issues Affecting American Families.' *Mental Retardation, 37*, 155-161.

Brown, I., Anand, S., Fung, W. L. A., Isaacs, B., & Baum, N. (in press) 'Family quality of life: Canadian results from an international study.' *Journal of Developmental and Physical Disabilities*.

Cummins, R. A. (2001). 'The subjective well-being of people caring for a family member with a severe disability at home: A review.' *Journal of Intellectual and Developmental Disability 26,* 1, 83-100.

Cummins, R. A. (in press) 'Normative life satisfaction: Measurement issues and a homeostatic model.' *Social Indicators Research*.

Cuskelly, M. (1996). 'Siblings.' In B. Stratford and P. Gunn (Eds.), *New Approaches to Down Syndrome*. London: Cassell.

Dale, N. O. (1996). *Working with Families of Children with Special Needs: Partnership and Practice*. London/New York: Routledge.

Darbyshire, P. (1994). *Living with a Sick Child in Hospital: The Experiences of Parents and Nurses*. London: Chapman & Hall.

Eacott, B. (2002). 'Family Quality of Life for Families who have a Child, or Children, with an Intellectual Disability between the Ages of Twelve and Sixteen.' Master's in Special Education dissertation, School of Special Education and Disability Studies, Flinders University of South Australia.

Egan, G. (1998). *The Skilled Helper: A Problem-management Approach to Helping, 6th edition*. Pacific Grove, CA: Brooks/Cole.

Greenberg, J. S., Seltzer, M. M., Orsmond, G. I., & Krauss, M. W. (1999). 'Siblings of adults with mental illness or mental retardation:

Current involvement and the expectation of future care giving.' *Psychiatry Services, 50,* 1214-1219.

Hoyert, D., & Seltzer, M. (1992). 'Factors relating to the well-being and life activities of family caregivers.' *Family Relations, 41,* 74-81.

James, T. N., & Brown, R. I. (1992). *Prader-Willi Syndrome: Home, School and Community.* London: Chapman & Hall.

Mitchell, D. R. (1984). 'The family as partner the parents and siblings.' Paper presented at the third Pacific Regional Conference of the International League of Societies for the Mentally Handicapped, Wellington, New Zealand.

Munro, J. D. (1999). 'Understanding and helping 'difficult' families.' In I. Brown and M. Percy (Eds.), *Developmental Disabilities in Ontario.* Toronto: Front Porch.

Nelson-Jones, R. (1984). *Personal Responsibility Counselling and Therapy: An Integrative Approach.* London: Harper & Row.

Park, J. Y., Turnbull, A. P., & Turnbull III, H. R. (2002). 'Impacts of poverty on quality of life in families of children with disability.' *Exceptional Children, 68,* 2, 151-170.

Quinn, S. (Ed.). (1981). *What About Me? Caring for the Carers.* Geneva: International Council of Nurses.

Renwick, R., Brown, I., & Raphael, D. (1997). *The Family Quality of Life Project: Final Report.* Report to the Ontario Ministry of Community and Social Services. Toronto: Quality of Life Research Unit, Centre for Health Promotion, University of Toronto (www.utoronto.ca/qol).

Seltzer, G. B., Begun, A., Seltzer, M. M., & Krauss, M. W. (1991). 'Adults with mental retardation and their aging mothers: Impact of siblings.' *Family Relations, 40,* 310-317.

Seltzer, M. M., & Krauss, M. W. (2001). 'Quality of life of adults with mental retardation/developmental disabilities who live with family.' *Mental Retardation and Developmental Disabilities Research Reviews, 7,* 105-114.

Seltzer, M., Krauss, M., Choi, S., & Hong, J. (1996). 'Midlife and later-life parenting of adult children with mental retardation.' In C. Ryff and M. Seltzer (Eds.), *The Parental Experience in Midlife.* Chicago: University of Chicago Press.

Seltzer, M. M., Krauss, M. W., & Janicki, M. P. (Eds.). (1994). *Lifecourse Perspectives on Adulthood and Old Age.* Washington, DC: American Association on Mental Retardation.

Singer, G. H. S., & Irvin, L. K. (Eds.). (1989). *Support for Caregiving Families: Enabling Positive Adaption to Disability.* Baltimore, MD: Paul H. Brookes.

Stancliffe, R. J. (2000). 'Proxy Respondents and Quality of Life.' *Evaluation and Program Planning, 23,* 89-93.

Turnbull, A. P., & Turnbull III, H. R. (Eds.). (1978). *Parents Speak Out: Growing with a Handicapped Child.* Columbus, OH: C. E. Merrill.

Turnbull, A. P., Brown, I., & Turnbull III, H. R. (Eds.). (2003). *Family Quality of Life: An Introduction to Conceptualization, Measurement and Application.* Washington, DC: American Association on Mental Retardation.

Turnbull, A. P., Pereira, L., & Blue-Banning, M. J. (1999). 'Parents' facilitation of friendships between their children with a disability and friends without a disability.' *Journal of the Association for Persons with Severe Handicaps, 24,* 2, 85-99.

Turnbull, A. P., Turbiville, V., & Turnbull, H. R. (2000). 'Evolution of family-professional partnerships: Collective empowerment as the model for the early twenty-first century.' In J. P. Shonkoff and S. J. Meisels (Eds.), *Handbook of Early Childhood Intervention, 2nd edition.* New York: Cambridge University Press.

Turnbull III, H. R., & Turnbull, A. P. (Eds.). (1985). *Parents Speak Out: Then and Now*. Columbus, OH: C. E. Merrill.

웹 사이트 (2002)

The Quality of Life Research Unit, University of Toronto one of several research units within the Centre for Health Promotion in the Department of Public Health Sciences, University of Toronto
www.utoronto.ca/qol

Beach Center on Disability, University of Kansas
http://www.beachcenter.org/

The impact of childhood disability: A parent's struggle
http://www.pediatricservices.com/prof/prof-15.htm

Special needs family friendly fun
http://www.family-friendly-fun.com/

Quality of life, family services
http://www.ddc.dla.mil/qol/family/

제9장

삶의 질 적용 사례
- 슬픔에 대처하기 -

바바라 매튜와 리처드 게이트,
'슬픔의 여행에서 희망을 찾다.'
논평
사고와 토론

이번 장에서 다룰 내용은 삶의 질에 관련된 여러가지 사항들을 강조하는 특별한 중재에 관한 것이다. 바바라 매튜는 호주에서 정부의 자금을 일부 지원받아 장애인복지센터를 운영하고 있다. 여기에 소개된 바바라가 리처드 게이트라는 사람을 돕는 과정은 리처드, 바바라, 그리고 리처드의 아버지인 앤소니 게이트의 동의를 받아 기술되었다. 실명을 사용한 것은 리처드와 기타 다른 관련자들이 그러기를 원했기 때문이다. 로이 브라운은 리처드와 바바라를 만나서 리처드가 무엇을 원하는지에 대해 이야기를 나누었다. 최근의 장애와 관련된 연구나 글에는 이와 같이 장애인과 관련된 사람을 포함하는 방식이 점점 늘어나는 추세다. 장애인과 관련된 사람들은 장애인을 도울 때 매우 중요한 역할을 담당하기 때문이다. 그들이 그것을 원하고 받아들일 만하다면 연구에 참여했다는 사실을 밝히고 증인이 있는 가운데 동의서를 받아 기록으로 남겨야 한다. 리처드도 자신과 같은 장애인들에게 도움이 되기를 바랐기 때문에 자신의 사례가 발간되는 것을 무척 원했다.

　이 이야기의 주제는 리처드 어머니의 별세로 인한 슬픔이다. 이는 민감하고 다루기 힘든 내용이며 특히 어떤 장애를 가진 사람이 무척 의지했던 사람을 잃는 슬픔에 직면했을 때는 더욱 그러하다. 리처드의 이야기는 슬픔을 극복해 나아가는 데 도움을 받는 사람의 웰빙에 중점을 두면서, 삶의 질 관점에서 중재의 여러 가지 면을 보여 준다.

　지적장애가 있는 장애인들은 장례식에 온 사람들(가까운 친척들)이 자신을 당혹스럽게 하거나 자신들이 다른 장례식 문상객들을 당혹스럽게 할 수 있다는 생각에 가까운 친척의 장례식도 참석하는 것을 꺼린다. 하지만 대부분의 경우 이러한 시각은 옳지 못하다. 지적장애 장애인들도 다른 사람들과 마찬가지로 지인을 잃은 슬픔을 표현하고 지지와 상담을 통해 유익을 얻을 수 있기 때문이다.

리처드에게 이 점에 대해 중재하기로 선택한 것은 이러한 도움이 장애인에게도 당연히 필요할 뿐만 아니라 그 이상의 영향력을 발휘할 수 있다는 이유에서였다. 또한 이것은 극한 상황 속에서도 풍요로움이 피어날 수 있음을 보여 주는 예라고 할 수 있다. 이 예는 한 사례 관리자가 24세의 다운증후군을 앓고 있는 리처드를 도와 어렵고 힘든 기간 동안 고통스럽지만, 통찰력 있고, 성숙하게 하며, 상상력 있고, 시감이 풍부한 사고를 끌어내도록 어떻게 중재했는지를 보여 준다. 이 사례에서 어떠한 학습과 상담의 원칙이 중재되었는가와 삶의 질과 관련된 전체적 구조가 어떻게 형성되었는지에 주목하는 것이 도움이 될 것이다.

🍒 바바라 매튜와 리처드 게이트, '슬픔의 여행에서 희망을 찾다.'

나는 리처드처럼 특별한 장애를 가진 사람들과 그들의 가족들과 함께 일하면서 매우 자주 삶이 풍성해진다. 하지만 나는 이런 감정을 내 자신만의 말로써는 완전히 다 표현할 수 없다는 것을 확신한다. 이러한 이유로, 나는 리처드 게이트 자신의 말을 그대로 그의 이야기를 하는데 사용하도록 허락해 준 것에 대해서 리처드와 그의 가족에게 감사한다.

내가 지금부터 말하려는 것은 리처드 게이트의 슬픔의 여행에 대한 이야기다.

그의 어머니, 앤은 2001년 2월 23일에 돌아가셨다. 리처드의 어머니와 가장 가까웠던 사람들, 즉 가족, 친구, 직장 동료들로부터 나는 얼마나 그녀가 다른 사람에게 베풀었는지, 얼마나 그녀가 특별한 장애를 가진 사람들의 편에 서고, 그들을 위하여 일하고 투쟁하였는지도 알게 되었다. 나는 내가 들었던 많은 이야기들을 통해서 그녀의 용기와 의지에 감탄하게 되었다.

나는 리처드를 2001년 1월, 그가 약 24세가 되었을 무렵에 처음 만났다. 당시 리처드의 어머니는 건강이 매우 좋지 못하였고, 사람들은 '그가 만약 어머니를 잃는다면 어떻게 대처할 수 있을까'를 많이 걱정했다. 그는 다운증후군이었고, 그의 의사소통 방식을 다른 사람이 잘 이해하지 못할 때가 종종 있었다. 그는 자신이 말하고 싶어하는 네 가지 주제가 있었다. 또한 그가 살면서 가장 부정적인 측면으로 인식했던 것들에 대해 자주 관심을 가졌고, 그것들에 대해 자주 이야기했다. 하지만 우리 둘 사이의 관계에서 초점이 되었던 것은 그의 슬픔을 이해하고 그의 인생에 행복을 다시 가져오는 것이었다.

나는 보통 장애인의 가족과 함께 장애인을 돕는다. 그러나 그의 어머니는 건강이 좋지 않았기 때문에 리처드를 혼자서 도와야 했다. 그의 가족에게 상황을 알리기 위해 우리는 우리가 했던 모든 것을 어떤 방식으로든 기록으로 남겼다. 우리는 목록, 도표, 이야기, 편지, 시들을 포함한 폴더를 만들었다. 이는 리처드가 매우 자랑스러워한 특별한 '작업폴더'였다. '변화'라는 것을 중심으로 대화한다는 것이 자연스럽게 느껴졌고, 결국 매우 유용한 것이라는 것을 알 수 있었다. 나는 리처드가 인생에서 많은 변화를 경험했다는 것을 알게 되었다.

우리는 각각의 변화들이 그의 인생에서 얼마나 '큰' 일이었는지 그리고 어떻게 그가 그것에 적응하게 되었는지에 대하여 이야기를 나누기 시작했다. 리쳐드는 자신이 강해서—즉, 겉으로 드러나는 근육뿐만 아니라 내면에도 근육이 있는 것처럼—그리고 도움이 필요할 때 그의 곁에 사람들이 있어서, 큰 변화들 속에서 견뎌낼 수 있었다고 말했다. 이러한 시점에서 그는 지금까지 자신의 인생에서 가장 큰 것이 될지도 모르는 매우 큰 변화가 점점 가까워진다는 것을 인지하기 시작했다.

슬픔과 함께 살기

처음에는 리쳐드가 얼마나 슬픔을 이해할 수 있을지 확신하지 못했다. 나는 리쳐드가 어머니의 죽음을 얼마 지나지 않아서 사라질 슬픔 정도로 이해할지도 모르겠다고 생각했다. 리쳐드와 나는 그의 감정과 슬픔을 도표로 기록해 나가기 시작했다. 리쳐드는 도표의 윗쪽에 이런 내용이 포함되기를 원했다.

'2월 23일 금요일 7시 30분에 집에서 엄마가 돌아가셨다. 아빠는 엄마의 손을 잡고 나도 손을 잡았다. 엄마는 암으로 돌아가셨고, 나의 인생의 큰 변화를 주었다. 이 그림은 내 인생이고 또한 큰 변화를 의미한다.'

이 그림은 원이고, 원의 위로부터 1/4 지점을 가로지르는 선이 있다. 원의 1/4 부분에는 '내가 엄마와 함께한 인생', 그 아래 원의 3/4 부분에는 '내가 엄마 없이 살아야 할 다음의 인생, 이것이 내 인생에서 가장 큰 변화다'라고 썼다. 원 밖에는 원 안의 선을 가리키는 화살표가 있고, 여기에 '이 선은 어머니가 돌아가셨을 때 내가 24세이었음을 보여 준다. 사랑하는 누군가를 잃으면 사람들은 보통 슬픔을 느낀다. 나의 슬픔은 매번 수많은 다른 것들을 느끼게 한다.'라고 썼다.

리처드는 슬픔으로 느끼는 여러 가지 것들에 대하여 말했다.

"가끔 나는 외로워요. 왜냐하면……."

"가끔 나는 슬퍼요. 내가 어떠한 것에 대해 생각할 때면……."

"가끔 나는 무서워요. 내가 어떠한 것에 대해 생각할 때면……."

"가끔 나는 매우 피곤해요……."

"가끔 나는 혼란스러워요……."

"가끔 나는 화가나요……."

"가끔 나는 자랑스러워요. 내가 어떠한 것에 대해 생각할 때면……."

"가끔 나는 행복하고 동시에 슬프기도 해요……."

리처드와 나는 그의 어머니에 대한 메모리북을 만들었고 많은 대화를 나누었다. 이러한 작업은 슬픔에 대한 많은 질문과 생각을 나에게 남겼는데 나는 이 질문과 생각들을 리처드에게 쓰는 편지의 형태로 써 내려가기 시작했다. 이것이 리처드가 그의 생각들을 이야기와 시로 표현할 수 있도록 도움을 주었다. 이 이야기와 시는 슬픔과 함께 살아가는 그의 인생 여정을 반영하는 것이었다.

슬픔과 함께하는 여행에 대한 편지와 시

리쳐드에게

내가 지금 편지를 쓰는 이유는 우리가 했던 대화를 써 내려가는 것이 좋은 생각이라고 여기기 때문이에요. 언제든 당신이 원한다면 다시 그 대화를 할 수 있으니까요!!

그래도 되겠지요? 당신이 나에게 최근 며칠 슬펐다고 했잖아요. 너무 많은 날이 슬펐고, 특히 당신의 누나와 아빠가 엄마의 옷을 정리할 때, 당신 마음은 심장이 찢어질 것 같았다고. 이제 우리 여기에 대해서 이야기 해 봐요. 어떻게 사람들은 자기들이 사랑하는 사람이 죽었을 때, 유품을 정리하는 일을 할 수 있는지에 대해서 말이에요.

그건 더 이상 죽은 사람은 그 물건이 필요하지 않기 때문이겠지요. 만약 당신이 원한다면 당신의 아빠는 엄마의 스카프나 손수건을 줄 수 있을 거라고 생각해요. 혹시 엄마의 스카프나 손수건이 당신이 만들고 있는 메모리북에 보관하기에 좋은 것이라고 생각하지 않나요?

그리고 엄마가 당신에게 남겨 주신 아름다운 편지가 있잖아요!!

그 편지에는 당신이 아빠를 도와줘야 된다고 쓰여 있었어요. 왜냐하면 당신과 마찬가지로 아빠도 엄마를 그리워하니까요. 당신은 아빠에게 어떻게 아빠를 도울 수 있을지 물어보는 것이 좋겠다고 생각했잖아요. 만약에 그런 좋은 방법이 생각나서 당신이 써 내려갈 수 있다면 다음에 그것을 기억하기 쉬울 거예요.

리쳐드, 아빠를 도울 수 있는 좋은 방법이 얼마나 있을까요?

곧 다시 봐요.

—바바라가

293

리처드에게

지난번에 당신이 아빠가 엄마 옷을 정리하는 것을 도와줬다고 했잖아요!!

실제로 엄마 옷을 차로 옮기는 걸 도와줬다고 들었어요.

난 정말 기뻤어요, 당신이 그런 중요한 일을 했다니 말이에요.

아빠 혼자서 엄마 옷을 차에 옮기면서 정리한다는 것은 너무나도 슬픈 일이었을 거에요. 나는 당신의 아빠가 당신이 도와준 것에 대해 매우 기뻐하리라고 믿어요. 또 볼 수 있기를 기대해요.

당신에게 미소를 보내면서

—바바라가

우리 엄마

리처드 게이트 작

엄마의 몸은 타버렸다.

엄마의 관도 타버렸다.

엄마는 하느님을 믿는다.

엄마는 하느님과 함께 살아계시다.

엄마는 태양을 본다.

엄마는 하늘을 본다.

엄마는 풀리와 구름과 할아버지와 예수님을 본다.

엄마는 예수님을 본다.

예수님은 엄마를 본다.

파멜라는 나에게 내 심장이 뛴다고 말했다.

엄마는 영원히 내 마음 속에 계신다.

리처드에게

리처드, 나는 당신이 '엄마는 영원히 내 마음속에 계신다.'라고 쓴 글을 보고 얼마나 감동적이었는지 몰라요. 명절 휴가 중 당신의 마음 속에 있는 엄마에 대한 이야기를 듣고 싶어요. 당신이 일할 동안에 당신 마음 속에 있는 엄마에 대해서도 들어 보고 싶고요.

—바바라가

휴일, 내 마음 속에 계시는 엄마

리처드 게이트 작

엄마가 쉬는 날 내 마음 속에 계셔서 행복하다.
나는 엄마가 포어컨캡[16]에 와서 나와 아빠와 함께 지냈으면 좋겠다.
나는 엄마가 나와 아빠와 비행기에 함께 탔으면 좋겠다.
나는 엄마가 매넘[17]에 왔으면 좋겠다.
나는 엄마가 좋아하던 정원과 집에 왔으면 좋겠다.
나는 엄마를 너무나도 사랑한다 그리고 엄마가 너무 보고싶다.
나에게 엄마는 그런 사람이다.
명절휴가는 엄마에 대한 슬프고도 행복한 기억들을 생생하게 되살린다.
내 심장은 엄마와의 행복한 기억 때문에 여전히 계속 뛰고 있다.
나는 엄마, 아빠와 휴일을 영원히 함께 보내고 싶다.
엄마는 우리와 같이 비행기에 탈 수 없다.

---

16) 포어컨캡: 지역 이름
17) 매넘: 지역 이름

엄마는 영국에도 올 수 없다.

엄마는 영국 듀스탠블[18]에도 올 수 없다.

그리고 내 사촌들과 이모 그리고 삼촌이 살고 있는 영국에 와서 그들을 볼 수 없다.

엄마는 어떤 특별한 휴일에도 더 이상 올 수 없다.

그리고 아빠와 내가 가는 로열 아델레이드쇼[19]에도 올 수 없다.

그러나 엄마는 어떠한 장소에서도 나와 아빠랑 같이 있을 수 있다.

왜냐하면 엄마는 휴일 내 마음 속에 특별한 자리를 차지하고 계시기 때문이다.

리처드에게

당신의 엄마와 함께한 토요일 아침의 특별한 정원에 대한 기억을 말해 주어서 감사해요. 어머니의 생일 밤은 어땠나요? 당신과 함께 소시지 파티를 하며 당신이 차에서 엄마의 생일 축하 노래를 너무도 행복하게 부르는 걸 듣고 매우 기뻤어요.

엄마가 당신 마음 속에 '영원히' 있다는 걸 알게 되어 행복했나요?

그 노래가 엄마와 함께했던 즐거운 생일 파티와 친구들과 함께했던 즐거운 시간을 기억하게 해 주어서 행복했나요?

— 바바라가

---

18) 듀스텐블: 지역 이름

19) 로열 아델레이드쇼: 오스트레일리아의 남부 아델레이드 지방에서 매년 열리는 농업 축제

영원한 엄마

리처드 게이트 작

엄마와 가족이 다시 함께할 수 있었으면

단지 엄마가 집에 올 수만 있다면

하지만 엄마는 영원히 집에 오실 수 없어요.

엄마가 스털링 병원에 영원히 있을 수는 없어요.

엄마의 장례식이 영원히 지속될 수 없어요.

엄마가 센테니얼 공원에 영원히 있을 수는 없어요.

엄마의 몸이 영원할 수는 없어요.

엄마의 관이 영원할 수는 없어요.

엄마는 손자들을 영원히 지켜볼 수 있어요.

엄마는 아들 리처드를 영원히 지켜볼 수 있어요.

엄마는 아빠도 영원히 지켜볼 수 있어요.

엄마는 앨리슨과 루비를 영원히 지켜볼 수 있어요.

엄마는 앤디와 케이트를 영원히 지켜볼 수 있어요.

엄마는 모든 가족을 집에서 영원히 볼 수 있어요.

엄마는 캐럴 이모와 진 이모, 마크, 조져, 스티븐 삼촌들, 내 사촌 니키까지도 영원히 지켜볼 수 있어요.

나는 엄마의 가족을 영원히 지켜볼 수 있어요.

나는 엄마가 있는 묘지에 언제나 갈 수 있어요.

나는 엄마의 유품 상자를 영원히 간직할 수 있어요.

나는 엄마의 기억과 엄마의 사랑이 내 마음에 영원히 살아있어요.

나는 절대로 내 마음 속 엄마를 잃어버리지 않을 거에요.

리처드에게

당신과 함께한 지난 토요일은 정말 즐거웠어요.

너무나도 큰 인생의 행복이 당신에게 한꺼번에 몰려와 당신을 울게 만들었던 것처럼 보였어요. 인생이 큰 행복감으로 바뀌는 것 같았어요.

그거 아세요 리처드? 사람이 항상 슬퍼서 우는 것은 아니라는 것을. 사람은 때때로 너무 행복해도 눈물을 흘리지요.

슬퍼서 항상 우는 건 아니랍니다.

— 바바라가

계속해서 기억하기

리처드는 최근 그의 아버지와 함께 외국에서 크리스마스 휴일을 보내고 돌아왔다. 그는 아버지에게 '크리스마스의 심장'이라고 말하는 것과 그가 생각했던 다른 모든 것에 대해서도 말하고 싶어한다. 나는 앞으로 리처드와 어떻게 일이 진행될지는 전혀 확신할 수 없지만 분명히 앞으로 알게 될 것이라는 기대감이 있다.

이 이야기를 앤 게이트 (1936~2001)에게 바칩니다.

🍂 논 평

몇 가지 쟁점들을 강조하는 것이 필요할 것 같다. 리처드에 관한 바바라의 중재는 그의 어머니의 죽음에 초점을 두었다. 그러나

그녀는 그 중재가 리처드의 전반적인 기능에 영향을 미치리라는 것을 잘 알고 있었다. 로이 브라운은 이와 같은 사실을 그가 마을 식당에서 리처드와 함께 식사를 하면서 시간을 보냈을 때 분명하게 알 수 있었다. 리처드는 많은 사람들을 알고 그들과 쉽게 대화를 나눌 수 있고, 그들을 이해하고, 그의 삶과 그가 행한 일에 대하여 그들과 담소를 나눌 수 있다. 리처드와 바바라가 함께 한 일은 리처드뿐만 아니라 전문가인 바바라에게도 권한을 주고 질을 높여 준다. 이런 유형의 효과적인 중재는 이상적으로는 서로 상호적이고 관련된 모든 사람들에게 긍정적인 효과를 가져온다. 그 내용은 리처드의 인식과 깊은 관련이 있다. 리처드의 인식은 그 자체의 타당성에 대해서 의문을 가질 필요 없이 그 자체로서 받아들여진다.

앞의 사례에서 중재의 목적은 분명하고 간결하게 묘사되었다. 즉, 리처드의 삶에 행복을 되돌려 주기 위한 것이었다. 그 과정에는 다른 가족 구성원들에게 리처드에게 일어나고 있는 일이 무엇인지 알려 주는 것이 포함되었다. 이는 중재에 관련된 모든 이들이 동의한 사항이었고, 중재가 가져다 준 정서적인 효과라는 점에서 필요한 것이었다. 삶의 질 목표를 둘러싼 테두리 속에는 단지 생각과 대화뿐만 아니라 시각적 도표와 글로 표현된 자료도 포함되어 있었다. 즉, 다시 말하자면 바바라는 리처드의 발전에 적합하고 또 리처드가 인정한 매개체를 선택했던 것이었다.

바바라는 실무자로서 자동차 여행, 소시지 파티 같은 일상 활동들에 리처드와 함께 참가했다. 그녀는 그렇게 행동함으로써, 실무자와 친구 사이의 경계를 허물어 버릴 수 있다는 것을 잘 알고 있었다. 그들이 함께했던 활동 유형들은 관계를 가깝게 하는데 공헌했던 것이 사실이지만 그 활동들은 또한 성공적인 중재에 중요한 것이기도 했다. 이는 리처드가 자신을 위해 일하는 사람이 얼마나 그의 존재가치를 인정하는지를 매우 실제적으로 증명해 준 것이기도 했다.

리처드는 그런 중재 과정에 매우 공감하였다. 자아상에 대해서 이야기했고 이는 중재의 중심 구성요소였는데 부정적인 생각과 감정들이 점차 긍정적으로 변화하였다. 흥미롭게도 중재를 통해서 리처드는 내적 과정과 외적 과정을 분명하게 구분할 수 있었다. 문제는 현재에 있지만 주제는 명시적이거나 암시적으로 표현된 미래의 문제들에 집중되었다. 부정적인 감정과 긍정적인 감정 두가지 모두 포함되었다. 리처드의 시를 쓰는 활동과 그 밖의 활동들이 반응강화(reinforcement)과정[20]을 통해 강력하고 적절하게 증가되었다.

마지막으로 바바라는 리처드의 신념과 가치 체계를 인정하고 받아들였지만 이는 그녀 자신의 신념이나 가치와 반드시 일치되지는 않는다. 리처드의 종교적 신념을 포함한 가치관과 감정에 대한 바바라의 존중은 정말 대단했다. 비록 바바라의 중재가 명확했더라도, 그녀의 개인적 신념이 개입했다고 생각할 수는 없다. 사실 우리는 바바라의 신념이 무엇인지조차도 전혀 알 수 없다.

만약 오랜 시간동안 이와 같은 수준에서 중재가 수행된다면 사례관리자들에게는 스트레스가 될 수 있다. 이러한 이유로 로이브 라운과 그의 동료들(Brown, Bayer, & Brown)은 그들의 1992년에 발간된 책 『중재와 삶의 질』에서 사례관리자들 자신이 상담을 받

---

20) 반응강화(reinforcement)과정: 조건형성의 학습에서 자극과 반응의 결부가 촉진하는 수단, 또는 그 수단으로써 결부가 촉진되는 과정

을 수 있도록 보장하는 것이 중요하다고 했다. 스트레스로 인해 중재자들의 가치관이 중재에 개입되기 때문에 이 지원 서비스는 매우 중요하다. 사실 직원 개개인이 스트레스를 받고 그에 대한 지원을 쉽게 받을 수 없을 때 그러한 중재는 실패할 가능성이 높다는 연구결과가 있다. 이는 특별히 사례 담당자들이 혼자서 모든 일을 처리해야 하고 수많은 소비자 요구 사례들을 다루어야 하는 지역사회 기반 서비스 분야에서는 훨씬 더 심각하다. 반면에 많은 실무자들이 목표를 성취하기 위한 복잡한 중재 활동을 잘 수행할 수 있는 놀라운 능력이 있을 뿐만 아니라 삶의 질 접근법에 의해 제공되는 추가적인 가치를 이에 더하는 것은 아주 고무적인 일이다. 분명 바바라는 이 목표를 성취하고 있는 것이다.

✎ 사고와 토론

1. 장애를 가진 사람들과 일하는 사람들은 종종 많은 뿌듯함을 느낀다. 숙련된 실무자들과 면담을 하고 어떻게 그들이 뿌듯함과 같은 감정들을 느꼈는지 알아보라. 그리고 이러한 견해들을 다른 사람들과 이야기해 보라.

2. 리처드는 지적장애를 가지고 있다. 후천적 난청이나 청력손실, 시력장애나 저시력, 운동제한이나 감정적 어려움과 같은 장애들을 가진 사람들이 슬픔을 다루는 것으로부터 어떻게 무시될 수 있는지를 고려해 봐야 한다. 슬픔을 다룰 때 더 많은 장애인들을 포함할 수 있는 유용한 전략이 있는가?

3. 장애인들에게 삶의 질 접근법을 사용할 때 전문가와 친구 사이의 구분은 어디에 두어야 하는가?

Brown, R. I., Bayer, M. B., & Brown, P. M. (1992). *Empowerment and Developmental Handicaps: Choices and Quality of Life.* Toronto: Captus Press.

Davidson, P., Prasher, V. P., & Janicki, M. P. (Eds.). (2003). *Mental Health, Intellectual Disabilities, and the Aging Process.* Oxford: Blackwell.

Delorme, M. (1999). 'Aging and people with developmental disabilities.' In I. Brown and M. Percy (Eds.), *Developmental Disabilities in Ontario.* Toronto: Front Porch.

Gordon, R. M., Seltzer, M. M., & Krauss, M. W. (1997). 'The aftermath of parental death: Changes in the context and quality of life.' In R. L. Schalock (Ed.), *Quality of Life, volume II: Application to Persons with Disabilities.* Washington, DC: American Association on Mental Retardation.

Ludlow, B. L. (1999). 'Life after loss: Legal, ethical, and practical issues.' In S. S. Herr and G. Weber (Eds.), *Aging, Rights, and Quality of Life: Prospects for Older People with Developmental Disabilities.* Baltimore, MD: Paul H. Brookes.

Prasher, V. P., & Janicki, M. P. (Eds.). (2002). *Physical Health of Adults with Intellectual Disabilities.* Oxford: Blackwell.

Webb, S. B. (1992). 'Disability counselling: Grieving the loss.' In S. E. Robertson and R. I. Brown (Eds.), *Rehabilitation Counselling.* London: Chapman and Hall.

웹 사이트(2002)

The grieving process – Counseling Center, University of Buffalo
http://ub-counseling.buffalo.edu/process.html

Supporting a grieving person who has a developmental disability

   http://www.npi.ucla.edu/mhdd/INFO/modules/grief.htm

Exceptional Parent Magazine–books about grieving

   http://www.eplibrary.com/grieving/

'Children grieving: Grieving children'

   http://www.familynetsource.com/news_views_parenting_grieving

   .htm

제10장

삶의 질 접근법에 대한 전문적, 윤리적 문제

삶의 질 접근법은 장애인을 다양한 측면에서 바라볼 수 있도록 도와준다. 이 접근법은 개인과 가족의 장점과 필요뿐만 아니라 그들의 선택과 희망도 살펴야 한다고 앞에서 언급했다. 이 과정에서 개인과 가족을 위해 삶의 질을 어떻게 개선할 수 있는지 물리적, 사회적 맥락에서 폭넓게 살펴보았다. 우리 모두는 우리가 사는 방식에 영향을 미치기도 하고, 우리가 만들어 내는 변화에 반응하는 환경에서 살고 있기 때문이다.

전문가 및 그 밖의 실무자들이 업무를 수행하는 서비스 체계는 개인적인 삶의 질에 상당한 영향을 미칠 수 있는 환경의 일부다. 전문가의 교육과 훈련, 전문적인 활동과 행동의 기준이 되는 정책, 전문 시스템의 절차 등의 많은 요소는 사람들이 삶의 질의 개

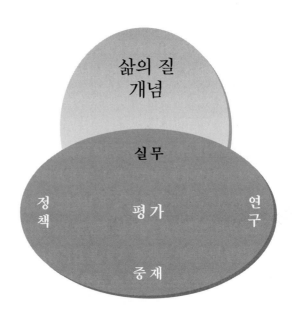

[그림 10-1] 삶의 질 접근법: 실무

선을 이루어 가는 데 도움을 줄 수도 있고 방해가 될 수도 있다. 그러므로 이전 장들에서 논의한 원칙들을 기존의 전문 서비스 체계에 견주어 봄으로써 드러나는 전문적, 윤리적 문제를 점검할 필요가 있다. 이러한 문제들은 확실한 해결책이 없을 수도 있지만 반드시 고려되어야 한다.

🌰 전문적, 윤리적인 문제는 무엇인가

전문적인 문제란 고객과 함께하거나 혹은 고객과 관계되는 활동을 수행하는 데 있어 중요하게 인식되는 유급 실무자 업무의 영역을 말한다. 거의 어떤 분야에서든지 업무 현실에서 한 가지 흥미로운 점은 전문적인 역할을 구성하는 것들, 즉 의무, 책임, 한계, 범위 등이 일상적인 업무 상황에 적용될 때 항상 명확하지만은 않다는 것이다. 이는 실무자가 일부 가치 체계와 서비스 규정, 주의 의무 사항, 전문적인 행동 강령, 역할에 대한 인식, 지식과 기술 기반, 그리고 종종 법적인 요구사항을 근거로 지원하기 때문에 발생한다. 또한, 서비스 대상자들에게는 해결 받기 원하는 문제들이 있고, 이 문제들을 어떻게 다루어야 하는지에 대한 그들의 인식은 실무자의 인식과 다를 때도 있다. 예를 들어, 엔젤라는 세 사람의 다른 장애인들과 함께 그룹홈에 살고 있다. 그녀는 밤중에 혹은 기분이 좋지 않을 때 가끔 그녀의 담당 직원이 안아 주기를 바라지만 그 직원은 자신이 안젤라 부모가 아니기 때문에 그녀와 신체적으로 접촉하는 것을 원하지 않는다. 게다가 이러한 유형의 신체적 접촉은 '비전문적인' 행위로 간주되기 때문에 이 시설에서는 눈총을 받기도 한다.

307

앞에서 예로 제시된 전문가와 고객 사이의 간격은 또 다른 간격, 즉 전문가가 전문적인 역할로 수행하는 일과 자신의 개인적 삶 사이의 간격으로 인하여 때로는 더 복잡해지기도 한다. 앞에서 언급된 담당직원은 자신의 아이에게 밤이나 기분이 안 좋을 때 기꺼이 안아 주는 헌신적인 엄마다. 그러므로 그녀가 안젤라를 안아 주지 않는 이유는 단지 연민이 부족해서가 아니라 전문적으로 부적절하다고 생각했기 때문이다. 하지만 결론적으로는 안젤라가 따뜻한 포옹을 받지 못한다는 것이다. 안젤라는 자신이 필요로 하는 지원이나 정보에 반응할 수도, 반응하지 않을 수도 있고 이는 그녀의 학습과 발전을 저해할 수 있다. 이와 유사한 경우로, 학교에 있는 학생이나 자신의 아파트에 사는 성인과 신체적인 터치를 금지하는 서비스 기관의 규정은 부적절한 행동을 규제하는 유용한 지침이 될 수 있지만 이러한 규정은 그들의 학습과 정서적 안정에 부정적인 영향을 미칠 수 있다.

모든 전문가는 자신의 역할에서 할 수 있는 것과 하고자 하는 것, 그리고 전문적 업무를 잘 수행하기 위해 정말 필요한 것 사이의 차이를 어떻게 처리할 것인지에 대해 전문적인 결정을 내려야 한다. 이러한 결정을 내릴 방법을 찾는 과정에서 전문가는 일련의 윤리적 문제에 직면하게 된다.

윤리적 문제는 전문적 기준, 사람을 다루는 방법, 이에 따른 중재 유형, 누구의 선택을 따라야 하는지 등 많은 것과 관련될 수 있다. 하지만 윤리적 의사 결정의 질문은 항상 같다. 이 특별한 상황에서는 어떻게 하는 것이 최선인가?

윤리적 결정을 내리는 것은 일반적으로 인정받고 있는 도덕적

규범, 종교적 신념을 기초로 결정을 내리는 것과 동일하지만 그것이 특별한 도덕 및 종교적 신념과 일치하지 않는 경우도 많다. 예를 들어, 환자 가족과 의료진이 생명 유지에 강한 개인적 신념을 갖고 있더라도 엄청난 통증을 겪고 있는 시한부 환자에게 모르핀을 제공하도록 선택하는 경우가 종종 있는데 이는 모르핀 투여가 환자의 조기 사망을 초래할 수 있긴 하지만 그 환자를 위한 최선으로 간주되기 때문이다. 실무에서 전문적인 문제는 항상 윤리적인 문제와 어느 정도 관련되어 있기 때문에 윤리적인 문제는 전문적인 문제와는 별개로 간주될 수 없다.

이 장의 목적

전문적이고 윤리적인 문제는 항상 변화하고 또한 너무 많아서 그 문제 모두를 집중적으로 조명할 수는 없다. 그 대신 우리는 삶의 질 접근법을 사용하여 업무에서 발생할 수 있는 중요한 전문적, 윤리적 문제를 실무자가 고려하는 것이 얼마나 중요한지에 대해 몇 가지 아이디어를 제시하여 설명하고자 한다. 우리가 이용하는 많은 실례는 우리의 업무에서 나온다. 재활에 대한 이러한 접근법은 해당 개인과 지원하는 네트워크의 성장과 발전을 허용하고 장려한다.

이 장은 세 가지 주요한 기능들을 제공한다. 1. 전문적인 실무를 위한 중요한 전문적·윤리적 문제와 딜레마를 집중 조명하고, 2. 윤리적 문제를 인식하고 의사를 결정하는 실무자의 중요성을 강조하며, 3. 전문적인 훈련을 위한 주제 목록으로써의 역할을 하는 것이다. 이 기능들을 다루기 위해, 우선 전문적 기술과 관련된

문제에 중점을 두고 삶의 질을 촉진하는 전문적 실무의 중요하고
다양한 전문적·윤리적 문제와 딜레마에 대해 다룬다.

전문적 기술과 관련된 문제

실무자 간의 기술적 차이

현재 다양한 인력들이 재활 분야에 참여하고 있고 이들의 전문
분야는 다양하다. 이들이 비슷한 주제를 가지고 교육하거나 업무
수행에서 동일한 경험을 하게 될 것이라는 보장은 전혀 없다. 여
기에는 몇 가지 장점이 있다. 그중의 하나는 여러 가지 기술을 사
용할 수 있고 다분야 간 협력의 기회가 있을 수 있다는 점이다. 그
러나 또한 우려되는 사항도 많다. 만약 전문가들이 어떤 특정한
형태의 교육이나 경험만 가지고 있다면 다양한 상황에 그것들을
적용할 수 있다는 보장은 거의 없다. 사용하는 언어가 서로 달라
어려움을 겪을 수도 있고 서로 다른 교육 가치와 철학으로 인해
의사소통의 문제나 다른 접근 방법에서 문제가 발생할 수도 있다.
다음은 그 예다.

저자 중 한 명인 로이 브라운은 최근 재활 코디네이터들에
대한 조사에서 이들의 훈련에 필요한 전문적 지식의 범위가
매우 다양하다는 것을 알게 되었다. 고위 간부들은 최일선에
있는 실무자들이 광범위한 기술 분야에 대한 교육과 훈련에
대한 요청과 그 정도 차이가 상당하다는 사실을 알고 놀랐다.
전문 분야 내에서도 이들이 비슷한 과정을 배웠다는 보장이
없었다. 예를 들어, 심리학 학위를 가진 실무자가 상담이나 장

애에 대한 수업을 듣지 않았을 수도 있다. 사회복지 실무자는
상담 경험이 많겠지만 신체장애나 감각장애에 대해서는 잘
모를 수 있다.

삶의 질이 재활 철학 및 내용 실무와 관련되어 있음에도 불구하
고 대부분의 실무자가 삶의 질이 포함된 수업을 받아 보지 못했다
는 사실은 별로 놀라운 일이 아니다. 이런 강의는 대학에서 아직
은 일반적으로 제공되지 않는다. 삶의 질에 대한 지식은 주로 훈
련 세미나와 워크숍을 통해 얻을 수 있지만 이들은 다양한 장애인
의 원천적인 서비스 요구보다는 서비스기관 내에서 특별히 활용
하는 데에 초점을 두고 있다.

실무자가 가진 기술이 항상 필요한 것만은 아니다. 이에 대해
다음 세 가지 가능성이 있을 수 있다. 이 책을 공부하여 적용하는
것처럼 실무자는 지식과 기술을 학습한 다음 업무에 적용할 수 있
다. 때로는 부정적인 결과를 초래하기도 하지만 지식과 기술의 습
득 없이도 해당 업무를 수행하기도 하고, 또는 해당 업무에 대한
지식이나 기술이 없기 때문에 그러한 측면의 업무를 수행하지 않
을 수도 있다. 첫 번째 경우는 상황을 개선할 수 있는 시나리오지
만 두 번째와 세 번째는 실무자와 지원을 받는 개인 모두에게 도
움이 되지 않는다. 첫 번째 시나리오에서는 허가나 자금 지원 부
족, 또는 전문 분야의 한계와 같은 구조적인 제한점으로 인해 불
가능할 수도 있지만 이 경우 구조적으로 가장 좋은 것이 실무자나
서비스 대상자에게 가장 좋은 것은 아닐 수도 있다. 이 결과는 다
음과 같은 추가적인 윤리적 문제로 이어진다. 우리는 구조적으로
가장 좋은 것을 선택해야 하는가? 아니면 실무자에게 또는 서비스

311

대상자에게 가장 좋은 것을 선택해야 하는가?

장애 서비스 실무자를 위한 핵심 기술

장애인을 다루는 실무자가 효과적으로 업무를 수행하려면 일련의 핵심 기술이 필요하다. 실무자가 체계적인 방법으로 핵심 기술을 갖도록 하는 것은 여러 가지 장점이 있지만 그중 세 가지는 다음과 같다. 실무자들이 장애의 철학과 의미에 대한 이해를 서로 공유할 수 있다는 것, 실무자가 이론적이고 학문적인 배경으로부터 끌어낸 지식을 실무에 활용할 수 있다는 것, 서비스 시스템을 통해 실무자가 대상자들에 대해 듣고 공감하고 개인의 가치와 희망을 존중하며 개발과 권한부여에 대해 열정을 갖는 등 중요한 전략과 기술을 사용하도록 보장하는 것. 하지만 핵심 기술에만 집중하면 특정한 분야에서 실무자의 지나치게 일률적인 사고방식, 외부의 아이디어와 기회를 탐색하려는 의지의 감소 등과 같은 단점도 있다.

삶의 질 원칙에 근거하여 일하는 실무자는 이를 위한 '특별한' 일련의 기술이 필요한지 궁금해 할 수 있다. 또한 자신들이 그러한 기술을 가지고 있는지 궁금해 할 수도 있다. 다음은 이 책에서 논의된 아이디어와 문제를 효과적으로 적용하는 데 필요한 기술과 지식의 목록이다.

- 장애에 대한 임상적 지식
- 가족 시스템, 역학 관계와 문제에 대한 지식
- 장애 상태에 영향을 미치는 지역사회와 환경적 요소에 대한 지식
- 이용 가능한 지역사회 서비스와 지원에 대한 지식

- 언어 발달, 그리고 언어나 말하기 관련된 일반적인 문제에 대한 지식
- 학습 원리에 대한 지식
- 장애 관련 법령에 대한 지식
- 어린 시절, 이행기 및 노화를 포함한 생애발달과정에 대한 지식
- 다문화 관련 문제에 대한 지식
- 삶의 질 원칙에 대한 지식
- 사회적, 정서적 발달에 대한 지식
- 치료와 중재에 대한 주요 접근법들에 대한 지식
- 장애인을 상대하는 업무의 장기적인 성격에 대한 이해

전문적 실무 전략과 관련된 기술에는 다음이 포함된다
- 최고의 결과를 얻기 위해 문제를 판단할 수 있는 능력
- 적절한 인터뷰 기술
- 정책 및 관리 과정에 대한 기본적인 지식과 이해
- 다양한 상담 이론과 실무에 근거한 효과적인 상담 기술
- 효과적인 의사소통과 협력 능력
- 효과적인 관찰 능력
- 효과적인 말하기 및 글쓰기 능력
- 효과적인 교육 전략
- 효과적인 시간 관리 능력
- 조직 및 조정 능력
- 타인의 관점에 대한 이해력

보충적으로 도움이 되는 전문 기술에는 다음이 포함된다

- 현지 지역사회 접근과 당면 문제에 대한 지식
- 어느 시점에서 전문가에게 위탁하고 대안을 제안해야 하는지를 아는 것
- 장애 보조 도구의 사용 가능성에 대한 지식
- 특정 장애 분야에 대한 전문 지식

◉ 기술과 고등교육

한 가지 흥미로운 문제는 이러한 기술들이 대학 내에서 앞으로 재활 실무자가 될 사람들에게 어느 정도 교육되는가 하는 것이다. 공식적인 교육, 보건 또는 다른 커리큘럼의 일부로 이러한 교육이 제공되고 있지만 교육기관 간에 일관성이 아주 부족한 경우도 있다. 여러 기술들은 아직도 교육되고 있지 않기 때문에 이들은 현장 교육에서 배우거나 실무 경험을 통해 비공식적으로 배워야 한다. 하지만 서비스 기관들은 이상적으로 필요한 것보다는 기관의 필요를 위해 서비스를 제공하는 경향이 있으므로 광범위한 학습을 현직 교육에 맡겨 두는 것은 직원들의 지식과 실무 범위가 제한되는 결과를 초래할 가능성이 높다.

고등 교육에서 지역사회 기반 서비스 센터로 이어지는 순향적인 연대체계는 바람직하며 혁신적인 학습 형태를 제공할 수 있다. 여러 구미 국가들이 그러한 연계를 발전시키려 시도하고 있지만 아직 많은 부분이 부족하다. 대학이 항상 서비스 시설을 이용할 수 있는 것은 아니며, 이용할 수 있는 경우에도 이 시설은 진보적인 대학 프로그램이 제공해야 하는 혁신적인 형태의 경험을 제공하지 못할 수도 있다. 예를 들어, 병원, 지역사회 장애수용 시설이

314

나 기관들 중 선택하여 삶의 질 접근법을 적용하는 것은 결코 쉬운 일이 아닐 것이다.

◉ 기술과 개인적 특성

삶의 질에 기반한 업무 수행에는 전문적 지식, 태도와 가치가 필요하다. 개인적 특성이 필요할 수도 있다. 개인적 특성에는 다음과 같은 것들이 포함된다.

- 창의성
- 환경을 변화시키는 정서적 에너지
- 유연성
- 혁신
- 인내
- 유머감각
- 체력
- 어려움에 처한 사람에 대한 강하고 긍정적인 가치관
- 자신의 가치관, 태도와 신념에 대한 이해
- 온화한 마음

실무자가 다음과 같은 능력을 가지고 있는 것도 도움이 될 수 있다.

- 다양한 생활방식과 대체적인 선택에 대하여 수용하는 것
- 지원하는 사람들을 효과적으로 옹호하는 것
- 자신의 강점과 능력을 평가하고 외부 지원이 필요할 때가 언제인지 아는 것
- 일부 위험을 감수할 수 있는 것

- 당면한 문제를 편견 없이 논의할 수 있는 것
- 타인, 특히 장애인이 주도하는 상황을 편하게 받아들일 수 있는 것
- 어려운 윤리적 문제에 대한 의사를 결정하는 것
- 개인적 선택(예를 들어, 실무자 스스로를 위한 또는 가족 내에서 내려진 선택)과 실무자가 지원하는 사람에 의한 선택을 구분할 수 있는 것
- 건설적인 방식으로 문제를 해결하는 것
- 팀 구성원으로서 일을 수행하는 것

🌒 삶의 질 모델의 주된 사용과 관련된 윤리적 문제

1장에서 우리는 삶의 질 접근법이 실무자를 위해 할 수 있는 일이 무엇인지에 대해 다루었다. 삶의 질 기반 접근법을 사용할 때 다음 여섯 가지 측면의 삶의 질을 실무에 적용하도록 제안했다.

1. 현재 시점에서 서비스 대상자에게 가장 중요한 것이 무엇인지에 중점을 둔다.
2. 사람들이 자신에게 중요한 삶의 영역에 대해 만족하고 다른 삶의 영역에 대해 불만을 갖지 않도록 도와준다.
3. 삶의 개선 기회는 대상자가 포착할 수 있는 범위에 있어야 한다고 강조한다.
4. 기회를 선택하는 데 있어 가능한 개인적인 선택권을 행사할 수 있어야 한다고 주장한다.
5. 개인의 자아상을 개선한다.

6. 개인적인 권한부여 수준을 높인다.

실무에서 이러한 여섯 가지 필수적인 측면을 적용하는 것이 항상 간단하지만은 않을 것이다. 사실, 이 각각을 적용하는 것은 흥미롭지만 실무자에게 상당히 도전적인 딜레마로 이어질 수 있다. 다음에서 이러한 딜레마의 일부를 설명하고 예를 들어 설명한다.

도움받는 사람의 개인적 가치와 이해

삶의 질을 실무에 적용하는 것은 자신이나 타인에게 해가 되는 경우를 제외하고는 개인적 가치와 관심을 이해하고 이들을 중재의 기반으로 삼는 것이 최선이라고 가정한다. 그러므로 삶의 질을 실무에 적용하는 것은 전문가가 아니라 서비스 대상자가 인식하는 것들을 우선으로 삼는다.

전문가가 개인의 가치와 이해를 지원 계획의 중심에 두는 것이 불가능할 수도 있는데 그 이유는 다음과 같다. 세 가지 주된 이유를 들자면, 1. 법이나 직무 또는 기관의 정책이 이를 허용하지 않을 수도 있다. 2. 신념이나 지식에 기반하여 개인적인 양심에 따라 반대를 할 수도 있다. 3. 처한 상황에서 그렇게 하는 것이 최고라고 생각하지 않을 수 있다.

이러한 이유에 대해 각각의 실례를 다음에 제시하였다. 각각의 예는 윤리적 문제와 그에 따른 윤리적 결정으로 결론을 맺는다. 이 책의 저자처럼 독자는 내려진 결정에 대해 동의하거나 반대할 수 있고 동료와 대안을 논의하고자 할 수도 있다. 여기에서는 서비스 대상자 및 전반적인 사회를 포함하여 이 결정에 영향 받은 타인의 필요와 희망을 고려해야 하고, 기존의 다양한 견해들 중 지배적인 견해에 대해서도 논의해야 한다. 또한 관련된 모든 사람이 만족할 수 있는 대안도 생각해 보아야 한다.

◉ 예시 1: 실무자가 도와주는 것이 허용되지 않는 경우

가족 없이 혼자 살고 있는 안드레아는 그녀가 살고 있는 도시에 몇 명의 친구가 전부다. 그녀가 약 10년간 살고 있던 아파트 건물의 집주인이 아파트를 팔았고 그 아파트는 재건축을 위해 철거될 예정이었다. 그래서 이사해야 했지만 휠체어를 사용하는 안드레아는 이사할 다른 곳을 찾는 데 도움이 필요했다. 안드레아는 이사하고 싶지 않았기 때문에 집을 비워야 하는 날짜에서 겨우 1주일 전이 되었을 때야 사회복지사에게 연락하여 도움을 요청했다. 사회복지사가 그녀의 아파트를 방문해 보니 바퀴벌레가 너무 많았다. 바퀴벌레와 같은 해충을 새로운 숙소로 옮겨가지 못하게 금지하는 지방자치법으로 인해 사회복지사는 합법적으로 안드레아의 소지품을 이사시킬 수 없다는 것을 알게 되었다. 이를 위반하여 유죄가 인정되는 경우에는 그녀와 안드레아 모두 많은 벌금을 내야 했다.

사회복지사는 이 상황에서 어떻게 하는 것이 가장 좋은지 빨리 결정을 내려야 했다. 그녀는 안드레아가 살 수 있는 다른 곳을 빨리 찾도록 도와주었지만 그녀의 소지품을 옮기는 일은 거부하였다. 건물은 곧 철거되었고 안드레아의 모든 개인 소지품은 소멸되었다.

◉ 예시 2: 실무자의 개인적인 반대

브래들리는 경증 지적장애가 있는 28세의 남성이고, 결혼해서

아내와 유아기의 딸 둘과 함께 살고 있다. 집에서 대부분의 시간을 누드 상태로 보내고 아이가 보는 앞에서 자위하거나 아내와 함께 성행위를 하는 습관이 있다는 사실이 확인되어 체포되었고 며칠간 감옥에서 보내야 했다. 심의 기간이 끝난 후 그는 집행유예를 선고 받았고 사회복지사와 가석방 감독관의 감독하에 집에서 계속 살 수 있게 되었다. 사회복지사는 그의 행동이 너무 심각해서 딸들과 혼자 둘 수 없다고 생각했고 그가 행동을 바꾸는 데 최선을 다한다고 믿지 않기 때문에 법적 결정에 동의하지 않았다. 브래들리의 추가적인 부적절한 행위에 대한 증거가 나오지 않는 이상은 그 사회복지사가 일하는 기관이 브래들리의 상황 변경을 요청할 권한이 없었다.

사회복지사의 딜레마는 자신이 동의할 수 없는 상황에서 이 가족과의 일을 계속해야 할지 여부였다. 심각하게 고려한 후 그녀는 상관에게 이의를 제기했고 이 업무에서 빼 달라고 요청했다. 그녀의 요청은 허가되었고 다른 사회복지사가 그 일을 맡았다.

◉ 예시 3: 실무자가 최고의 선택이라고 생각하지 않는 경우

30대인 카디르는 보행장애가 있고 사회적, 감정적 제어에도 문제가 있다. 그는 화요일마다 상담을 받으면서 사람들과의 친분을 쌓고 만족할 만한 사교적인 모임에 참여하고자 하는 노력을 하고 있다. 카디르는 개인적인 위생을 중요하게 여기지 않았기 때문에 불쾌한 냄새와 단정하지 못한 외모를 갖게 되었다. 그의 상담치료사는 다른 사람들이 나쁜 위생 상태에 대해 부정적으로 평가한다는 사실을 카디르가 명확히 이해하도록 도와주었다. 개인적으로는 중요하다고 생각하지 않더라도 위생을 개선하는 것이 다른 사

319

람과의 관계를 발전시키는 기본이라고 조언했다. 하지만 카디르는 자신의 위생 상태를 개선하기를 원하지 않았고 자신을 있는 그대로 받아들일 수 있는 사람을 찾으려 했다.

자신의 업무에서 삶의 질 원칙을 준수하는 이 상담치료사는 더 많은 친구를 가지고 싶어 하는 카디르에게 이런 생각은 전혀 도움이 되지 않는다고 생각했다. 결국, 상담치료사는 그의 나쁜 위생 상태를 받아들일 수 있는 친구를 찾는 것이 자신의 최고의 선택이라는 카디르의 생각에 동의할 수 없었고, 카디르에게 그 점에 있어서는 왜 그를 더 이상 도울 수 없는지 그 이유를 자세하게 설명했다. 상담치료사는 이후 카디르와의 상담 과정에서 위생과 우정 사이에 관계가 있다는 것을 알리는 데 초점을 맞추었다.

개인이 가치 있게 평가하는 일에 대한 만족

삶의 질의 두 번째 중요한 측면은 개인 자신이 삶에서 중요시하는 것들에 만족한다는 점이다. 이는 실무자에게 두 가지 중요한 것들을 요구한다. 서비스를 받는 사람이 만족 혹은 불만족에 대한 의견을 표시할 때 그들의 의견을 존중하고, 그들이 만족하는 삶의 측면을 지원하여 삶의 질을 높여 준다.

● 만족에 대한 사람들의 의견 존중하기

사람들이 만족스럽게 생각하는 것과 불만족스럽게 생각하는 것에 대해 알아야 한다. 간단한 것 같지만 그들 삶에서 발생하는 많은 일들에 대한 반응과 그들의 감정에 면밀하게 주의를 기울이지 않으면 삶을 개선하도록 도와줄 수 없기 때문에 이는 삶의 질 적용의 핵심이다. 또한 여러 가지로 인해 지난주에 만족스러운 것이

이번 주에는 그만큼 만족스럽지 않을 수 있으므로 전문가는 그들이 어떤 것을 만족스럽게 여기는지, 불만을 가지는지에 대해 파악하는 것을 지속적인 자신의 업무로 간주해야 한다.

사람들은 때때로 전문가가 문제가 될 수 있다고 하는 부분에서 기쁨을 찾기도 한다. 장애인 수용 시설에서 인생 대부분의 시간을 보냈던 55세의 조셉은 폭우가 내리고 나면 웅덩이에서 뛰고 싶어 했다. 사회복지사는 이것이 적절한 것인지 의아해했다. 그녀는 조셉이 웅덩이에서 뛰고 나면 젖고 더러워진다는 것을 알았지만 그가 원하는 대로 하게 두었다. 이 행동은 그에게 큰 기쁨을 가져다주었을 뿐 아니라 그의 호기심을 충족시켰고 그에게 전혀 해가 되지 않았기 때문이다. 그는 젖어서 춥고 나중에 불편하다고 느꼈다. 이러한 불편함의 기억이 이 활동에서 얻은 기쁨보다 크게 되면 그는 다시 웅덩이에서 뛰는 일을 하지 않을 것이다.

조셉의 행동은 자신에게 거의 해가 되지 않았고, 다른 사람에게도 해가 되지 않았다. 하지만 몇 년 후 조셉은 여행에서 큰 만족을 얻었기 때문에 운전을 배우고 싶어 했다. 그러나 그는 발작을 경험한 적이 있었으므로 사회복지사와 의사는 그의 안전을 배려하여 이를 허가하지 않았다. 전문가들로서 그들의 의견은 그가 운전에서 얻을 수 있는 만족에도 불구하고 운전은 조셉뿐만 아니라 도로에 있는 다른 사람에게 너무 큰 위험을 초래할 수 있다는 것이었다.

만족과 불만을 존중하는 데 있어, 전문가는 먼저 그들의 의사표현을 합당한 것으로 받아들여야 하고 조셉과 같은 개인과 이러한 인식을 공유해야 한다. 잠재적인 위험이 너무 커서 요청을 거절하는 경우에는 특히 더 그렇다(예를 들어, "당신이 운전을 할 수만 있다면 운전하는 것을 정말 즐길 것이라는 것을 알아요."라고 말해 주어라.) 그들은 또한 조셉이 운전 대신에 하기를 희망하는 다른 선택, 예를 들어 다른 방식으로 여행을 즐길 수 있도록 도와준다든지 세차나 수리 등과 같이 다른 식으로 차와 가까이 할 수 있는 방법을 탐색해 봐야 한다. 또한 실무자는 만족의 근원에 대한 수용과는 별도로 전문적·윤리적 결정을 내리는 데 있어 주의해야 한다. 삶의 질을 실무에 적용할 때, 서비스 대상자의 만족감을 존중하는 것과 해당 상황에서 가능한 최선의 결정을 내리는 것은 별개의 과정이다. 그러므로 실무자가 할 일은 한편으로는 그들의 만족과 불만족의 표현을 합당한 것으로 인식하고 다른 가능한 선택도 탐색하는 것이지만 또 다른 한편으로는 그들이 최선의 결정을 내리도록 도와주는 것이다.

● 만족스러운 삶을 누리도록 지원

복지 서비스의 관행이 존재하는 전형적인 이유는 사람들이 삶에서 어려움을 겪고 이에 대한 도움이 필요하기 때문이다. 이러한 이유로 인해, 실무자가 일하는 기관의 권한, 우선순위, 운영은 일차적으로는 사람들이 스스로는 잘할 수 없는 일들을 할 수 있도록 돕는 데 초점이 맞추어져 있다. 이러한 일 중 어떤 것들은 도움을 받는 사람들에게 만족을 주는 일일 수도 있고 그렇지 않을 수도 있다. 때로는 단순히 삶에 있어서 꼭 필요한 부분일 수도 있다. 예를 들어, 세라는 장보기를 딱히 좋아하지 않는다. 하지만 식료품이 필요하고, 장애로 인해 혼자 쇼핑할 수 없으므로 누군가 일주일에 한 번 들러서 그녀를 도와준다. 이와 마찬가지로, 다른 이들도 운송, 개인 재정, 위생 또는 삶의 다른 측면에서 도움을 받는 것을 특별히 선호하지 않을 수 있지만 이러한 일들은 그들의 일상생활에서 필수적인 부분이다. 그러므로 서비스 기관이 자체 자원을 가지고 수행하는 많은 일은 지원을 받는 사람이 얼마나 많은 만족을 경험하는 지와는 무관할 수도 있다.

서비스 기관들은 일반적으로 사람들을 즐겁게 하는 활동 추진을 지원하는 데에만 자원을 사용하지는 않고, 스스로 할 수 없는 일을 도와주는 데 자원을 쓰는 경향이 있다. 우리는 거의 대부분 재미있고 즐거운 일들이 삶의 질을 높여 주는 중요 요소라는 것을 인식하지만 서비스 기관들은 단지 즐거움을 가져다 주기만을 위해서 일하지는 않는다. 예외적으로 일부 보건관리 기관은 웃음과 즐거움이 재활에 가치가 있다는 것을 안다. 예를 들어, 일부 병원과 양로원에서는 유머 감각 있는 사람과 예술가가 다분야 보건팀과 협력하여 환자나 죽음을 앞둔 사람들을 위해 재미와 유머를 촉진시켜 준다(이에 대한 설명은 『The Humor Connection』 참고). 하지만 재미와 유머는 삶의 질에 필수적이고 중요한 부분임에도 불구하고 사람들을 돕는 역할을 하는 많은 서비스 기관들은 이들이 삶의 질에 주는 가치에 대해 제대로 인식하지 못하고 있다. 그러나 이런 것들은 삶의 질을 위한 업무의 매우 중요하고 중점적인 요소의 일부다. 사람들이 자신들에게 기쁨을 주는 모든 영역에서 만족과 즐거움을 계속 경험할 수 있고, 그들에게 기쁨을 가져다 줄 수 있는 삶의 영역들을 탐색하며 또한 그들이 삶의 즐거움을 표현할 수 있도록 장려하는 것이 그들이 삶의 질을 높이도록 돕는 것이다. 그러므로 여가 활동은 너무나 중요하다.

아담은 26세 남성으로 이동성장애로 인해 계단이 있는 근처의 비디오 가게에 들어갈 수 없다. 그는 사례관리자에게 자기 대신 비디오 가게에 가서 일주일에 한 번 성인용 비디오를 빌려다 줄 수 있는 사람을 보내달라고 요청했다. 그 또래의 다른 성인들이 성인용 비디오를 빌리는 것은 그가 사는 도시에서는 일반적이고 완전히 합법적이므로 그는 이러한 요청이 문제가 없다고 생각했다. 아담의 사회복지사는 그가 속한 기관의 정책으로 인해 그럴 수 없다고 설명했다. 이 실무자는 고객의 바람과 기관의 정책 사이에서 갈등하게 되었고 그녀는 기관의 편에서 결정하게 되었다. 삶의 질 원칙을 기반으로 업무를 진행하는 다른 실무자는 반대의 선택을 내릴 수도 있고 다른 옵션을 고려할 수도 있다.

실무자는 가능한 다른 사람들에게 만족을 가져다 주는 삶의 영역에 대해서 서비스 대상자도 만족을 유지, 개선하도록 도와야 한다. 하지만 이 예에서 보여 주듯 가끔은 어떤 특정한 상황에서는 대상자를 위한 최선의 결정을 내리기 어려울 수도 있다. 실무자가 그러한 지원을 제공할 수 없다고 판단하는 경우 그렇게 하지 않기로 한 결정이 요청 자체의 승인이나 거부와는 무관하다는 사실을 서비스 대상자가 이해하도록 도와주는 것은 매우 중요하다. 요청을 지원할 수 없는 경우, 실무자는 가능한 다른 지원기관을 고려하여 그들과 접촉할 수 있도록 지원해야 한다. 예를 들어, 아담의 사례관리자는 장애인을 위해 심부름을 해 주는 자원봉사자가 있는 현지 지역사회 센터를 그에게 소개해 줄 수도 있었을 것이다.

개선의 기회를 포착할 수 있게 보장하기

여러 가지 선택의 기회들 중 최상의 선택을 내릴 수 있도록 보장하는 것이 중요하다는 것을 위의 예에서 언급했다. 사실 많은 선택의 기회를 제공하는 것은 상당한 정도의 윤리적인 딜레마를 감소시킬 수 있다. 한 가지의 선택안이 실행 불가능할 경우, 또 다

른 선택이('차선책'이라 할지라도) 거의 첫 번째 선택만큼 좋을 수도 있기 때문이다. 실무자가 직면하는 대부분의 윤리적 딜레마는 그들이 많은 기회와 실행 가능한 선택을 만들어 낼 수 있는 능력이 없어서가 아니라, 한 가지 또는 매우 제한적인 수의 기회만을 이용할 수 있게 허용하는 기관의 정책과 관행 때문이다. 예를 들어, 어떤 기관은 장애인이 자신의 필요와 바람에 가장 잘 맞는 생활 환경을 찾도록 도와주는 것이 아니라, 특정한 장소에 있는 주거지를 제공하고, 협상의 여지없이 싫으면 그만두라고 말하기도 한다.

최일선에 있는 복지사인 자넷은 그러한 기관에서 일하고 있었다. 업무 수행 과정에서 그녀가 지원하는 여성인 마라가 다른 사람과 함께 사는 것보다는 남자친구와 살기를 원한다는 사실을 알게 되었다. 실제로 그의 복지기관은 이를 허용하지 않았으므로 자넷은 먼저 '기관의 일반적인 업무 범위를 벗어나는 기회를 마라에게 제공해야 하는가?'라는 윤리적 문제에 직면하게 되었다. 자넷은 결국 최소한 마라가 그러한 기회를 찾아 볼 수는 있도록 도와주겠다고 결정했지만 그때 그녀는 다시 '그녀가 속한 기관의 직원으로서 어떻게 하면 그럴 수 있을까?'라는 문제를 붙들고 싸워야 했다. 그러한 결정은 자넷과 같은 직원에게는 어려운 것이고, 최종적인 결정권은 그녀의 능력 밖이었지만, 삶의 질의 관점에서 보면 그녀가 개인의 선택을 존중했다는 것을 보여준 예다. 실무자의 중요한 역할 중 하나는 개인이 의사결정을 내릴 수 있는 기회를 만들어 주는 것이고, 더 많은 접근 방법들을 허용하도록 실무자가 속한 기관에 맞서야 하는 것일 수 있다.

전문가가 기회를 제공할 때 결정해야 할 여러 가지 판단의 문제도 있다. 얼마나 많은 기회를 제공해야 하는가? 이상적으로라면 개인이 고려할 수 있는 최대한 많은 기회가 좋다. 사람들이 실제 문제를 해결하도록 도와주는 것과 관련하여 기회를 창출하는 데 얼마나 많은 시간을 투자해야 하는가? 시간이 허용하는 한 되도록 많이 투자하는 것이 좋다. 또한 많은 만족을 주지만 동시에 위험을 초래할 수도 있는 기회를 창출해야 하는가? 일반적으로 장애인은 비장애인과 마찬가지로 위험을 받아들이지만 실무자뿐만 아니라 장애인 자신도 해를 미칠 수 있는 위험의 정도를 이해할 필요가 있다. 실무자가 만족스러운 결과를 가져올 것이라고 생각하지 않는 기회도 제시해야 하는가? 여기에서 서비스 대상자가 상담을 통해서 선택안들을 펼쳐 놓고 각각의 선택을 할 때 가능한 결과를 예측해 보도록 하는 것이 도움이 될 수 있을 것이다. 실무자는 적절하지 못하게 여겨질지라도 대상자가 원하고 좋아한다면 그러한 기회도 창출해야 하는가? 자신과 다른 사람에 대해 잠재적으로 얼마나 해로운지에 근거하여 이 결정을 내려야 한다.

이와 같은 모든 문제들은 개선 기회를 창출하려고 노력할 때 발생한다. 결정을 내리는 것이 항상 쉬운 것은 아니지만 장애인에 대해 딜레마에 직면하였을 때 문제를 해결하게 되면 그것이 타협이라고 할지라도, 재활 과정에서 중요한 진보로 이어질 수 있다.

개인적 선택 이용하기

실무자가 그들의 업무에서 할 수 있는 가장 중요한 일들 중 하나는 장애인들의 선택에 대한 결정을 존중해 주는 것이다. 하지만 실무자는 이 과정에서 몇 가지 어려운 문제에 직면하게 될 것이고 위험이 존재할 수도 있다.

◉ 선택에 따라 직면하는 문제

장애인은 가끔 자신들을 위한 결정이 타인에 의해 내려지기를 원하기도 한다. 이것이 때때로 적절한 이유는 우리도 가끔은 우리를 위한 결정을 남이 내려줄 필요가 있다고 느끼기 때문이다. 너무 많은 선택들이 존재하는 경우 결정을 내리는 것 자체가 스트레스가 될 수 있다. 그들은 때로 누군가가 결정을 내려 주어 자신들은 그저 그 결정을 이행하기만을 원한다. 어떤 장애인들은 스스로 선택하는 것을 경험하는 삶을 살아보지 못해서 선택하는 데 있어서 주저하기도 하고, 선택에 필요한 기술이 부족하거나 선택동기가 없을 수도 있다. 지금은 그들에게 의사결정 능력에 대한 연습이 필요할지도 모르지만 일단 익숙해지면 보통은 스스로 선택하기를 요구하게 된다. 그렇다면 실무자의 어려움은 언제 선택을 장려해야 하고, 언제 다른 사람이 대신 결정하게 두어야 하는지를 아는 것이다.

두 번째 도전적인 문제는 많은 경우에서 단지 장애인이 의존적이기 때문에 선택이 중요하다는 사실을 실무자가 항상 인식해야 하는 것은 아니라는 점이다. 개인 활동보조원을 필요로 하는 라지는 자신이 직접 인터뷰를 하여 보조원을 고용하고자 했다. 이 일이 합당한 것처럼 보이지만 그렇게 하는 것이 쉽지 않았던 이유는 실제로 많은 지원 기관 정책에서 지지하지 않았기 때문이다. 라지의 문제는 단지 그가 장애가 있었기 때문에 발생했다. 비장애인은 그러한 어려움을 겪지 않는다. 반면 장애인들의 의존성으로 인하여 문자 그대로 수백 가지의 추가적인 선택을 위한 기회들이 하루 종일 생겨나게 된다. 숙련된 활동보조원이라면 장애인이 활동의 세부사항에 대해 결정하는 다양한 선택에도 귀 기울이고, 세부사항이 준비되어 있지 않더라도 준비할 수 있도록 유도할 것이다.

그러므로 의존성은 추가적인 의사결정을 위한 기회를 요구하고 창출하며, 이러한 사실은 장애인의 긍정적인 자아상의 개발과 권한부여를 지원하도록 일상적인 삶의 과정에서 수용되어야 한다.

두 번째와 연관성이 있는 세 번째 직면하는 문제는 단지 장애로 인하여 발생할 수 있는 상황이 있다는 것이다. 오토바이 사고에서 부상 당한 청년 마이크의 엄마는 재활 기관 직원에게 그의 성적 필요와 선택을 해결해 달라고 도움을 요청했다. 마이크는 곧 집으로 돌아가게 되므로 이 문제는 엄마와 논의가 필요한 부분이라고 동의된 상황이었다. 하지만 성에 대한 공개적인 토론은 엄마-아들 관계에서는 일반적이지 않으므로 이 문제가 마이크 엄마에게는 어려운 일이었다. 마이크는 사고 전에는 가족생활 테두리 밖에서 성적인 필요를 해결했고 개인적인 비밀로 유지했지만 장애로 인해 더 이상 개인적인 일로 유지할 수 없었다. 그러므로 개인의 사생활과 독립적인 의사결정의 권리 여부는 마이크의 선택권과 지원을 희망하는 것 사이의 문제가 되었다.

● 선택과 관련된 위험

선택에는 많은 위험이 따른다. 실무자가 허용하는 경우에 장애인에 의해서 내려진 결정이 실무자가 하려던 선택이 아닐 수 있는 위험이 있다. 선택이 적절하지 않다고 생각하거나 위험하다고까지 생각할 수 있다. 53세의 여성인 마리온은 그녀가 사는 숙소에 있는 트램펄린 위에서 점프하며 놀기를 원했다. 시설 요원들은 이러한 활동이 부상으로 이어질 수도 있고 보험이나 법적 위험도 있다고 생각했다. 그들은 마리온의 선택을 존중할지 여부를 결정해야 했다.

또 다른 경우 실무자는 자신의 가치관과 더 나은 판단을 접어야 할 때도 있다. 에반은 자주 그의 삶을 매우 피폐하게 만들었던 부정적인 결과를 여러 차례 경험했음에도 불구하고 여자친구가 자신의 아파트로 들어와 동거하기를 원했다. 그를 돕는 사례관리자의 경험에 따르면 이러한 선택은 에반과 사례관리자 자신에게도 훨씬 더 골치 아픈 결과로 이어질 것이라는 것이 거의 분명했다. 그렇지만 사례관리자는 이러한 의구심을 감수하고 에반의 선택을 존중해 주었다.

에반의 사례관리자가 위험을 감수했던 또 다른 이유는 이 동거로 인해 문제가 생기더라도 에반이 살아가는 기술과 의사결정 능력을 발전시킬 수 있을 것이라는 기대 때문이었다. 에반의 여자친구는 동거를 시작한 며칠 후에 실제로 골치 아픈 문제를 일으켰고 에반은 사례관리자를 호출해야 했다. 의사결정 결과에 대해 더 깊이 생각해 보도록 에반을 설득할 목적으로 에반과 다시 상담할 수 있는 자연스런 기회가 생기게 된 것이다. 하지만 이러한 상담에도 불구하고 에반은 여자친구를 내보내지 않았다. 모든 것을 고려해 볼 때 그녀와 함께 사는 기쁨이 그녀가 일으키는 혼란으로 인한 침해보다 컸기 때문이다.

선택을 존중한다면, 어떤 선택은 결과적으로 실패할 수도 있고 실무자가 원하지 않는 결과가 될 수도 있다는 사실을 인식해야 한다. 하지만 그렇다고 해서 선택을 부인해야 한다는 것은 아니다. 거의 모든 선택에는 교훈과 발전이 잠재되어 있기 때문이다. 장애인이 그들 자신과 타인에게도 도움이 되는 더 나은 선택을 하는 방법을 배우는 것은 선택을 내리고 그에 따른 결과를 경험하는 과정을 통해서만 가능하다. 선택을 하는 것은 사고와 학습의 기회를 촉진시킨다.

자아상의 변화

삶의 질에 중점을 둔 업무에서 우리는 사람들이 가치 있게 평가하고 그들에게 기쁨을 가져다 주는 다양한 선택 중에서 선택권을 행사할 수 있도록 해 준다. 일반적으로 스스로 선택을 한 사람은 그들의 자아상이 개선되는 경험을 하게 된다. 이는 그들의 현재 진행되는 삶과 자신들의 모습을 바라보는 시각 사이에서 조화가 이루어지기 때문이다. 이러한 조화는 긍정적인 자아상을 강화시켜 준다. 하지만 어떤 사람의 삶과 그들의 자아상 사이에 조화를 이루는 것은 매우 흥미로운 전문적, 윤리적 딜레마를 창출할 수도 있다. 두 가지 딜레마가 다음에 제시되어 있다.

● 부정적인 자아상의 추구

어떤 장애인은 부정적인 자아상을 선호하는 것 같다. 비장애인이 지배하는 세상에 살아오면서 오랫동안 자신이 가치 없거나 절대로 이상에 따라 살 수 없다고 믿게 될 수도 있다. 우리가 잠시 장애인들의 삶의 경험을 생각해 본다면, 이러한 경험적 학습을 부채질하고 장애인의 긍정적인 자아상 개발을 방해하는 많은 사회적, 환경적, 체계적 요소를 쉽게 발견할 수 있을 것이다. 그러한 사고와 감정은 부모와 친척에게 영향을 미치고 도전적이거나 비극적인 상황으로 이어지기도 한다. 부모, 다른 가족들, 학교와 사회는 장애가 있는 아이나 어른 모두를 긍정적이지 않은 시각으로 보기도 한다. 최근 캐나다에서 평범하고 온순한 한 농부가 심각한 뇌성마비를 가진 6세의 딸을 질식사시켰다. 그녀에게 어떤 가치 있는 미래도 상상할 수 없었기 때문이었다. 이 사례는 대중의 관심을 끌었지만 그들에 대해서 부정적으로 생각할 수 있는 결과를 낳게 하는 여러 가지 부정적인 자아상들이 다른 이들에게 소리 없이 전달될 수 있다. 결국 그들이 내린 수많은 선택과 즐거움을 주는 일처럼 보이는 것까지도 자신에 대한 부정적인 견해를 강화시킬 수 있다. 실무자, 특히 삶의 질 접근법에 중점을 둔 실무자는 좋지 않은 경험으로 이어질 수 있는 선택을 하는 개인과 가족들을 지원하는 일이 매우 흥미로운 도전이 될 수도 있지만 때로 개인에게 부정적인 자아 인식을 강화하게 될 수 있음을 인식해야 한다.

장애와 정신 지체 문제를 가진 사람을 지원하는 지역사회복지사인 세라는 그러한 도전에 직면하게 되었다. 세라는 60세의 여성인 마리카를 상대로 일하기 시작했다. 마리카는 사람들에게 이용당하게 되는 ─때로는 아주 심하게 이용당하게 되는─ 잘못된 결정을 내려왔던 오랜 내력이 있었다. 세라의 계획은 마리카가 긍정적인 자아상을 발전시키고 그러한 자아상에 기반하여 결정을 내릴 수 있게 돕는 것이었다. 업무를 시작하기 전 마리카는 위기를 경험했다. 2주 전에 거리에서 만나 사귄 외부인을 자기 아파트로 데려와서 같이 살게 했기 때문에 집주인은 그녀에게 퇴거명령을 내렸다. 집주인이 문제로 삼은 것은 그 새로운 친구가 전에는 깨끗했던 아파트 전체를 거리 쓰레기들로 무릎 깊이까지 차도록 채워 아파트 바닥 전체에서 매우 불쾌한 악취가 나도록 만들었다는 것이었다. 하지만 마리카는 새로운 친구를 좋아했고 그녀를 곁에 두고 싶어했다. 그녀는 새 친구를 머무르게 해서 생기는 여러 가지 부정적인 결과를 확실하게 이해하긴 했지만 새 친구에게 나

가라고 하지 않을 것이라고 밝혔다.

여기에서 세라의 딜레마는 마리카의 선택을 존중하고 최대한 부정적인 결과를 없앨 것인지, 아니면 마리카의 더 나은 의사 결정능력을 개발시키기 위한 노력으로 직접적인 조치를 취할 것인지 여부였다. 세라는 결정할 시간이 촉박했지만 마리카가 어떻게 하면 자신에 대해 긍적적으로 생각할 수 있고, 자신의 삶을 더 잘 통제하며, 삶에서 가치 있는 일을 한다고 느끼도록 결정을 내릴 수 있는지를 증명할 좋은 기회라고 생각했기 때문에 후자를 선택했다. 세라는 마리카가 아파트를 청소하고, 새 열쇠를 받고 친구에게 더 이상 오지 말라고 알리도록 도와주었다. 마리카가 표현한 바람과는 반대가 된다는 사실을 알고 있었으므로 이 조치를 취하면서 의구심이 없었던 것은 아니지만 마리카에게 가장 이익이 되도록 조치했다고 생각했다.

대부분의 실무자가 이미 자신의 업무에서 알게 되는 부정적인 자아상의 한가지 문제는 때로는 이를 더 긍정적으로 만들기가 무척 어렵다는 점이다. 자아상은 개성이나 인성과 밀접하게 연계되어 있어서 이러한 이미지는 변화시키려는 진지한 노력을 기울인다고 해도 개인의 삶 전반에서 잘 변하지 않고 지속된다. 그래도 더 긍정적이 되도록 자아상을 변화시킬 수 있고 그러한 변화는 세라가 알았던 것처럼 나중에는 보상으로 이어지는 선택을 통하여 강화될 수 있다. 마리카에게 좋은 결과를 이룰 수 있는 선택을 내리도록 강력하게 장려함으로써 세라는 어떠한 선택을 하는 것이 얼마나 그녀를 행복하게 만들 수 있는지, 자신의 삶을 더 잘 통제하고 한 사람으로서 더 소중해질 수 있는지를 마리카에게 보여 주기를 원했다. 세라가 원했던 것은 이번 계기로 마리카의 새로운

선택들과 기존과 다른 자아상 사이의 조합이 그녀의 과거의 결정들과 더 부정적이었던 자아상 사이의 조합보다는 더욱 좋다는 사실을 통해 마리카에게 배움의 시작이 되었으면 하는 것이었다. 이에 따른 위험은 세라의 반응을 신중하게 다루지 않는다면 권한부여 감소로 이어질 수 있다는 점이다. 그러므로 이 예는 현장업무에서 복잡성의 일부를 보여 준다. 이는 주의 깊은 토론과 문서화가 필요한 사항이다.

하지만 자아상도 변할 수 있다. 제인은 자신이 매우 심한 장애를 가졌다고 생각했다. 그녀는 속삭이듯 말했고 남자가 있을 때에는 보통 침묵을 지켰다. 그녀는 행동을 개시하는 데 어려움을 겪었다. 재활 실무자 옆에서 몇 달간 함께 일상적인 사무 업무의 실무 경험을 쌓으면서 그녀의 자아상은 더욱 긍정적으로 변화했다. 어느 날 그녀는 친구를 점심에 초대했다고 말했다. 상담 후 왜 그런 결정을 했는지 질문을 했을 때, 그녀는 "앤은 내가 전에 그랬던 것처럼 장애가 있으니까요."라고 대답했다.

● '잘못된 자아상'의 추구

자아상와 관련된 실무자의 두 번째 딜레마는 일부 장애인은 자신에 대해 실무자가 동의할 수 없는 이상적인 견해를 가질 수 있다는 점이다. 신체장애가 있는 42세의 조나스는 자신을 거리 갱단의 일원이라고 생각한다. 그는 수년 동안 이 이미지에 맞는 옷을 입었고 그런 사람들의 은어식 말투를 사용했다. 지난 20년간 조나스는 기회가 있을 때마다 노숙자와 우정을 발전시키며 마약 거래, 매춘, 금전사기 등 경범죄를 저지르는 방법을 배웠다. 사실 그는 많은 '거리의 기술'을 가지고 있고 그의 능력을 자랑스럽게 떠벌

333

렸다.

조나스의 자아상은 부정적이지 않다. 사실 매우 긍정적이다. 그는 자신이 즐기고 의미 있고 자신을 기분 좋게 만들 수 있는 일을 선택한다. 하지만 모든 사람이 이 견해를 공감하는 것은 아니다.

필요가 생길 때마다 가끔 조나스를 지원하는 복지사도 그들 중 한 명이다. 이 복지사는 그가 택한 자아상에 동의할 수 없다. 그녀는 그의 자아상과 맞는 활동에 참여하는 것이 그에게 신체적으로 위험을 가할 수 있다고 생각한다. 그녀에게 있어 또 다른 문제는 조나스를 여러 가지로 지원하는 과정에서 그 또는 그가 아는 다른 사람이 불법적이거나 도덕적으로 크게 문제되는 활동을 수행한다는 것을 종종 알게 된다는 것이다. 그러나 조나스는 자신을 위험에 노출시키고 있기는 하지만 아직까지 자신에게 직접적인 해를 끼치지도 않았고 또한 다른 사람에게도 고의적으로 해를 끼치지는 않았다. 복지사는 일반적으로 고객이 어떤 이미지를 가지고 있든 자아상을 구축하는 활동을 장려하는 것이 좋다고 생각하지만 조나스의 경우에는 이러한 자아상이 긍정적이라고 생각되지 않는다.

이 사회복지사는 여러 가지 선택이 가능하다고 생각했다. 지원을 즉시 철회하거나, 자신이 조나스의 자아상에 대한 부정적인 시각을 무시하시면서 가끔 지원하거나, 조나스가 자아상을 바꾸도록 노력하면서 지원을 계속하거나, 지원을 지속하면서 조나스의 자아상 선택을 그녀가 더 잘 받아들일 수 있는 방법을 찾는 것 등이었다. 사회복지사와 독자는 이러한 선택들 중에서 서로 다른 것을 선택할 것이다. 최고의 선택이라고 확신하는 것은 아니었지만 조나스의 사회복지사는 위의 선택들 중 두 번째를 선택했다.

장애인과 장애그룹에게 권한부여

권한부여는 통제권 또는 권력이 개인이나 그룹에 전달될 때 발생한다. 재활, 의료, 사회복지 업무, 심리학, 교육 등 많은 관련 분야에서 가장 건전하고 가장 효과적인 사람은 개인적인 통제력을 가지고 있고 다른 사람으로부터의 정보와 조언을 바탕으로 자신을 위한 결정을 내릴 수 있는 사람이라는 인식이 점차적으로 커져가고 있다. 여기에서 우리는 전체적으로 최고의 결과를 얻으려면 그 결정에 의해서 가장 크게 영향을 받는 사람이 최종적인 결정을 내려야 한다고 믿는다.

하지만 전문적인 표준과 관행이 항상 개인적인 권한부여와 맞물리는 것은 아니다. 많은 전문가는 고객이나 환자에게 통제권을 넘기기가 쉽지 않다는 것을 알게 된다. 이는 그들이 지원하는 장애인이 통제력을 행사할 수 없다고 가정하기 때문이다. 아동도 이에 포함되지만 이제 교사와 청소년 지원 업무 담당자들은 아이들이 학생 단체 또는 개인으로서 그들 자신과 관련된 문제에 대해 발언권을 가져야 한다는 것을 인식하기 시작했다. 노인은 대처능력이 없다고 인식되기 때문에 종종 자신의 환경이나 심지어는 개인적인 삶에 대한 통제력도 잃곤 한다. 사람들은 더 심각한 장애가 있는 성인, 특히 언어장애가 있는 성인은 그들의 삶에 대해 통제력이 없다는 잘못된 가정을 하기도 한다.

이러한 전문가적 의구심은 어느 정도 타당성이 있다. 스스로 할 수 없는 일도 있기 때문에 장애인은 일반적으로 자신의 삶의 분야에서 도움을 필요로 하고 일부는 수년간 도움이 필요하기도 하다. 하지만 전문가적 의구심은 재구성되어야 한다. 인지 발달이 늦어서 숫자를 제대로 이해하지 못하는 메리가 자신의 재정 상황을 제대로 통제할 것으로 기대할 수 없지만 누구와 함께 은행에 가는 지, 언제 갈 것인지, 거기에서 얼마나 시간을 보낼 것인지 등에 대해서는 결정권을 행사할 수 있다. 자신이 서명한 수표와 입금표에 적힌 액수에 대해서는 구체적으로 이해 못해도 그녀는 적어도 자신의 이름을 서명할 수는 있다. 메리를 지원하는 사회복지사는 권한부여의 가치를 믿기 때문에, 이러한 절차에 대한 결정을 함으로써 그녀가 은행 거래 활동을 직접 책임지도록 권장한다. 이러한 일이 제대로 이루어지기도 하지만 가끔 메리는 복지사가 일정을 맞추기 어려울 때 은행에 가기를 원하기도 한다. 메리 및 그가 지원하는 다른 사람들과의 업무에서 이 복지사는 장애인에게 권한을 부여하는 자신의 신념과 업무 스케줄의 현실 사이의 균형을 맞출 수 있도록 그때그때 적절한 결정을 내리는 것이 필요하다.

개인이 자신의 삶의 어떤 측면에서 통제력을 새로 부여 받거나, 기존 통제력을 계속 유지하거나, 삶의 다른 측면에서 더 큰 통제력이 주어질 수 있는 경우가 많다. 나이가 들고 치매를 경험한 많은 노인들도 삶의 어떤 측면에서는 잘 해나가기도 하고 또 어떤 날에는 잘하기도 한다. 불행하게도 간병인이 완전히 통제권을 넘겨 받는 것이 더 쉬울 것으로 여겨진다. 이러한 결정은 당사자에게 뿐만 아니라, 장기적으로는 간병인에게도 최선의 선택이 아니다. 이로 인해 사정은 더욱 악화되고 의존성은 더 커지기 때문이다.

많은 전문가들은 자신이 스스로 통제하고자 하는 성향이 있고 또 자주 그러한 훈련을 받기도 한다. 그들이 믿는 것, 그리고 그들이 수행하도록 훈련 받은 것을 지시하고, 조직화하고 실천할 때 편안함을 느낀다. 그러므로 권한부여를 향한 방향 전환은 철학적, 실천적 접근법의 변화를 요구하고, 이 직업 종사자들이 전례적으로 수행해 온 접근법과 상충될 때 많은 전문가들은 윤리적인 딜레마를 겪게 된다. 또한, 전문 기관과 단체는 일반적으로 그들의 활동, 규정과 재정 지원을 제어하고자 한다. 이로 인해 장애인에게 통제권을 넘기는 것이 훨씬 더 어려워진다.

장애인을 지원하기 위한 삶의 질 접근법에서는 가능한 그들이 자신의 삶에 대해 통제권을 행사하도록 권한을 부여하는 것을 중시한다. 하지만 어떤 시점에서든지 전문가는 자신과 자신이 속한 서비스 시스템에 적절한 방식으로 권한부여가 이루어지도록 해야 한다. 서비스 시스템 자체에서 권한부여 접근법을 채택해야 하고, 그 첫 번째의 중요한 단계는 대상자의 발전을 촉진하는 권한 부여 모델 발전을 위한 가이드라인을 개발하는 것이다. 우리는 장애인이 그들의 삶에 대해 최대의 통제권을 행사하도록 계획하고, 발생할 수 있는 반복된 실패를 막고, 성공 사례들과 실패 사례들을 문서화하고, 이 정보를 서로 공유해야 한다. 이는 복잡하고 도전적인 문제이지만, 개인이 발전하고 성공하려면 정책과 전문적인 차원에서 달성해야 하는 문제다.

사회에서 장애의 가치와 관련된 문제

많은 전문적, 윤리적 문제는 때때로 우리 사회가 장애인에게 부여하는 가치와 관련된 업무에서 발생한다. 다섯 가지 요소가 다음에 설명되어 있다.

장애인에 대한 가치인식

삶의 질 접근법에 초점을 맞춘 실무자는 사회 속의 장애를 인정하고, 장애인을 비장애인과 같이 동등하게 존중하며 중요한 시민으로서 귀하게 여길 줄 안다. 실제로 장애는 개인이 가진 자원을 새롭고 창의적으로 표현할 수 있게 해 줄 뿐만 아니라 사회가 그 목적과 역할을 긍정적으로 재구성하도록 해 주기 때문에 사회에 가치를 더해 줄 수도 있다. 모든 사회는 다양한 기술과 능력을 가지고 있는 사람으로 구성되므로 그 구성원 모두의 다양함을 인식하고 존중해야 할 충분한 이유가 있다. 그러나 장애인에게 서비스를 제공하는 것이 목표인 전문 단체나 서비스 기관들이라도 일상적인 관행에서 장애수용을 모든 기관이 잘 보여 주는 것은 아니다. 장애인에 대한 가치를 입증할 수 있는 매우 실제적인 방법들이 있는데 여기에는 공손하고, 인격적인 언어, 즉 명확한 표현, 무시하는 말이나 전문 용어가 아닌 장애인의 이해와 의사결정을 돕는 언어, 타인으로부터 방해 받지 않는 물리적 공간에 대한 존중, 개인적 · 사회적 · 심리적 공간을 갖도록 장려하는 것 등이 포함된다.

기회균등에 대한 가치인식

삶의 질 접근법에 중점을 두는 실무자는 다양한 선택 중에서 바람직하고 의미 있는 결과로 이어지는 선택을 하는 것을 지지하지만, 자신을 그러한 기회의 하나로써 제공하려는 전문가 그룹은 거의 없다. 레이는 지역사회 환경에서 약간의 지적장애를 가진 사람들에게 직업훈련을 제공하는 기관에서 장애인고용상담가로 일했다. 레이는 입사한 지 얼마 안 되었을 때, 소년이었을 때부터 상담가가 되어 다른 사람을 돕고 싶다고 말했던 아론을 상담하게 되었다. 아론은 10대였을 때 3년간 캠프상담가로 일했었다. 레이는 아론이 동료들에게 멘토 역할과 실제적인 도우미 역할을 할 수 있을 것이라는 가능성을 보고, 기관 내에서 아론을 위해 '주니어 상담가' 직책을 만들려 했다. 하지만 기관의 대답은 '안 된다'는 것이었다. 이 기관은 지적장애인들이 다른 기관에서 직업을 찾는 것을 돕기는 했지만 스스로는 지적장애인을 고용하려고 하지 않았다. 레이가 속한 기관은 직장에서 지적장애인의 기회평등을 중시하는 것처럼 보였지만 기관 자체 기능 내에서 그 가치를 입증하려는 의지를 보이지 않았다. 이는 레이에게는 놀라운 일이었고 기관이 취한 입장에 반대할지 여부에 대해 숙고해야 했다.

장애인 능력에 대한 가치인식

실무자는 장애인들이 온전한 삶의 경험을 누리도록 돕는 옹호자로서 매우 효과적인 역할을 수행하기도 한다. 그들이 기반을 두고 활동하는 원칙은 장애인은 비장애인과 비슷한 삶을 살아갈 권리가 있다는 것이다. 물론 그렇게 되려면 장애인들에게는 상당한 지원이 필요할 것이다. 예를 들어, 실무자는 보통 부모가 되기로 선택한 장애인의 희망을 지지한다. 하지만 아이를 낳고 부모가 될 수 있는 사람의 권리를 가치 있게 인식하는 것은 이러한 권리에 부정적으로 작용하는 요소, 예를 들어, 지역 양육 지원 서비스 결여 등의 요소와 상충할 수 있다. 그러한 충돌이 발생하면, 실무자는 현 상황에서 할 수 있는 최선의 결정을 내려야 한다. 즉, 개인이 원하는 것을 가능한 최선을 다해 지원하거나, 아니면 포기하고 다른 길을 선택해야 할 것이다.

장애아 출산에 대한 가치인식

장애를 예방하기 위해 의료 및 기타 전문가 그룹은 가능할 때마다 상당한 노력을 기울인다. 장애의 유전적 또는 기타 원인을 찾는 노력이 강력한 만큼 신생아는 장애를 가지고 태어나는 것보다는 없는 것이 더 좋다고 생각하는 견해도 실무자 및 일반 대중 사이에서 강력하다. 특히 장애에 대해 알려진 또는 의심되는 위험이 있는 경우, 대부분의 의료 실무자는 낙태의 선택을 출산 전 상담에 포함시키는 것을 자신들이 감당해야 할 윤리적인 책임으로 간주한다. 가족들이 최선의 선택을 내리는 데 요구되는 정보가 제공되기 때문에 그러한 모든 노력들이 필요한 것으로서 일반적으로 설명되고 정당화될 수 있다.

실무자에 있어서의 문제점은 이러한 노력이 장애 분야의 전문가들과 기타 종사자들이 장애아 출산에 대한 가치 저하의 인상을 주게 될 수도 있다는 것이다. 하지만 모든 실무자는 장애가 있는 사람을 존중하고 가치 있게 여기며, 그들이 부모가 될 수 있는 가치를 존중하는 것과 장애를 예방하기 위한 업무 사이에서 윤리적인 길을 모색해야 할 것이다.

장애 권리와 자격에 대한 가치인식

권리와 자격에 대한 많은 글들이 있다. 삶의 질 접근법은 사람들이 자신이 원하는 삶을 살 수 있도록 보장하는 데 필요하므로 그들의 법적인 권리와 자격을 지원한다. 이는 단순히 차별과 가치 저하를 받지 않는 환경에서 살 수 있는 권리 그 이상의 것이다. 장애를 가진 사람들이 비장애인보다 더 자신의 권리를 위해 투쟁해서는 안 된다고 믿는 사람들도 있다. 권리는 모든 사람에게 평등하게 '권리'이어야 한다는 것이다.

하지만 평등이 반드시 동일한 것을 의미하는 것은 아니다. 장애

인은 비장애인과 비슷한 목적을 달성하거나 그들이 선택한 목적을 달성하기 위해 다른 사람보다 더 많은 도움과 지원이 필요할 수도 있다.

권한을 더욱 많이 부여 받을수록 그러한 목적 달성이 더 가능해진다. 이에 필요한 도움의 정도와 관련하여 우리는 어디까지 도와주어야 하는지를 생각해야 한다. 적절한 유형의 도움은 무엇인가? 얼마나 많은 도움이 지나친 것이고 자원을 낭비하는 것이 되는가? 장애 권리와 자격에 대한 우리의 가치인식은 현실과 혼합되어 어려운 윤리적 질문으로 이어진다.

토냐는 성인으로서의 권리를 찾아 신체적 장애가 있는 남성과 결혼하기를 원했다. 그녀는 지적장애가 있어서 돈과 관련해서는 거의 개념이 없었다. 토냐는 수년 동안 남자친구와 사귀었고 결혼할 계획을 세우긴 했지만 그녀의 엄마는 결혼 자체를 반대했다. 하지만 토냐가 너무 강력하게 고집을 피웠기 때문에 토냐의 엄마는 결국 결혼에 동의했다. 그러나 토냐의 엄마는 결혼을 준비하는 과정에서 주례하는 목사와 협상하여 공식 기록에는 서명하지 않는 거짓 결혼식을 치르게 했다. 그녀의 엄마는 토냐가 결혼하면 남편의 통제를 받게 될 것이고, 엄마가 죽으면 남편이 유산을 가지고 도망칠 것이라고 걱정했다. 이는 분명 토냐의 권리뿐만 아니라 남편의 권리까지도 심각하게 침해한 사례다.

✔ 장애인을 위한 질 높은 지원과 관련된 문제

이번 장에서 현재까지 논의된 모든 전문적, 윤리적 문제는 장애인에게 제공되는 지원의 질과 관련이 있다. 하지만 전문적인 업무에서 지원의 질에 전적으로 집중된 윤리적 문제가 발생하기도 했다. 그러한 세 가지 요소가 다음에 제시되어 있다.

한 사람을 위하여 다른 사람을 희생하여 질 높은 삶 제공

최고의 서비스를 제공하는 세계 대부분의 국가에서도 모든 사람의 모든 필요를 충족시킬 만큼 인력과 자금이 충분하지는 못하다. 이는 삶의 질 접근법을 수행하는 실무자에게 있어 특별한 윤리적 딜레마를 초래한다. 같은 자원을 필요로 하는 다른 사람에게는 그러한 자원이 제공되지 못하는데, 어느 정도까지 특정 개인들에게만 질 높은 삶을 살 수 있도록 지원을 제공해야 하는가?

조이스는 대부분의 성년기 동안 이동권의 문제를 겪어 온 78세의 여성이다. 그녀가 살고 있는 도시에는 가족이 없었고, 노인의 독립생활을 지원하는 기관에서 상당한 지원을 받고 있다. 몇 달 동안 그녀는 혼자 살고 있는 아파트에서 네 번이나 넘어지는 경험을 했다. 그때마다 매번 아파트 관리자에게 연락하여 도움을 받을 수 있었고, 심각하게 다치지는 않았다. 독립적인 생활을 지원하는 기관 규정에 따라 이 기관은 지금까지 제공했던 보호 서비스의 수준을 높이고 아파트에 추가적인 시설을 제공하여 그녀가 더 쉽게 움직여 돌아다닐 수 있게 했다. 기관 직원들은 조이스의 견해를 듣고 그녀의 선택을 존중하는 데 각별한 주의를 기울였다. 특히 그들은 조이스에게 즐거움을 주는 삶의 측면을 계속 즐길 수 있도록 하기 위해 많은 노력을 기울였다.

하지만 이 기관에 지원을 요청하고 기다리는 다른 사람들이 많았기 때문에 담당자들이 그렇게 하기로 결정하는데 오랫동안 고심해야 했다. 조이스의 삶의 질은 개선되었지만 이는 다른 사람들

이 전혀 지원을 받지 못하는 희생을 전제로 이루어진 것이다. 궁극적으로 그들은 이 기관의 규정을 다시 참조하여 윤리적 딜레마를 해결했다. 그리고 조이스가 독립적으로 살 수 있도록 지원하는 업무는 기관 규정에 따른 행동이었다고 결론을 내렸다. 그러나 다른 이들은 그들의 결정에 동의하지 않을 수도 있고 다른 접근방법을 사용했을 수도 있을 것이다.

의료적 진보에 따른 새로운 지원 제공

최근 몇 십 년 동안 다양한 과학적·의료적 진보에 따라 이전보다 더 많은 사람들이 더 오래 살 수 있게 되었다. 아기들이 영아 때의 어려움을 극복하고 생존하는 비율이 높아졌고, 다양한 질병(예, 다운증후군, 뇌 손상 등)을 가진 소아 청소년과 성인도 과거보다 훨씬 오래 생존할 수 있게 되었다. 노인들도 해를 거듭할수록 점점 더 오래 살고 있다. 그와 동시에 기존에 알려져 있던 장애 패턴이 때로는 새로운 건강 문제(예, 아동의 HIV 문제)로 인해 그리고 유전학적 및 기타 다른 과학적 진보를 통해(예, 아스퍼거증후군, 태아알코올증후군) 장애의 새로운 원인과 장애에 기여하는 요소들을 발견함으로서 어느 정도 변화하고 있다. 과학적·의료적 진보는 지원 제공 능력과 기회가 증진되었다는 것을 의미하지만 그렇게 할 자원도 능력도 가지지 못할 수도 있다.

또한 지원을 제공하는 것이 특별한 상황에서 항상 최선이라고 생각할 수는 없다. 예를 들어, 발전된 의학 기술로 인해 환자의 생명을 유지하는 것이 가능하다고 할지라도 그렇게 하는 것은 실무자가 직면할 수 있는 가장 어려운 윤리적 딜레마가 되기도 한다. 그러한 딜레마와 관련하여, 개인적인 수준에서 결정을 내려야 하지만, 일반적으로는 다음과 같은 세 가지 질문을 해 볼 필요가 있다. 우리의 행위가 삶을 연명하는 개인에게 미칠 수 있는 영향은 무엇인가? 우리의 행동은 다른 사람에게 어떤 영향을 미칠 것인가? 그리고 우리 자원 중 얼마나 많은 부분을 이러한 목적을 위해 사용해야 하는가? 우리가 기술적 능력을 가지고 있기 때문에 지원하는 것과 우리가 할 수 있는 가장 최선이기 때문에 지원하는 것이 항상 같지는 않지만, 그 차이를 판단하는 것이야 말로 진정한 책임이 따르는 일이다. 삶의 질의 원칙은 그러한 상황 가운데에서 탐구해 볼 필요가 있다. 예를 들어, 심각한 장애가 있는 신생아를 특별한 중재를 통하여 생존이 가능하도록 할 경우, 그 아기가 평생동안 안고 가게 될 본인 및 가족, 직업, 서비스 등의 문제들은 어떤 것들이 있을지 생각해 보아야 한다.

돌봄의 질과 독립의 질

장애인과의 실제적인 업무에서는 두 개의 상반된 원칙이 서로 반대 방향에서 줄다리기를 한다. 적절하게 돌봄을 제공하는 것이 한 쪽이고, 자조성과 독립성을 강화하는 것이 다른 한 쪽이다. 가족 구성원, 다른 비공식적인 지원 인력, 지역사회 그룹, 기관과 정부 자금 제공자들 모두가 정도는 각각 다를지라도 돌봄이 반드시 제공될 수 있도록 어느 정도의 책임을 담당해야 한다. 동시에 장애인 스스로가 선택한 삶의 활동을 쉽게 수행할 수 있도록 해 준다면 그들의 삶에서 독립성을 확보하려고 분투하고 또 보통은 이를 환영한다.

본인이 원한다면 돌봄을 제공하는 것과 독립성을 향상시키는 것이 각각 삶의 질을 개선할 수 있다는 사실을 실무자들은 알고

있지만, 어려운 문제는 장애가 있는 대부분의 사람들이 돌봄과 독립 모두를 요구하고 이 두 가지 요소가 서로 상당한 정도까지 상충된다는 것이다. 라이언은 휠체어를 사용하고 일상 활동을 수행하는 데 많은 지원이 필요한 뇌성마비가 있는 8세 소년이다. 그는 친구들과 함께 놀고 싶어하고 스스로 많은 것을 하고 싶어하지만 라이언을 돌보는 사람들은 종종 그가 원하는 대로 해 주기를 주저한다. 그들에게 있어서 윤리적인 문제는 '얼마나 많은 돌봄을 라이언에게 제공해야 하는가' '라이언이 원하는 대로 독립적으로 해 주기 위해서는 어느 정도까지 위험을 감수해야 하는가'다. 또한 최선의 행위는 그가 속해 있는 특정한 상황마다 다르고 하루 종일 지속적으로 변하므로 단지 한 번의 결정으로 끝나는 것은 아니다. 그러므로 돌봄 제공자는 매일 종일토록 순간순간 돌봄과 독립을 어느 정도로 권장해야 할지 많은 결정을 내려야 한다. 능력 있는 실무자는 자신의 업무를 모두 수행해가면서 매일 수많은 결정을 내린다.

🌢 균형 찾기

실무자는 장애인에게 중요하고 만족스런 삶의 측면을 위한 선택의 촉진과 기회를 제공하기 위한 상황이라면 저돌적으로 뛰어들 수 있을지도 모른다. 때로 이러한 노력이 효과가 있을 수 있지만 너무 많은 기회가 너무 짧은 시간 동안 몰리게 되는 문제를 피하려면 요령이 필요하다. 또한 부적절하게 위험을 감수하는 것은 심각한 문제로 이어질 수 있다. 반대로 실무자가 너무 신중하게 진행하여 효과적인 발전을 위한 기회를 놓칠 수도 있다. 불필요한 위험 감수, 행정적인 제약과 보장 또는 법적 위험을 가장하여 통제를 쉽게 정당화할 수도 있다. 너무 성급하면 외부인이 보기에는 더욱더 분명히 드러나 위험해 보일 수 있고, 너무 조심스러우면 눈총은 덜 받겠지만, 장기적으로는 도움이 되지 않고 오히려 해를 초래할 수도 있다.

삶의 질 접근법을 채택하고자 하는 실무자들은 그들의 개인적인 특성과 능력, 그리고 그들이 고용되어 도와주는 사람들의 개인적인 특성과 능력, 그들이 고용되어 하는 업무들, 그리고 소속된 기관으로부터의 전문적인 통제 사이에서 균형을 찾아야 한다. 이는 복잡한 균형이다. 그러나 수많은 윤리적 결정들은 실제로 매우 어려울 수도 있겠지만 이러한 복잡한 균형의 상황을 고려하여 내려져야 한다.

🌢 생각과 논의

1. 당신의 업무 현장에서 발생하는 문제를 생각해 보고 그에 대해 설명해 보라. 그 문제는 윤리적인 문제인가 아니면 전문적인 문제인가? 또는 두 가지 모두에 해당하는가? 그 문제는 어떻게 처리되고 있는가? 최고의 방법으로 처리되고 있는가?

2. 개인적 삶의 질에서 가장 중요한 윤리적인 문제는 무엇인가?

3. 윤리적인 문제를 고려해 볼 때 당신이 권장할 수 있는 행위의 우선순위 다섯 가지는 무엇인가? 각각의 우선순위는 왜 중요한가?

4. 외롭게 혼자 사는 조지는 몇 년 동안 요양복지사의 지원을 받고 있다. 그는 그녀에게 감사의 선물을 보낸다. 요양복지사의

기관은 정책적으로 개인적 선물은 받을 수 없도록 규정하고 있다. 요양복지사에게 윤리적, 전문적 문제는 무엇인가? 고객의 권리와 필요는 무엇인가?

5. 길리안은 언어 구사와 언어 이해 능력이 좀 떨어지는 젊은 여성이다. 그녀는 비언어적으로는 잘 반응한다(예를 들어, 팔을 살짝 터치하거나, 포옹하거나, 웃는 것 등). 그녀의 복지사가 소속된 기관의 운영자는 언론에서 연속 보도되는 관련 법적 소송 사례 때문에 고객과의 터치는 허용되지 않는다는 통지를 모든 직원에게 보냈다. 고객, 복지사와 매니저의 관점에서 전문적이고 윤리적인 문제는 무엇인가? 이 상황을 어떻게 해결해야 하는가?

Bain, R. (1993). *Fools Rush In*. London: Marshall Pickering.

Brown, R. I. (2000). *Evaluation of Options Co-ordination: Committee on the Evaluation of Quality Services for People with Disabilities*. Report to the Minister for Disability Services, Government of South Australia, Adelaide, Australia.

Dale, N. O. (1996). *Working with Families of Children with Special Needs: Partnership and Practice*. London: Routledge.

Egan, G. (2002). *The Skilled Helper: A Problem-management and Opportunity-development Approach to Helping*. Pacific Grove, CA: Brooks/Cole.

Franzini, L. R. (2002). *Kids Who Laugh: How to Develop Your Child's Sense of Humor*. Garden City Park, NY: Square One.

Garfat, T., & Ricks, F. (1995). 'Self-driven ethical decision-making: A model for child and youth care.' *Child and Youth Care Forum 24*, 6, 393-403.

Pettifor, J. L., Estay, I., & Paquet, S. (2002). 'Prefered strategies for learning ethics in the practice of a discipline.' *Canadian Psychology, 43*, 4, 260-269.

Reinders, H. S. (2000). *The Future of the Disabled in Liberal Society: An Ethical Analysis*. Notre Dame, IN: University of Notre Dame Press.

Somerville, M. A. (2000). *The Ethical Canary: Science, Society and the Human Spirit*. Toronto: Viking.

Sullivan, B., & Heng, J. (1999). 'Ethical issues relating to consent in providing treatment and care.' In I. Brown and M. Percy (Eds.), *Developmental Disabilities in Ontario*. Toronto: Front Porch.

Tennyson, W. W., & Strom, S. M. (1986). 'Beyond professional standards:

Developing responsibilities.' *Journal of Counseling and Development, 64,* 298–302.

The Humor Connection. The newsletter of the Association for Applied and Therapeutic Humor. Available from www.aath.org or 1951 West Camelback Road, #445, Phoenix, AZ 85015, USA.

Towsen, J. (1976) *Clowns.* New York: Hawthorn Books.

웹 사이트 (2002)

Canadian Association of Disability Management Coordinators
http://fas.sfu.ca/fas-ce/cadmc/code.htm

Canadian Sociology and Anthropology Association
http://www.unb.ca/web/anthropology/csaa/englocode.htm

Disability Research Digest
http://smd-serrices.com/information/may2002drd.html

Ethics in Science and Scholarship: The Toronto Resolution
http://www.math.yorku.ca/sfp/sfp2.html

The Canadian Resource for Hospital Ethics Committees
http://www.ethicscommittee.ca/intl-inst.html

The Network on Ethics and Intellectual Disabilities
http://www.georgetown.edu/research/kie/intdisnews.htm

제11장

정책, 경영 및 삶의 질 기반 실무적용

정책과 경영의 역할

정책, 경영, 실무의 통합

사고와 논의

나는 최전방의 실무자로서 가끔 "우리 기관 방침 때문에 그렇게 할 수 없어요."라고 말할 수밖에 없는 입장에 서게 된다. 나는 그런 말보다는 "어떻게 하면 될까요?"라고 물을 수 있었으면 좋겠다.

🌢 정책과 경영의 역할

지금까지 이 책에서는 정책과 경영의 효과가 삶의 질에 근거한 실무에 미치는 영향은 거의 다루지 않았다. 그러나 이들의 간접적인 영향은 이전까지 다룬 이 책의 내용 곳곳에 존재한다. 삶의 질 접근이 서비스 실무자에게 효과적이기 위해서는 정책 입안자와 경영진 모두 삶의 질 접근 원칙을 이해하고 그것을 가이드라인과 서비스 시스템 절차에 포함시키는 것이 필요하다. 이 장에서는 실무자가 시행하는 효과적인 삶의 질 업무 구성에 정책적으로 어떻게 도움을 줄 수 있는지, 삶의 질 접근법이 지원될 수 있도록 경영자들이 어떻게 프로그램을 설계하고 운영할 수 있을지에 대해 다룰 것이다.

이것은 특히 윤리적 문제를 다룬 이전 장에서 나온 딜레마에 비추어 볼 때 중요한 문제다. 10장에서 우리는 삶의 질 접근방법을 실행하고 적용하는데 중요한 일부 아이디어가 기존의 전형적인 업무 수행방식과 충돌할 수 있다는 것을 배웠다. 이런 이유 중의 하나는 정책, 즉 업무가 어떻게 수행되어야 하는지에 대한 가이드라인으로 작용하는 법, 규정, 그리고 절차들이 삶의 질 접근 방법과 항상 동일한 가치와 원칙에 기초하는 것은 아니기 때문이다. 그러나 보통 정책은 본질적으로 상당히 일반적이기 때문에 거의

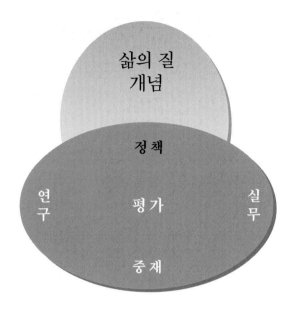

[그림 11-1] 삶의질 접근: 정책

대부분은 어느 정도 서비스 경영자에 의한 해석에 여지를 남겨놓는다. 그래서 이와 같은 갈등의 또 다른 이유는 서비스를 경영하는 사람들이 삶의 질에 중심이 되는 아이디어를 수용하는 방식으로 항상 정책을 해석하는 것은 아니라는 것이다. 삶의 질 원칙에 맞도록 정책과 경영 절차를 개발하는 것은 현재 실무자들이 가진 윤리적 딜레마의 개수를 줄이는 것이다.

실무자는 정책 전문가가 아닐뿐더러 그럴 필요도 없다. 그러나 그들은 무엇을 위한 정책과 경영인지, 어떻게 중재에 영향을 줄 수 있는지, 어떤 실무자가 발생할 수 있는 부정적 효과를 최소화할 수 있는지 등에 대한 기본적 사항에 대해서는 이해할 필요가 있다.

정책과 경영은 무엇인가

공식적 정책과 비공식적 정책 모두는 서비스가 수립되는 방식과 그들의 활동 범위가 무엇인지에 관한 기초를 마련하는 것이다. 정책은 다양한 형태를 가지지만, 세 가지 단계로 생각하는 것이 유용하다.

1. 법률, 제정법 어떤 행위가 수행되어야 하는지에 대해 법적 한계를 설정한 공식적인 법
2. 조직강령 입법부서, 재정부서, 행정부서 등이 기능하는 방식에 대한 전체적인 방향성을 제공하는 성문 또는 불문적인 선언
3. 규칙 구체적인 행정, 재정 그리고 운영 절차들을 제공하는 성문 또는 불문 규정

서비스의 경영은 정책을 실무에 적용하고 지속적으로 운영하는 과정을 말한다. 경영에는 수많은 구성요소가 있지만 일반적으로 두 가지 주요 활동을 포함한다. 즉, 서비스의 존재 이유와 역할을 나타내는 실질적인 개념적, 철학적 체계를 개발, 활용하여 정책적인 아이디어가 실무에 적용할 수 있도록 하는 것과 지속적으로 서비스가 운영될 수 있도록 명확한 인프라를 구축하고 유지시키는 것이다.

삶의 질에 대한 이해의 중요성

정책입안자들과 경영자들은 단지 인기가 있다는 이유로 삶의 질을 사용해서는 안 된다. 그에 따른 위험성은 삶의 질의 의미가 완전히 이해되지 못하고 정책과 경영에 상투적으로 사용하는 용

어가 될 수 있다는 점이다. 이러한 이유로, 경영과 정책을 담당하는 사람들은 삶의 질의 적용에 대한 실제적인 지식과 경험이 필요하다. 정부장애인 서비스 팀장인 폴은 하루 동안 실제 중재 현장을 관찰하고 많은 것을 배웠다. 그리고 장애 분야에서 일하는 실무자들이 어떤 업무들과 문제들에 직면하는지 알게 되었다. 이러한 활동의 중요성은 발전촉진 정책에 따라 능력 있는 사람들이 경영과 정책 인력으로 종종 배치되곤 하지만 그들은 이론을 실무에 적용하는 데 현실성을 상실하게 되는 위험이 있다는 것이다.

중재에서 정책과 경영의 영향

정책과 경영 모두는 중재가 수행되는 방식에 강한 영향을 미치며, 심지어 얼마나 시행이 가능한지 또는 불가능할지에도 영향을 미친다. 그래서 정책과 경영은 모든 실무자들의 업무와 많은 연관성이 있다. 그중에서도 특히 개인적 가치, 만족, 개인선택, 기회, 그 밖에 삶의 질 접근에 중심이 되는 아이디어를 추구하는 실무자들에게 더욱 그렇다.

다음에 두 가지 사례를 소개한다. 전자는 보건제도의 정책, 경영과 관련된 셀레스트의 경험이며 후자는 자신의 교육에 대한 결정에 참여하고자 했던 마크의 경험이다.

◉ 셀레스트와 홈케어

셀레스트는 이전에 자동차 사고로 휠체어를 사용하고 있는 56세의 여성이다. 그녀는 한쪽 다리 혈액순환의 심각한 문제로 병원에 며칠 입원했지만, 금요일 오전 그녀의 동의하에 퇴원했다. 그녀는 침대에서 휴식을 취하고 필요한 것들에 대하여 홈케어 직원의 돌봄을 받도록 강력한 지시와 함께 앰뷸런스에 실려 혼자 사는 집으로 보내졌다. 셀레스트가 집에 도착했을 때 그녀는 홈케어 직원에 관한 구체적인 정보를 듣지 못했다는 것을 깨달았지만 정서적 어려움 때문에 병원에 전화할 자신감이 없었다. 그녀는 아파트에서 혼자 기다렸으며, 월요일 오후에서야 홈케어 대행사로부터 전화를 받았다. 셀레스트는 위기를 넘겼지만 퇴원 후 중요한 첫 번째 주말동안 건강관리시스템이 전혀 도움이 되지 못했다는 사실은 분명하다. 왜 그런 일이 일어난 것이었을까? 셀레스트는 병원 치료와 홈케어를 포함하는 건강관리가 제공되는 자치단체 관할구역에 살고 있었다. 그리고 셀레스트와 같은 경우는 병원과 홈케어 대행사 서비스 모두를 정책적으로 제공받을 수 있는 상황이었다. 문제는 자치단체, 병원과 홈케어 대행사의 정책들, 심지어는 병원 내의 여러 정책들까지도 항상 서로 일치하는 것은 아니라는 사실에 있었다. 더욱이 경영진에게는 그 정책들이 서로 맞지 않았을 때 생기는 문제에 대한 실제적인 해결방법이 없었다.

셀레스트의 담당의사는 홈케어를 권유했으며 병원 정책에 따라 케어가 제대로 이루어 질 수 있도록 확인도 하지 않고 간호사에게 그 업무가 위임되었으며 간호사는 간호업무을 규정한 정책에 따라 셀레스트가 집으로 가는 것을 도와주기도 전에 퇴원 관리자에게 의뢰했다. 병원 정책에 따르면 전체 병원에서 오직 한 명의 퇴원 관리자만 두게 되어 있었으며 퇴원계의 규정은 의뢰된 환자 순서대로, 부분적으로 그들의 도움이 필요한 정도에 따라 업무를 처리하도록 되어 있었다. 셀레스트가 퇴원 관리자에게 의뢰되었을 때 그녀보다 앞서 몇 명이 먼저 의뢰되어 있었고, 또 다른 몇 명은 셀레스트보다 더 심각한 상태여서 그녀보다 먼저 처리되었다. 또 다른 병원 정책으로 여름 3개월 동안 업무시간의 단축이 있었다. 때는 여름이 한창이었으므로 퇴원 담당자는 업무를 마치기 전인 오후 4시에 홈케어 대행사에 위탁 전화를 했다. 하지만 홈케어 위탁을 받은 대행사는 금요일 오후 3시 이후에는 새로운 위탁을 받지 않는다는 정책에 따라 월요일 오전에서야 셀레스트의 위탁을 진행했다. 그리고 그들의 운영 정책에 따라 위탁을 진행하기 전에 병원과 셀레스트의 담당의사로부터 여러 가지 정보를 받아야만 했다. 이러한 절차가 대부분 월요일에 시행되었으며, 이것이 오후 4시 20분이 되어서야 대행사가 셀레스트에게 전화한 이유였다.

정책의 목적은 하는 일의 원칙이 무엇인지를 명확히 하는 것이며, 경영의 목적은 이러한 원칙이 서비스의 일상 업무에서 잘 운영되는지를 확인하는 것이다. 셀레스트의 홈케어는 법적권리 또는 기존의 관행에 의한 일상적인 중재였으나, 그 수행 과정은 서로 들어맞지 않는 수많은 정책들과 경영 절차들 가운데서 이리저리 배회하였다. 이는 결국 잠재적으로 불행하고 위험한 결과를 가져왔다. 셀레스트의 경험은 명확히 다음 세 가지를 보여 준다. 첫째, 우리가 인식하지 못하는 다양한 종류와 절차가 있는 정책은 중재의 성공 여부에 때때로 크게 영향을 미친다. 둘째, 실무 수행의 기초가 되는 정책들을 실제 삶에 적용할 때 항상 완벽히 들어맞는 것은 아니며 때때로 정책 간에 모순이 생길 수도 있다. 셋째, 경영진의 중요한 역할 중 하나는 확립된 체계 때문에 발생될 수 있는 문제를 이해하고 예상하며 그에 대한 적절한 해결책을 생각해내야 한다는 것이다.

◉ 마크에 대한 학교 당국의 결정

학교 고위 간부들과 선생님들은 읽기와 쓰기에 어려움이 있는 학생인 마크를 위한 목표와 필요사항을 논의하기 위해 회의를 가지기로 했다. 마크의 부모는 참석을 요청받았고, 변호사도 마크 가족을 대변해야 하는 상황에 이르렀다. 마크 자신은 참석을 요청했음에도 불구하고 참석할 수 없었다.

그 회의는 마크의 교육에 관한 선택, 학교에서 그를 위한 교육 방법 등에 관한 것이었다. 그는 이러한 것들에 많은 생각을 가지고 있었고 충분히 표현할 수 있었다. 이 결정들은 그의 삶의 몇 가지 영역에 영향을 미칠 것들이었다. 일반적으로 이런 문제들은 효과적인 측면에서 인생 전체에 영향을 미칠 가능성이 높은 것들이었다. 그러나 교육 정책과 관할 지역의 관행에 따르면 마크와 같은 학생이 이런 계획 회의에 참석해서는 안 된다는 것이었다. 그 대신 법적 대리인이 마크의 권리와 요구사항을 대변하기 위해 참석하였다.

이 사례는 정책이 삶의 질에 일관되지 않는다는 것과, 만일 정책과 삶의 질이 일치한다면 더 좋은 결과를 낳을 것이라는 것을 분명히 제시한다. 마크의 참석이 허락되었어야 할 뿐만 아니라 권장되었어야 했다. 그러면 이것이 모든 당사자들이 언제나 참석해야만 한다는 것을 의미할까? 반드시 참석해야만 한다는 것이 아니고 보통의 경우 그런 입장에 서야 한다는 것이다. 그러기 위해서는 교육계 경영자들과 선생님들이 그것에 익숙해질 것을 요구한다. 때로는 전문 훈련이 필요하고 변호사와 같은 외부 사람들이 이런 관행의 변화를 인지해야 할 필요도 있다.

정책, 경영, 실무의 통합

정책시행과 실무경영을 위한 네 개의 전략

이 책은 삶의 질 모델을 통하여 정책, 경영, 실무 모두를 삶의 질 접근법에 기초를 두고, 함께 조화될 수 있도록 활용 가능한 전략을 제안한다.

● 정책과 경영이 현실과 맞도록 하라

기본 전략은 현실을 정책에 맞추는 것이 아니라 정책이 현실에 맞춰져야 한다는 것이다. 이것은 당연해 보일 수 있다. 하지만 장애를 가진 사람들의 삶의 상황은 지난 몇 년간 아주 급진적으로 변해왔으며 단지 그 변화 때문에 정책과 관행의 불일치가 발생하기도 한다. 삶의 질 접근으로의 전환은 이와 같은 변화 중의 하나다. 예를 들어, 정책입안자와 경영자들은 많은 사람들이 필요로하는 서비스를 충분히 제공하지 못하는 이유로 자금 부족을 자주 언급한다. 하지만 삶의 질 접근을 통하여 우리는 많은 사람들이 값비싼 요구보다는 창의적이고 유연한 지원을 원한다는 것을 알게 되었다. 만일 정책과 경영이 삶의 질 접근으로의 변화된 현실에 더욱 잘 맞는다면 더 많은 사람들에게 보다 나은 서비스를 제공할 수 있을 것이다.

● 장기적인 효과에 주목하라

두 번째 전략은 단기간에 문제를 해결하기보다 장기적인 효과에 집중하라는 것이다. 때로는 몇 년에 걸친 장기간의 중재가 필요하다. 두뇌에 손상을 입은 환자는 수상돌기세포 재결합과 같은

뇌신경 회복이 이루어지려면 오랜 세월이 걸릴 수 있고, 일반적
환경에서 정기적으로 지원을 해 주는 지속적인 중재는 할당된 돈
을 지불하는 것이 될 수 있다. 나중에 금전적으로 독립이 가능하
게 된 환자들은 사회에 기여할 뿐만 아니라 더 이상 서비스시스템
에 크게 의존하지 않아도 된다. 개인적인 삶의 질 접근법의 이러
한 효과는 명백하다. 그래서 정책과 경영은 즉각적인 문제에 뿐만
아니라 또한 적극적인 삶의 질 개선이 장기간에 걸쳐 이루어질 수
있도록 관심을 돌릴 필요도 있다.

  ◉ 현장 실무자에게 융통성을 부여하라

  현장 실무자들은 서비스 시스템의 일반적 정책 범위 내에서 새
로운 것을 시도하고 중재와 지원을 현실 상황에 맞게 조정할 수
있는 권한을 경영진으로부터 부여 받아야 한다. 삶의 질 접근은
때때로 어느 정도의 위험이 따르는 업무와 실험적 중재가 요구되
기도 한다.

  약간의 지적장애를 가진 네 사람과 그룹홈에서 살고 있는 알바
로는 법적으로 맹인이지만 그가 속하는 클럽과 자신이 스스로 선
택한 장소에 가는 것을 좋아한다. 그는 그가 어디로 가야 하는지
분명히 이해하고 도움이 필요할 때 어떻게 해야 할지를 잘 알고
있다. 그의 지원팀은 그가 횡단보도를 건널 때 위험할 수 있으며
우연히 다른 사람과 부딪히면 오해를 받을 수 있을 것이라는 우려
가 있었지만, 독립적인 행동이 그에게 중요하기 때문에 이를 권장
한다. 그들이 근무하는 대행사에는 위험이 따르는 업무를 지원하
는 정책이 있으며 위험에 따르는 문제가 생겼을 때 대응할 절차가
있다.

● 외부 기관의 필요에 대처할 방법을 개발하라

장애를 가진 사람들은 지역사회 자원을 점점 더 많이 이용하기 때문에, 때때로 발생하는 문제 중 하나는 외부 서비스 기관이나 요원들의 정책이 실무자가 속한 기관의 정책과 맞지 않을 때가 있다는 것이다. 예를 들어, 특정한 보험 대행사는 지역사회 레크리에이션 프로그램이 부상을 초래할 위험이 있다고 판단하여 그 프로그램에 참석한 장애인은 보험금 수여 대상에서 제외한다. 이는 점차적으로 늘어나고 있는 문제로서 보험 대행사들이 때로는 자신도 모르게 중요한 재활 중재를 제한하게 되는 하나의 사례다.

이와 같은 경우 실무자들은 외부 기관들에게 공정한 대우를 주장할 수는 있지만 궁극적으로 어떤 정책이 법적 요건에 저촉된다는 것을 보여 주지 못하는 한, 기관의 그 정책을 바꿀 수는 없다. 예를 들어, '어느 정도의 위험을 감수하는 행위는 권리인가?'라는 문제를 생각해 보자. 어떤 나라들에서는 시소와 회전 놀이기구를 놀이터에서 제거해 버렸다. 이는 사고가 일어날 수도 있고 그럴 경우 지방 의회가 고소를 당할 수도 있다는 의회의 우려 때문이었다. 그러나 그런 위험성 있는 놀이기구를 제거하는 것은 아이들을 과잉보호하는 것이며, 그 결과 어린이들이 위험에 대처하는 방법을 배울 수 없게 하고, 따라서 점점 더 위험에 취약하게 될 수도 있다. 많은 심리학자들이 이와 같은 발달과정에 대한 우려를 표시했다. 위와 같은 문제가 장애인 분야에서도 발생한다. 경영 주체는 문제가 생겼을 때, 외부 기관의 정책을 탐색하고 대처할 수 있는 방법을 갖추고 있어야 한다.

정책, 경영, 실무를 통합하는 단계적 조치

지금까지 우리는 일반적으로 정책과 경영이 어떤 역할을 하며 어떻게 중재 활동에 영향을 미칠 수 있는지에 대해 배웠다. 이제 우리는 시스템이 정해 놓은 정책을 '따라야 하는 것'으로부터 생겨날 수 있는 불만을 줄일 수 있는 네 가지 단계를 제안한다.

● 제1단계: 정보를 얻어라 – 해당하는 정책이 어떤 것인지를 항상 질문하라

실무자들이나 서비스를 이용하는 많은 사람들은 대행사나 기관의 정책에 관해 물어볼 생각을 하지 않는다. 그러나 정책에 대한 정보를 얻는 것은 가장 중요한 초기 몇 가지 질문 대상이고, 결코 기관의 비공개적, 기밀적인 사항들이 아니다. 그저 많은 사회 서비스 기관, 건강, 교육 전문가들이 이 정보를 공유하는 데 익숙하지 않을 뿐이다. 공식적으로 질문할 필요도 없고 심지어 '정책'이라는 단어를 사용할 필요도 없다. '당신의 원칙이 무엇입니까?' '당신의 필요조건이 무엇입니까?' '당신은 어떤 과정을 따르나요?' 대부분의 전문가는 이러한 정보를 기꺼이 공유할 것이고, 질문을 받은 것 때문에 때로는 당신을 더욱 공손히 대하게 될 것이다.

앞에서 언급된 셀레스트의 경험에서 만일 그녀 또는 그녀와 함께한 누군가가 퇴원하기 전에 주말 동안의 홈케어를 받을 수 있는 구체적인 절차를 병원 측에 물어보았더라면, 그런 일이 있을 수 있다는 경고를 들었을지도 모른다. 그랬다면 그녀는 퇴원하라는 의사의 권고에 반대할 수도 있었으며, 대신에 월요일까지 병원에 남아있는 것을 선택했을 수도 있었을 것이다. 또한 구체적인 질문을 했다면 퇴원 담당자나 홈케어 대행사가 그녀가 주말동안 홈

케어가 제공되도록 하는 정책이 있는지 점검해 보도록 했을지도 모른다.

병원과 지역사회 대행사 같은 기관들이 자신들의 정책적인 역할에 책임이 없다고 말하고자 하는 것이 아니다. 그들에게는 그럴 책임이 있다. 그러나 기관들이 항상 완벽하게 업무 처리를 할 수는 없다. 그리고 장애인들이나 그들을 대변하는 사람들은 기관들이 '정직'하게 자신들의 잘못을 인정하도록 할 수 있는 방법들이 매우 많다. 물론 그렇게 되면 기관 정책의 일부를 수정해야 한다는 것을 의미할 수도 있다.

● 제2단계: 정책이 중재를 지원하지 않을 때 행동을 취하라

정책은 대규모 그룹의 다수를 위하여 고안되었지만 때때로 개인적 차원에서 항상 잘 돌아가는 것은 아니다. 정책은 개별적으로 유용하지 않을 수 있으며 실제로 성공적 중재를 방해할 수도 있다. 잘못된 행위에 대한 학교의 제로관용정책은 학교시스템의 질서를 유지하는 데 도움을 주겠지만 행동장애를 가진 아이들을 돕는 데는 거의 혹은 전혀 도움이 되지 못할 수도 있다. 유죄를 선고받은 범죄자의 수감 기간 동안은 일반적으로 사회의 위험을 다소 제거시킬 수 있지만, 다른 범죄자들과 강제로 함께 수용시키는 것은 아마도 법을 따르는 데 문제가 있는 사람들을 교화시키는 효율적인 방법은 아닐 것이다. 다시 셀레스트의 예를 사용하자면, 3시 이전의 위탁만 홈케어 서비스를 제공한다는 케어 대행사의 원칙은 일반적으로 유익한 정책일 것이다. 왜냐하면 대행사가 주말에는 다섯 시에 문을 닫으므로 세 시까지 받은 위탁을 처리하기 위해서는 두 시간이 필요하기 때문이다. 하지만 셀레스트의 경우 이

원칙은 그녀에게 불리하게 작용했다.

대부분의 기관은 문제를 인식했을 때 정책을 약간 융통성 있게 적용할 것이다. 융통성은 삶의 질 접근에서 기본적인 요건이다. 어떻게 정책이 필요한 중재에 부정적인 영향을 미쳤는지에 대해 전화나 간단한 방문으로 설명하는 것은 문제를 해결할 수 있는 빠른 방법이 되기도 한다. 때때로 문제를 해결하기 위해 더 강하게 주장할 필요도 있다. 즉, 상부에 요청하는 것이 이에 해당할 수 있을 것이다. 실무자들은 정책이 중재에 부정적인 영향을 미칠 때 이러한 행동을 취하는 것을 주저하지 말아야 한다. 정책은 중재를 위한 규율을 제공하도록 만들어진 것이며, 그 정책이 긍정적인 방향으로 작용하지 않을 때 정책을 수정할 수 있는 지위에 있는 자들이 문제를 인식할 수 있도록 해야 한다.

정책은 시간에 따라 변화하지만 보통 정책을 수행하는 자들이 개인이나 그룹에게 부정적인 영향을 준다고 인식하였을 때에만 변한다. 이러한 이유로, 정책이 어떤 중재를 지원하지 못할 때 그 문제를 기관에 알리고 문제를 바로 잡거나, 고치거나 할 것을 계속 요구하는 것이 매우 중요하다. 특히 현장 실무자는 정책 변화가 불가능하다고 생각해서는 절대 안 되고, 이러한 생각이 필요한 중재나 절차를 막는 구실이 되어서도 안 된다.

정책입안자와 경영자들로서는 현장 실무자 또는 장애인들의 필요 요청에 효과적으로 응답해야 한다. 일반적으로 문제를 해결할 수 있는 여러 가지 방법이 있지만 그중 정책과 경영 절차의 변화 혹은 수정이 문제 해결에 큰 역할을 한다.

◉ 제3단계: 조직적 옹호 활동에 참여하라

조직적 옹호 활동은 시스템이 운영되는 방식을 더 나은 방향으로 바꾸는 데 영향을 미칠 수 있도록 목소리를 높이는 것을 의미한다. 이것은 개인도 할 수 있으나 보통 단체가 더 효과적이다. 학부모 단체는 학교 시스템의 긍정적인 변화에 매우 효과적이다. 그리고 장애아 가족 단체는 자녀가 받는 서비스 개선에 영향을 준다. 조직적 옹호활동은 특히 시기가 '딱 맞을 때' 때로는 많은 노력 없이도 성공적일 수 있다. 하지만 보통은 매우 느리고, 시간이 걸리며, 에너지가 소비되고, 때때로 비용이 들어가며 부분적 성공으로만 끝나는 것이 더 일반적이다. 그럼에도 불구하고 삶의 질 접근을 기초로 하는 중재를 지지하는 전문가들과 그 외 관련자들은 업무와 관련된 가장 의미 있는 조직적 변화에 시간을 할당하는 것이 도움이 된다는 것을 알아야만 한다. 여기에서 실무자는 옹호활동과 실제 필요나 선택을 인식하는 것 사이에서, 그리고 옹호활동과 윤리적 관행 사이에서 존재할 수 있는 잠재적인 갈등을 인식하는 것이 중요하다.

◉ 제4단계: 균형 잡히고 현실적인 시각을 개발하라

정책, 경영, 실무를 통합하는 단계를 밟아 가려면 에너지가 필요하다. 또한 모든 활동들이 항상 성공적일 수 없기에 실패 때문에 낙심할 수도 있다. 따라서 활동들이 성공적이지 않을 때 스트레스를 줄이기 위한 균형 잡히고 현실적인 시각이 필요하다.

한 대행회사는 이사회에 지적장애를 가진 사람이 있어야 한다고 주장했고, 따라서 경영진은 이사회에 신디를 참여하도록 하는 조치를 취했다. 그러나 결과적으로는 의장과 여러 명의 이사들은 단순히 정책적인 요구 때문에 신디의 참석을 허용했을 뿐이었다. 그녀는 모든 사항에 투표가 허락되지 않았으며 때때로 의장은 신디가 관련된 문제를 이해할 수 없기 때문에 자신이 대신 투표를 하기도 했다. 이 때문에 다른 이사들과 신디 자신은 이러한 상황에 실망을 느끼고 이를 실패한 것으로 생각했다.

삶의 질 접근은 지적장애를 가진 사람이 위원회 이사가 되는 것을 지지한다. 그러나 이는 또한 위원회 회원이 신디를 포용하고, 그녀가 진행 절차를 이해하고 의사 결정의 모든 부분에 참여할 수 있도록 그들의 업무를 수행하는 방법을 배울 것을 요구한다. 위원회 회원들이 장애에 대한 그들의 근본적인 시각을 재검토해 보는 것이 또한 도움이 될 수도 있을 것이다.

삶의 질 접근은 정책, 경영, 실무를 통합하는 쉬운 해결 방법을 제시하지는 못한다. 그것은 현재 진행 중인 과제다. 그러나 이러한 포용이 삶의 질 접근에 대한 주요 원칙과 개념을 사용하여 지속적인 방식으로 일어날 때 효과적인 서비스가 발생될 수 있는 가능성이 더 크다. 균형잡히고 현실적인 시각은 실무자들이 업무를 수행할 때 요구되는 필요한 조치를 취하는 데 도움이 될 것이다.

🌢 사고와 논의

지금까지 당신이 읽은 개념들과 사례들을 생각해 보라.
1. 당신 자신의 직장이나 개인의 삶에서 정책과 당신이 하고자 하는 일 사이에 갈등이 있는 경우를 생각해 보라. 당신은 그 상황을 어떻게 다루는가?
2. 시나는 22세의 지적장애를 가진 여성으로 다른 세 명의 젊은

여성들과 함께 그룹홈에서 생활한다. 그들에게는 밤에 외부 방문자가 와서 자는 것이 금지되어 있다. 시나는 때때로 그녀의 남자친구가 와서 자고 가는 것를 원한다. 당신이 그 시설 경영자라고 한다면 어떻게 하겠는가?

3. 당신에게 지역사회 자원자가 장애인에게 교통편을 제공할 수 있는 새로운 서비스를 구축할 기회가 있다고 상상해 보라. 삶의 질의 접근법과 밀접하게 연관되도록 서비스 정책과 운영절차 목록을 작성해 보라.

참고문헌

Bickenbach, J. E. (1993). *Physical Disability and Social Policy*. Toronto: University of Toronto Press.

Bloemers, W., & Wisch, F-H. (Eds.). (2000). *Handicap-Disability: Learning and Living Difficulties: Policy and Practice in Different European Settings*. Frankfurt: am Main/New York: P. Lang.

Bullitis, E. A. (2001). *Individuals with Intellectual Disability as Board Members: Issues, Challenges and Strategies*. Unpublished PhD Thesis. Adelaide: Flunders University.

Chambers, D. E., Wedel, K. R., & Rodwell, M. K. (1992). *Evaluating Social Programs*. London: Allyn and Bacon.

Cummins, R. A. (in press) 'Normative life satisfaction: Measurement issues and a homeostatic model.' *Social Indicators Research*.

Mandelstam, M. (1997). *Community Care Practice and the Law, 2nd edition*. London: Jessica Kingsley Publishers.

Martin, E. D. (Ed.). (2001). *Significant Disability: Issues Affecting People with Significant Disabilities from a Historical, Policy, Leadership, and Systems Perspective*. Springfield, IL: Charles C. Thomas.

Priestly, M. (1998). *Disability Politics and Community Care*. London: Jessica Kingsley Publishers.

Stone, D. A. (1984). *The Disabled State*. Philadelphia: Temple University Press.

삶의 질, 장애와 미래

현재 우리의 위치

미래의 전망

👉 현재 우리의 위치

현재 장애는 전 세계적으로 상당히 어려운 문제다. [그림 12-1]에 제시된 자료는 현재 2천만 인구가 살고 있는 호주에서 이것이 얼마나 큰 문제인가를 가늠하게 해 준다. 이 자료는 완전한 정보수집의 어려움으로 인해 아마도 장애와 질환을 가진 사람들의 실제 인원보다 적게 측정되었을 것이다. 더욱이, 미래에 우리는 이러한 어려움을 겪는 사람들이 증가하는 것을 보게 될 것이다. 유전적, 의학적, 사회적 발전은 새로운 장애를 낳는다. 에이즈 바이러스와 같이 새로운 보건·사회적 상황들로 인해 새로운 장애가 생겨나고 있다. 사람들은 점차 더 오래 살고, 과거 세대에선 볼 수 없었던 심한 장애 정도를 가지고 살게 될 것이다.

삶의 질 접근법은 장애인의 수가 증가하고 장애의 정도가 점차 심해질지라도, 사람들의 복지 수준을 높게 유지할 수 있도록 하는 역할을 한다. 여기에서의 주요 초점은 오랫동안 개인이 생각하기에 중요하다고 생각하는 삶의 영역에서 적절한 수준의 기능과 높은 삶의 즐거움을 유지하는 것이다. 이는 결국 모든 사람들의 삶의 질을 높이는 일차적 목표다.

삶의 질 접근의 장점

삶의 질 접근은 장애를 새로운 관점으로 바라보고, 우리가 더 조직적이고 실용적인 평가와 중재를 통해 체계적으로 생각할 수 있도록 새로운 길을 열어 준 듯하다. 동시에, 우리가 장애를 가진 당사자들의 최선의 이익을 위해 일을 하고 있는 것인지 우리 스스로에게 질문할 수 있도록 해 준다. 이것은 향후 개인을 위한 서비

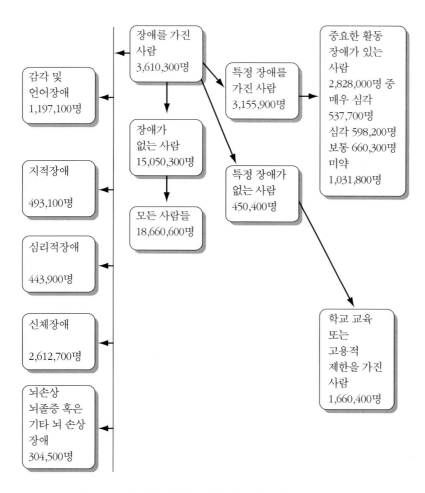

[그림 12-1] 호주의 장애와 손상을 입은 인구 현황(1993년 8월)

호주통계청(Australian Bureau of Statistics, 1993). 『장애, 노화, 간병인』 결과 요약(호주통계청에서 허가를 받아 재현함.)

비고: a. 보호 활동, 학교교육 및 고용 제한을 동시에 가질 수 있기 때문에 부분의 합이 총계보다 적을 수 있다. b. 한 개 이상의 장애 또는 제한을 가질 수 있기 때문에 부분의 합이 총계보다 적을 수 있다.

스 발달에 무척 중요한 사항이다. 또한 우리가 인간을 전인격적으로 더 명확하게 볼 수 있게 하고, 그들이 가진 문제뿐만 아니라 가능성도 발견할 수 있게 해 준다. 전문적인 교육, 윤리, 서비스 기획 및 평가를 바라보는 데 있어서 새로운 길을 열어 주게 될 것이다. 모든 삶의 질 접근 아이디어가 새로운 것은 아니다. 결코 그렇지는 않지만 어떤 민감성을 높여 주는 초점이 있어 그것을 중심으로 아이디어들이 하나로 통합될 수 있게 한다.

이 책 전반에 걸쳐 우리는 삶의 질 접근 방법의 구체적인 장점들을 강조하였다. 다음에 제시된 세 가지 측면들이 미래 서비스 개발과 특별히 연관성이 있다.

- 삶의 질 접근은 구체적 전략보다는 원칙들에 더 초점을 둠으로써 이미 증명된 방법들은 받아들이고, 새로운 중재 방법들을 발전시킬 수 있도록 돕는다. 이들 중 어떤 것들에는 미래에 개발될 새로운 기술이 적용될 것이다.
- 삶의 질 접근은 전문적인 교육과 훈련을 재정립할 수 있는 잠재력을 가지고 있다. 이것은 새로운 전문가 및 교육기관을 신설하여 학생과 서비스 대상자들이 삶의 질 접근에 대한 이론과 지식을 일관성 있고 실제 실무에 적용할 수 있도록 가르칠 필요가 있다.
- 삶의 질 접근 적용을 심각하게 고려하면 장애에 대한 비판적 평가에 이르게 된다. 여기에서 우리는 단지 구조적인 현실을 통해 장애인들의 개인적 요구를 다루기보다는 창조적이고 새로운 방법으로 그들의 요구에 반응할 필요가 있을 것이다. 그와 같은 변화들을 이끌어갈 새로운 정책들이 있어야 할 것이

며, 평가방법과 중재 등 많은 관행들도 그에 상응할 수 있도록 수정되어야 한다. 실례로 영국에서는 비록 장애인은 아니지만 글쓰기에 어려움이 있는 교육적 문제를 가진 대학교 수준의 젊은이들이 컴퓨터 보조도구 같은 물건을 구매하는데 도움을 받을 수 있도록 장학금을 수여한다. 우리가 아는 사람들 중에는 자신들의 교육적인 문제들을 떳떳하게 인정하고 그들이 받은 기술적인 지원에 기뻐하는 사람들이 있다. 삶의 질 접근에서 장애 자체는 이차적인 문제이고, 해결책과 그 적용이 중요하다. 서비스를 받으려면 여전히 장애 진단이 필요하지만, 대상자들은 자신들을 장애인으로 인정하지 않을 수도 있다. 그래서 삶의 질은 매우 특이한 접근법이다. 삶의 질은 사람들이 장애인으로 인식되고 계속 장애를 유지하는 방법을 알게 하는 것이 아니라 장애를 극복할 수 있는 방법을 알도록 하는 것이다.

✔ 미래의 전망

삶의 질 접근의 당면 문제

장애의 영역에서 삶의 질은 비교적 새로운 접근법이다. 이는 여러 곳에서 적극적으로 수용되어 온 몇 가지 흥미로운 아이디어들을 제시한다. 그러나 우리가 처음에 언급했듯이 이는 여전히 진화하고 있는 주도적 개념이다. 삶에 질에 대한 새로운 아이디어를 주장하는 사람들은 그들의 새 아이디어가 무엇이고 어떻게 적용할 것인지 분명하게 밝혀야 하는 문제에 계속 당면하게 될 것이다.

우리는 삶의 질 접근법의 실제 적용에 나타난 전반적인 효과를

373

계속 더 알아가야 할 필요가 있다. 우리는 이 책에서 철학적 관점으로부터 나온 몇 가지 아이디어, 원칙, 전략들을 제시하고 있다. 하지만 그들은 현실에서 충분히 테스트를 거치지는 않았고, 사람들의 삶 또는 단체와 전문적인 일을 하는 방식에 미치는 전반적인 효과가 아직 문서화되거나 보고되지는 않았다. 이와 같은 평가는 어떠한 사상의 발전에 있어서 필수적인 부분이기 때문에 미래의 삶의 질 접근을 이끌어갈 사람들은 이 문제가 반드시 다루어지도록 할 필요가 있다. 그 과정에서 지금의 삶의 질 개념과 전략의 일부는 재구성될 것이라는 것은 명백하다.

실천 단계에서 삶의 질에 대한 접근의 문제는 관련된 개념을 잘못 사용하는 데 있다. 현실적으로 잘못 사용될 가능성이 많다. 그 중 하나는 당사자가 스스로 만족스러운 삶을 살고 있는지에 대해 인식하고 표현할 수 있는 능력이 있음에도 불구하고 전문가들을 비롯한 다른 사람들이 그들을 대신하여 결정을 내리는 것이다. 때로는 말을 못하는 사람들을 대신하여 다른 사람들이 그들의 삶의 질을 결정한다. 이 또한 잘못된 것이다. 이와 같은 예는 많다. 노인 혹은 약자들을 위한 안락사, 장애를 가진 태아를 임신했을 때 낙태 장려, 지적장애를 가진 젊은 부모가 아이를 제대로 키울 수 없다고 판단될 때 임신을 예방하거나 양육을 막고 아이들을 입양시키는 것 등이 있다. 이런 모든 상황들은 삶의 질과는 무관하게 이미 우리 사회에 존재한다. 그리고 이 책에서 언급되는 원칙들이 그러한 의도를 지지하는 데 인용될 가능성이 있다. 그렇다면 그것은 삶의 질 접근 방법을 심각하게 잘못 사용한 것이 될 것이다. 왜냐하면 삶의 질 접근에서는 개인의 의지를 인식하고 이를 고려하는 데 민감해야 하기 때문이다. 우리는 입양 또는 안락사가 일어

나서는 안 된다고 말하는 것이 아니라 이 책에서 인용된 삶의 질에 대한 여러가지 원칙들을 개발함으로써 우리의 관점을 재평가해야 한다고 주장하고 있는 것이다.

　삶의 질 접근이 당면하는 또 다른 문제는 삶의 질의 원칙들이 적용을 통하여 개인의 기능이 향상되는 것과 관련성이 있다. 물론 이런 생각은 다른 상황에서는 부정적으로 사용될 수도 있다. 이는 마치 방사선기술이 특정한 도구와 장비의 발명을 통해서 해를 끼치는 데도 사용되고 반면 치료하는 데도 적용될 수 있는 것과 같다. 삶의 질에 관한 윤리적이고 전문적인 요구사항들이 있다. 삶의 질의 개념과 그 적용은 대상자가 만족하고 지지 받는다고 느끼도록 그의 삶을 향상시키기 위해 사용되어야 한다는 것과 더 나아가 삶의 질에 대한 한 가지 기준이 존재하는 것이 아니라 개인의 욕구에 대한 인식을 충족할 수 있을 만한 많은 기준들이 있다는 것이다.

　해석과 적용에 관한 문제들도 있다. 모든 접근법들을 적용하기 위해서는 활용법에 관련된 결정들이 내려져야 한다. 너무 많은 에너지와 시간을 평가에만 투입할 수도 있고, 개인의 선택에 반응할 때 불완전한 구조를 적용할 가능성도 있다. 우리는 서비스 기관들이 선택을 권장하면서도, 그들이 원하는 것만을 고객에게 허용하는 관행들을 보아 왔다. 하지만 이것은 우리가 제시한 접근법을 오해한 것이다. 삶의 질 접근은 상당한 사고와 자원 그리고 고객들을 격려하는 것이 요구된다. 이런 요구가 충족되었을 경우에만 우리는 선택들의 성공뿐만 아니라 실패의 결과가 있을 수 있고, 사람들의 그들의 마음을 바꿀수도 있으며, 권한을 부여하는 선택일지라도 불만에 이를 수 있다는 것을 이해하고 받아들이게 된다.

　고객들이 선택을 할 수 있고 그들의 환경에 대해 통제력을 가질

수 있다는 것을 아는 것은 서비스 실무자들이 받아들이기 항상 쉬
운 일만은 아니지만 장애인 당사자들에게는 무척 중요한 일이다.
실제로 고집스럽거나 자신의 방식대로 하기 원하는 사람들이 때
로는 더 잘 회복하고 더 성공적인 삶을 산다는 증거도 있다. 다른
방식으로 말하자면 외적인 환경을 탓하는 사람보다 내적인 개인
의 선택에 책임을 돌리는 사람이 더 낫다고 할 수 있다.

삶의 질에 관련한 많은 문제들은 개념의 정의와 해석에 관한 것
들이다.

- 이 책에서 강조하는 접근 방식은 개인의 전체적인 삶을 바라
  보는 것이다. 이것은 1장에서 기술했던 각각 서로 다른 개념
  과 전략들로 이루어 진 세 가지 주요 접근법 중 하나다. 삶의
  질을 사용할 때, 이를 사용하는 이유에 가장 적절한 접근법을
  사용하고, 이 세 가지 접근법 중에 어느 것에 해당하는지 명
  확히 하는 것이 중요하다.
- 평가나 측정에서 우리는 데이빗 구드가 말한 삶의 질의 접근
  법의 '횡포'를 피할 필요가 있다. 대신에, 우리는 삶의 질에
  대한 아이디어가 다른 사람들의 삶을 향상시키고 실무자들이
  일하는 데 있어서도 도움이 되도록 경계심을 늦추지 말아야
  한다.
- 요구되는 지원과 중재를 개발함에 있어서 우리는 삶의 질 문
  제들에 적절한 관심을 기울이면서 필요한 평가를 수행하도록
  할 수 있는 방법을 찾을 필요가 있다.
- 중재에서 선택을 둘러싼 적절한 구조를 제공하도록 하는 것
  이 중요하다. 아직 이 분야에서 특히 대상자에게 도움되는 선

택을 증진시키는 구조의 크기와 종류에 관하여 수행해야 할 연구가 많이 남아있다.

• 평가와 측정이 거의 수행되지 않는 상당한 분야들이 있다. 에머슨과 해턴(Emerson & Hatton, 1994)은 삶의 질 또는 라이프 스타일 지표들이 1990년대 초반이 되어서야 비로서 서비스에 적용되기 시작했다고 말했다. 그들은 개인의 물질적인 면에서의 삶의 질, 대인관계 혹은 애정관계의 측면들, 선택의 기회, 자신의 삶에 대한 통제, 사용자가 표현한 서비스 만족도 등의 지표들에 대한 관심은 거의 없었다고 강조했다. 우리가 알고 있듯이 이와 같은 영역들에서 연구가 수행되어져 왔지만, 삶의 질 접근법에 온전한 효과는 종적 연구의 수행으로써 가장 잘 이해될 수 있을 것이다.

연구와 실무

실무가 향상되기 위해서는 효과적인 연구가 필요하다. 사람들의 인식, 선택, 개인의 만족 그리고 비슷한 콘셉트의 특유한 습성 등의 다양함 때문에 연구자들은 삶의 질 연구를 위해 현재보다 더 많은 정도의 질적연구 방법들을 사용할 필요가 있을 것이다. 또한 연구자들은 삶의 질에 중심이 되는 아이디어를 고려하고 그것들을 독립변수와 종속변수로서 사용해야 할 필요가 있을 것이다. 예를 들어, 읽기 문제(난독증)를 다루는 중재의 효율성을 연구한다면, 그 중재가 문제를 가진 학생들의 관심 영역인지 아닌지를 고려해 볼 필요가 있을 것이다(즉, 읽을 수 있다는 것이 연구 패러다임 내에서 통제되어야 할 것인가 조작되어야 할 것인가에 대한 결정과 가치 고려). 이러한 개념들을 강조하는 것은 장애인들과 장애인들을 돕

377

는 서비스 기관들을 위하여 삶의 질 접근법을 적용하여 바람직한 결과를 얻기 위해 연구가 지속적으로 초점을 맞춰야 할 필요가 있다는 것을 의미한다. 이런 결과는 장애를 가진 사람들이 그들 스스로의 가치, 능력과 희망에 따라 삶을 개발하고 영위할 수 있는 것과 서비스와 사회 전체가 그들을 도울 수 있는 방법으로 조직화되는 것이다. 연구는 이러한 결과들에 앞서 효과적인 방법으로 증명할 필요가 있다.

삶의 질의 연구에서 우리는 또한 몇 가지 삶의 측면들은 평가와 측정이 어렵다는 사실을 유념할 필요가 있다. 하지만 삶의 측면들이 존재하지 않는다거나 중요하지 않다는 의미는 아니다. 분명 그들이 무시되어야 한다는 것도 절대 아니다. 예를 들어, 장애를 가진 한 남자가 고통을 호소했지만, 의료진은 그가 느끼는 고통의 원인을 규명할 수 없었기 때문에 이를 무시하였다. 하지만 그는 여전히 아픔을 호소했다. 부정적이든 긍정적이든 이러한 서비스 대상자의 인식이 그의 전체 삶의 질에 미치는 영향을 탐색할 필요가 있다.

특히 발전되어야 할 연구의 한 영역은 개인의 인지적 그리고 감정적 행동을 포함한 사고에 대한 이해 분야다. 개인의 생각을 타당성 있게 측정하고 이해하는 것 또한 필요하다. 이것들이 무척 중요한 이유는 많은 삶의 질에 대한 작업이 개인의 생각을 기반으로 두고 있기 때문이다. 예를 들면, 브라운, 베이어, 브라운(Brown, Bayer, & Brown, 1992)은 개인의 생각을 조사하는 것에 대한 중요성을 우리에게 이해시키기 위해서 선택과 결정에 대하여 연구하면서 상상력이 부족하거나 부재한 것으로 드러난 사람들에게 주목하였다. 그들은 사회적 상황에서 상상력을 경험하거나 사용하지 못해

서 자신들의 부적절한 행동의 결과를 예측할 수 없는 것처럼 보였다. 최근 연구에서 지적장애 또는 뇌손상을 입은 환자들이 상상력 결여의 증상을 보인다는 결과가 있었다. 사람들이 세계를 인식하고, 만족을 경험하고, 개인적 선택을 표현하는 특별한 방식들은 연구를 통해 탐색되어야 하는 영역들인데 이러한 연구는 교육, 훈련, 재활을 위한 새로운 평가 기술과 전략을 개발하도록 우리를 이끌게 될 것이다.

삶의 질 접근법은 개인의 많은 다양성을 인식함에 따라 점점 더 우리를 개별화시키는 방향으로 나아가게 할 것이다. 그러므로 개별화되지 않는다면, 우리의 포용의 개념이나 효과적인 그룹프로그램을 제공하는 능력은 제약을 받게 될 것이다. 프로그램 설계와 내용 구성을 위한 동의와 의견 반영을 통해 당사자 스스로가 재활에 참여하는 것은 아주 중요한 일이다. 하지만 이것을 성취할 수 있는 가장 좋은 방법들은 특히 서비스와 교육 체계 안에서 조심스럽게 연구될 필요가 있다.

서비스 재정의

전체성과 개인의 다양성 때문에 특별히 우리가 개인의 강점들을 잘 활용하려면 각 사람의 성격, 능력, 가치, 희망이 무엇인지를 우리가 인식하는 능력을 더 계발할 필요가 있다. 예를 들면, 예술, 레크리에이션 또는 종교활동에 있어서의 개인들의 관심과 능력 등은 그들의 삶의 질과 재활의 가능성을 높일 수 있도록 우리가 도울 수 있는 대표적인 방법들이다. 하지만 이는 장애 서비스가 일반 단체들과 협력하여 일할 필요가 있다는 것을 의미한다. 왜냐하면 장애인들은 그들의 관심 분야에 접근할 필요가 있을지도 모르기 때문이다. 따라서 현재 직접적으로 재활과 관련이 없는 것처럼 보일지라도 일반적인 복지를 증진시키기 위하여 장애기금을 이용할 필요가 있다. 예를 들어, 교회가 예배 도중 장애인을 돌보아 주는 것은 장애인 가족들이 예배에 참석할 수 있게 하고 또한 집에 남아있는 다른 가족들이 가족환경을 개선시키는 데 필요한 지원과 자원들을 제공할 수 있기 때문이다. 동계 올림픽에 참여할 수 있으면 우울증에 빠진 사람이 희망과 성취감을 가진 사람으로 변하게 될 수도 있다. 장애인 각자에게 가장 적절한 것이 바로 장애 서비스가 다루어야 할 중요한 사항일 것이다.

미래의 장애

일반적으로 장애는 사회에 의해서 인식되고, 상당히 많은 부분이 사회에 의해 정의된 상황들로 구성된다. 이는 개인의 장애 유무를 규정하는 것을 포함한 기존 장애의 특성을 제한한다는 사실을 우리는 인식해야만 한다. 장애 서비스가 개인이 표현한 관심사를 인식하고 그것에 반응할 수 있다면 더욱더 도움이 될 것이다. 예를 들어, 부모 또는 개인이 도움을 받기 위해 필요한 자금 또는 프로그램을 찾기 전에, 지적장애나 난독증에 대해 망설임 없이 허위진단을 내릴 수 있는 전문가를 찾는 것이 허용되어서는 안 된다. 개인의 행동이나 표현이 중재가 필요하다는 것을 보여준다면 이것만으로도 충분해야 한다. 우리가 개인의 행복과 삶의 질에 관심이 있다면 우리의 관심은 그 목적을 이루는 데 집중하여야 한다.

미래에 직면하게 될 다른 문제들

우리가 이 책에서 제기해 온 문제점들은 점점 더 논의와 고려의 대상이 되고 있다. 서비스 담당자가 개인의 선택을 찾고 이를 지원할 수 있도록 모색하는 것을 우리는 이제서야 볼 수 있다. 이와 같은 일이 이제는 장애의 정도 또는 복잡성과 상관없이 가능한 것처럼 보인다. 이제 더 조직화된 절차들을 개발하고 그것들이 얼마나 효과적인지 평가할 필요가 있다. 명확히 규정된 프로그램 내에서 그들의 효과를 평가하는 것이 중요할 것이다. 어떤 개념은 다른 개념보다 더 강한 영향을 미치게 될 것이고 또한 그러한 개념이 다른 것보다 더 효과적으로 적용될 수도 있을 것이다.

1997년 샬록은 지적장애 분야에서 21세기 발전에 미치는 삶의 질 개념의 효과에 관해 연구했다. 그는 발전이 현재 진행되어 가고 있으나 아직도 해야 할 일이 많다고 지적하였다. 이 책에서 언급된 많은 아이디어와 사례들은 진행 과정의 일부로서 넓은 장애 영역과 실무에서 탐색되고 적용되어야 할 것이다.

우리는 샬록처럼 우리가 제시한 사례들이 장애의 여러 영역에 걸쳐 많이 나타날 것이라고 예상한다. 기본적인 의료 진단은 계속되고 그렇게 되어야 할 것이 분명하겠지만, 이 책에서 논의되는 것과 같은 이슈들이 다루어지는 전체적 지역사회 패러다임 안에서 삶의 발전을 위한 그다음 단계들이 점점 정착될 필요가 있다. 그 이슈들이 어떻게 다루어지는가는 개인의 특성과 경험 그리고 상황에 따라 다르겠지만, 우리의 일차적 관심은 전반적으로 그들의 개성과 삶의 즐거움이 어떻게 가장 효과적으로 다루어지느냐에 있다.

신체적 장애를 가진 많은 사람들은 아마도 다음 두 가지 측면을 제외하고는 최소한 장기적인 지원을 요구할 수도 있다. 첫 번째 측면은 태도, 권리, 차별과 관련이 있다. 일반사회서비스는 누구에게나 보장되어 무분별한 관행 또는 절차에서 개인을 보호하는 것 또는 접근성 유무와 상관없이 사회에서 차별받지 않도록 보장하여야 한다. 두 번째 측면은 전자기기를 포함해서 요구되는 신체보조기구를 제공받는 것이다. 여기서 문제점은 서비스 대상자가 생활조건에 적합한 신체적 보조기기를 제공 받아야 하고 또한 이를 제공받는 시기가 적절해야 하고 대상자가 지원을 받을 수 있도록 보장해야 한다는 것이다. 이러한 문제들이 일부 국가에서는 골칫거리가 되고 있으며 특히 시골지역에서는 어려움을 야기시킨다. 이에 대한 해결책 중 하나로 원칙적으로 장애 문제를 다루지 않는 일반 지역서비스기관들을 참여시키는 것이다. 그에 대한 한 가지 예를 들어 보자. 휠체어의 배터리 고장으로 장애인들이 고립될 수 있을 것이다. 이런 경우 지방자동차협회가 이 문제를 해결할 수 있음에도 불구하고 왜 그들은 멀리 떨어져 있는 장애 서비스 기관으로부터 제공받아야만 하는가? 일부 지역에는 분명히 장애 서비스가 제공되고 있지만 그렇지 못한 다른 지역들도 있다.

또한 오랜 기간이 요구되는 대기 목록에 개인들의 이름을 올리는 것보다 적절한 시기의 지원과 중재 제공이 더 효과적이라는 사실이 점점 더 중요하게 인식될 것이다. 대기자 목록 때문에 야기되는 시간 지체는 기존 서비스에서 자주 발생하는 일이고 이는 서비스 대상자의 삶의 질을 저하시킬 뿐만 아니라 많은 경우에 영구적으로 웰빙에 대한 느낌을 떨어뜨리는 결과를 낳게 된다.

이러한 측면에서 더 큰 효과를 얻기 위해서는 서비스에 대한 평가가 필요하고 이 평가들에는 개인의 삶의 질과 관련된 요소들이

많이 포함되어야 한다. 이러한 요구사항은 또한 서비스에 관여하는 전문가들에게도 적용된다. 서비스 수혜자의 행복은 효과적이고 시기적절한 서비스 전달에 기초가 되기 때문이다.

특히 대부분이 적은 비용으로 이런 서비스가 제공될 수 있다는 것을 우리가 기억한다면, 시기적절한 지원과 중재 서비스를 제공하지 못하는 것이 윤리적으로 미치는 영향에 대해 우리의 인식을 높이는 것도 필요하다. 효과적인 평가와 중재가 이루어지도록 사람을 고용한 후 이를 수행하는 데 필요한 비용을 주지 않는 것은 윤리적이지 못하다. 정책입안자와 경영자들은 실무에서 멀리 떠나 있어서 실무자들에게 많은 스트레스를 주는 일상적 문제들을 인식하지 못하는 경우가 자주 있고, 결국 대상자들에게 기대 이하의 서비스를 제공하는 경우도 빈번하게 있을 수 있다. 이는 열성적인 서비스 요원뿐만 아니라 서비스 대상자와 그 가족들에게도 스트레스가 된다. 예를 들어, 중증정신장애자가 기본적이고 의무적인 지원을 지속적으로 받지 못하거나, 이제 중년이 된 장애를 가진 자녀를 노부모가 부양하기 위한 서비스를 더 이상 받을 수 없거나 받기 어렵다는 것을 알게 되는 경우가 있다. 이는 현대사회가 해결해야 할 문제다.

또한 다문화적이고 국제적인 이슈들도 있다. 삶의 질은 보편적으로 적용될 수 있는 개념과 원칙들을 가진 일반적인 개념이라고 우리는 제안한다. 삶의 질 원칙과 개념에 대한 중요성과 해석은 문화적 구조 속에서 이해될 필요가 있다.

마지막으로, 점점 복잡해져 가는 우리의 문명으로 인해 대중에게 점점 더 많은 것을 요구하게 된다는 것을 우리는 인식해야 한다. 이는 장애 종류의 수와, 이에 따른 각각의 장애를 가진 사람들의 수도 많아지게 될 것을 의미한다. 삶의 질에 대한 접근의 진정한 가치는 사람들의 어려움과 그들의 행복을 중심으로 서비스를 개발하는 데 집중하도록 우리를 격려한다. 이는 장애가 단지 소수만의 경험이 아니라, 불구자로 여겨질 필요 없이 우리가 발전시켜 온 사회에서 효과적으로 살기 위해 지원이 필요한 아주 다양한 많은 사람들의 일상적 경험이라는 것을 인지하도록 해 준다.

참고문헌

Australian Bureau of Statistics. (1993/8). *Disability, Aging and Carers, Australia: Summary of Findings*. Canberra: Australian Bureau of Statistics.

Bradley, V. J., Ashbaugh, J. W., & Blaney, B. C. (1994). *Creating Individual Supports for People with Developmental Disabilities: A Mandate for Change at Many Levels*. Baltimore, MD: Paul H. Brookes.

Brown, R. I., Bayer, M. B., & Brown, P. M. (1992). *Empowerment and Developmental Handicaps: Choices and Quality of Life*. Toronto: Captus Press.

Brown, R. I., Bayer, M. B., & MacFarlane, C. (1989). *Rehabilitation Programmes: Performance and Quality of Life of Adults with Developmental Handicaps*. Toronto: Lugus.

Emerson, E., & Hatton, C. (1994). *Moving Out: Relocation from Hospital to Community*. London: HMSO.

Graham, H. (1995). *Mental Imagery in Health Care: An Introduction to Therapeutic Practice*. London: Chapman & Hall.

Keith, K. D., & Schalock, R. L. (Eds.). (2000). *Cross-cultural Perspectives on Quality of Life*. Washington, DC: American Association on Mental Retardation.

Romney, D. M., Brown, R. I., & Fry, P. S. (1994). *Improving the Quality of Life: Recommendations for People With and Without Disabilities*. Dordrecht, The Netherlands: Kluwer.

Schalock, R. L. (1997). 'The concept of quality of life in 21st century disability programmes.' In R. I. Brown (Ed.), *Quality of Life for People with Disabilities: Models, Research and Practice, 2nd edition*. Cheltenham, UK: Stanley Thornes.

Schalock, R. L., Brown, I., Brown, R. I., Cummins, R., Felce, D., Matikka, L., Keith, K., & Parmenter, T. (2000). *Quality of Life: Its Conceptualization, Measurement and Application: A Consensus Document.* Document for the WHO–IASSID Work Plan. The Special Interest Research Group on Quality of Life. The Internationalal Association for the Scientific Study of Intellectual Disabilities.

장애와 연관된 저널

All of the following journals are reasonably easy to access, and all contain articles on quality of life conceptualization, assessment, intervention and evaluation. A variety of other journals also contain articles on quality of life.

American Journal on Mental Retardation

Archives of General Psychiatry

Australian Journal of Rehabilitation Counselling

Disability & Society

Down Syndrome: Research and Practice

Exceptionality Education Canada

Experimental Aging Research

Health Promotion International

Hospital and Community Psychiatry

Human Relations

International Journal of Practical Approaches to Disability

Journal of Applied Gerontology

Journal of Applied Rehabilitation Counselling

Journal of Applied Research in Intellectual Disability

Journal of Community Psychology

Journal of Health and Social Behaviour

Journal of Intellectual & Developmental Disability

Journal of Intellectual Disability Research

Journal of Medical Ethics

Journal on Developmental Disabilities

Mental Retardation

New England Journal of Medicine

Social Indicators Research

Special Education and Rehabilitation

| 인 명 |

| 내 용 |

저자 소개

Ivan Brown

이반 브라운은 지난 20년간 장애 분야에 종사하고 공헌해 왔다. 그는 처음 초등학교 교사로서 사회생활을 시작하여 8년간 근무하였고, 지역사회 토론토 협회(Toronto Association for Community Living)에서 직업상담가 및 지역사회복지사로 9년간 일하면서 상담심리와 특수교육 학위를 취득하였다.

1991년, 그는 토론토 대학교(University of Toronto) 공중보건과학과의 건강증진센터에서 연구직을 역임하면서 대형 연구 과제들을 관리·수행하였다. 연구 과제 중 몇 가지는 장애아동, 발달장애를 가진 성인, 노인 및 청소년의 삶의 질에 관한 것이었다. 그 후 토론토 대학교에서 공중보건과학과 및 작업치료학과 부교수로 임명되었다. 그는 1990년대에 토론토 라이슨 대학교(Ryerson University in Toronto) 유아교육 단과대 및 공중보건과학과에서 특수교육이 필요한 유아에 중점을 둔 건강증진 대학원 프로그램을 6년 동안 가르쳤다. 또한 그는 아동학대와 유기에 대한 연구 및 정책을 개발하는 국가기관인 우수아동복지센터의 경영자로서 장애의 주요 개념을 센터에 도입하였다. 이 센터는 토론토 대학교의 사회복지학부 내에 설치되어 있다. 장애 연구는 지금까지 그래왔듯이 현재에도 그의 연구에서 중요한 부분을 차지하고 있다.

그는 여러 개의 정부와 기관위원회와 이사회에 참여했고, 장애인의 사회참여에 많은 도움을 주는 한편 연구프로젝트 수행 및 수많은 전문기관에서 주도적인 역할을 하고 있다. 특히, 그는 발달장애인 온타리오 협회(Ontario Association on Developmental Disabilities) 이사회의 장기 회원이었으며, 2년간 협회장을 지냈다. 그는 2001년에 협회 최고의 영예인 이사회 우수상을 수여 받았다.

Roy I. Brown

로이 브라운은 수년간 장애 분야, 특히 지적장애 분야에 관여하고 있다. 심리학자로서, 그는 영국에서 임상과 교육실무자로 시작하여, 브리스틀 대학교(University of Bristol) 교육연구소에서 연구 강사로 장애를 가진 성인과 아이들을 위한 특수교육 프로그램을 수립하였다.

캐나다에서 그는 캘거리 대학교(University of Calgary) 교육심리학과 교수로 재직했고, 직업재활연구소의 이사를 역임하였다. 거기에서 동료들과 함께 다양한 종류의 프로그램들을 수립하고, 캐나다 보건복지부에서 연구비를 받아 막스 바이어, 크리스틴 맥팔레인, 그리고 퍼트리샤 M. 브라운과 함께 6년 동안 삶의 질 연구를 포함한 수많은 연구에 시간을 투자하였다. 또한 장애 연구의 광범위한 영역에서 학사학위, 석사학위, 박사학위를 받아 캘거리 대학교에서 지역재활 프로그램을 수립하는 데 기여하였다. 중동에서는 캐나다인 국제 개발기관(Canadian International Development Agency)의 연구비로 장애 연구에 대한 교육 프로그램을 세우는 일을 하였다. 호주에서도 호주 적십자를 통해 지원되는 연구비로 이러한 자신의 관심을 지속적으로 추구해 나갔다. 이후 그는 호주 아들레이드(Adelaide)의 플린더스 대학교(Flinders University) 특수교육 및 장애연구 단과대 창립 교수 및 학장이 되었다.

그는 주로 실무를 위한 연구 분야에서 많은 저서를 출간하였다. 특히, 초기 삶의 질 연구 시작 단계에서부터 관여하여 그 영역에서 책과 논문 등을 많이 출간하였다. 또한 그는 장애를 가진 사람을 위한 이민 문제에 대하여 가족들에게 조언해 주고 폭넓게 상담해 주고 있으며, 캐나다와 호주에서 다양한 정부 위원회의 회장직을 맡고 있다.

그는 캘거리 대학교와 겐트 대학교(University of Ghent)에서 받은 명예박사학위를 포함하여 장애 분야에서 그의 공헌에 대한 여러 가지 상과 영예를 수여 받았다. 현재 그는 캐나다의 캘거리 대학교와 호주의 플린더스 대학교의 명예교수로 있다. 캐나다에서 은퇴하면서 빅토리아 대학교와 시몬 프레이저 대학교에서 외래교수도 되었으며, 다운증 연구 재단의 연구소장이기도 하다.

역자 소개

최현(Choi Hyun)
국립재활원 재활연구소 운동인지기능재활연구과 보건연구관/과장
- Texas A&M University 대학원 박사(인지심리 전공)
- Texas A&M University 심리학과 강사
- University of Kansas Medical Center Post-Doctoral Fellow

이금주(Lee Kuemju)
국립재활원 재활연구소 운동인지기능재활연구과 보건연구사
- 고려대학교 대학원 이학박사(신경생물학 전공)
- 고려대학교 의과대학 생리학교실 연구 강사

이지은(Lee Jieun)
국립재활원 재활연구소 재활표준연구과 연구원
- 연세대학교 대학원 보건학 석사(보건행정학 전공)

〈**1차 번역자**〉
이범석 부장(국립재활원 재활병원부): 서문
최현 과장(국립재활원 재활연구소 운동인지기능재활연구과): 제1장
이금주 연구사(국립재활원 재활연구소 운동인지기능재활연구과): 제2장
모진아 연구원(한국보건의료연구원 신의료기술평가사업본부 평가사업팀): 제3장
유정아 주무관(국립재활원 재활병원부 척수손상재활과): 제4장
김은주 과장(국립재활원 재활병원부 뇌신경재활과): 제5장
손지형 과장(국립재활원 재활병원부 한방재활의학과): 제6장
임현정 주무관(국립재활원 재활병원부 공공재활의료지원과): 제7장
임신영 연구원(국립재활원 재활연구소 재활보조기술연구과): 제8장
이연경 주무관(국립재활원 재활병원부 사회복귀지원과): 제9장
한상훈 전공의(국립재활원 재활병원부): 제10장
이지은 연구원(국립재활원 재활병원부 재활표준연구과): 제11장
김동민 주무관(국립재활원 재활병원부 사회복귀지원과): 제12장

장애와 삶의 질
-지역사회 실무자를 위한 접근법-

Quality of Life and Disability
-An Approach for Community Practitioners-

2014년 6월 25일 1판 1쇄 인쇄
2014년 6월 30일 1판 1쇄 발행

지은이 • Ivan Brown · Roy I. Brown
옮긴이 • 최현 · 이금주 · 이지은
펴낸곳 • (주)**학지사**

121-838 서울특별시 마포구 양화로 15길 20 마인드월드빌딩
대표전화 • 02)330-5114   팩스 • 02)324-2345
등록번호 • 제313-2006-000265호

홈페이지 • http://www.hakjisa.co.kr
커뮤니티 • http://cafe.naver.com/hakjisa

ISBN 978-89-997-0421-5 93330

Korean Translation Copyright ⓒ 2014 by Hakjisa Publisher, Inc.

정가 19,000원

인터넷 학술논문 원문 서비스 **뉴논문** www.newnonmun.com

이 도서의 국립중앙도서관 출판시도서목록(CIP)은 서지정보유통지
원시스템 홈페이지(http://seoji.nl.go.kr)와 국가자료공동목록시스템
(http://www.nl.go.kr/kolisnet)에서 이용하실 수 있습니다.
(CIP제어번호: CIP2014017920)